绿色创新的运行机理及典型案例分析

黄晓杏　著

北　京
冶 金 工 业 出 版 社
2022

内 容 提 要

本书从绿色创新产生理论和现实背景出发，对实施绿色创新典型案例企业的深入剖析，深入揭示绿色创新的运行机理，并以欠发达省份——江西省为研究对象，对其绿色创新绩效和影响因素进行实证分析，进一步引入“成熟度”概念，对中部六省的绿色创新绩效进行了横向和纵向比较，最后，基于绿色动态能力的视角，构建绿色创新战略对企业绩效影响的概念模型并提出相关理论假设，并进行假设检验，由此得到了一系列有价值的结论。

本书可供技术经济管理、产业经济、资源环境管理等方向的在校大学生学习参考，也可供政府、环保企业的相关管理人员阅读。

图书在版编目(CIP)数据

绿色创新的运行机理及典型案例分析/黄晓杏著.—北京：冶金工业出版社，2022.12

ISBN 978-7-5024-9333-2

Ⅰ.①绿… Ⅱ.①黄… Ⅲ.①绿色经济—研究 Ⅳ.①F062.2

中国版本图书馆 CIP 数据核字(2022)第 251565 号

绿色创新的运行机理及典型案例分析

出版发行 冶金工业出版社 **电 话** (010)64027926
地 址 北京市东城区嵩祝院北巷 39 号 **邮 编** 100009
网 址 www.mip1953.com **电子信箱** service@mip1953.com

责任编辑 王 双 美术编辑 彭子赫 版式设计 郑小利
责任校对 石 静 责任印制 禹 蕊
北京建宏印刷有限公司印刷
2022 年 12 月第 1 版，2022 年 12 月第 1 次印刷
710mm×1000mm 1/16；10.5 印张；206 千字；160 页
定价 64.00 元

投稿电话 (010)64027932 投稿信箱 tougao@cnmip.com.cn
营销中心电话 (010)64044283
冶金工业出版社天猫旗舰店 yjgycbs.tmall.com
(本书如有印装质量问题，本社营销中心负责退换)

前　言

党的十八届五中全会提出了“创新、协调、绿色、开放、共享”五大新发展理念，党的十九大指出要贯彻绿色发展理念，大力推进生态文明建设。在这一指示下，转变传统高能耗、高污染的经济增长方式，发展清洁、节能、环保的绿色经济，培育绿色产业，加快产业结构调整，正在成为我国经济发展的战略选择。在此过程中，绿色创新是构建绿色产业和助推绿色经济发展的重要支撑和保障。目前我国绿色发展尚处于起步阶段，绿色创新能力尚为薄弱，绿色创新绩效不容乐观，如何促进绿色转型和绿色创新绩效的提升成为当前的一个紧迫任务。作者从发展绿色经济的理论和实践背景出发，在梳理和界定相关概念及文献综述的基础上，对绿色创新的机理进行了全面的分析和研究，取得了一些进展，主要表现在以下几个方面：

（1）利用典型案例分析，总结绿色创新发展的技术路径和关键环节，通过构建绿色创新技术路径中的三个关键环节的数学模型，求出解析解，对不同阶段转化的技术经济条件进行了分析，从微观层面揭示了企业绿色创新的路径、机制和着力点。

（2）从制度层面入手，分析了绿色创新的主要利益相关者，即政府和企业、企业和消费者的关系，构建了反映创新主体的行为决策过程的博弈模型，通过探析绿色创新各利益主体的复杂内部利益关系，提出了当前促使绿色创新的关键参数条件及保障措施。

（3）从宏观层面，以江西省为研究对象，对其绿色创新绩效和影响因素进行实证分析，进一步引入“成熟度”概念，对中部六省的绿色创新绩效进行了横向和纵向比较，提出促进江西及中部地区绿色创新的对策建议。

(4) 基于绿色动态能力的视角，以中部地区制造企业为例，对绿色创新战略对企业绩效的影响机理进行假设检验。

在本书撰写过程中，我的博士导师胡振鹏教授对本书内容规划和修改倾注了大量心血，师恩如海，长润我心。同时，本书的出版得到了广东省教育厅特色创新类项目（项目号：2021WTSCX217）和广州科技贸易职业学院创新团队项目（项目号：2022TD04）的资助，我对此表示衷心的感谢。

黄晓杏

2022 年 8 月

目　录

1 绪 论

1.1 本书写作背景及意义

1.1.1 写作背景

随着工业经济的高速发展，能源短缺和环境污染已成为严重约束社会经济发展的瓶颈。转变传统高能耗、高污染的经济增长方式，发展清洁、节能、环保的绿色经济正在成为各国经济发展的战略选择。党的十八届三中全会明确提出以"围绕建设美丽中国"为目标，"深化生态文明体制改革，加快建立生态文明制，锐意推进生态文明建设"。党的十九大报告指出："建设生态文明是中华民族永续发展的千年大计，必须树立和践行绿水青山就是金山银山的理念；建设美丽中国，为人民创造良好生产生活环境，为全球生态安全作出贡献。""新常态"经济发展背景下，创新驱动和绿色发展不仅能解决资源环境的瓶颈约束的压力，而且能加快产业结构调整，推动区域经济的可持续发展。

由此，绿色产业的产生恰逢其时，绿色产业强调低碳环保、循环利用、清洁生产，是解决环境污染严重、资源和生态约束、人口增长和竞争力约束等一系列现实问题的有效途径，逐渐成为实现经济可持续增长的重要力量。然而，绿色产业在我国起步较晚，发展速度和效果远不及发达国家，如绿色发展观念不强、创新能力不佳，政府的相关制度设计还不完善，由此造成技术转型缓慢，阻碍了产业结构调整和绿色升级。正如创新是发展的动力，绿色创新则是引领绿色经济和可持续发展的动力，在上述政策背景下，如何加强绿色创新，从而加快发展资源节约、环境友好的绿色产业，不仅是企业自身获得可持续发展的关键，也是推进生态文明建设，加强生态环境保护工作，满足人们绿色消费需求和加快转变经济发展方式的内在要求和实现路径。

目前，国内外关于绿色创新的研究可以概括为以下几个方面：第一，对绿色创新的运行机理研究，主要围绕技术、经济和社会的相互作用展开，且多数文献认为影响因素和绿色创新绩效之间是直接的线性关系，造成研究结论存在许多争议，绿色创新作为一个系统工程，系统创新的要素除了包括目标、战略、环境障碍、组织因素等企业层面的因素外，还包括跨组织关系、散布性网络和不同绿色创新类型特有的因素，且影响因素对绿色创新的不同发展阶段的影响机理有所不同，因此，有必要对绿色创新不同阶段的关键影响因素进行深入细致的探讨。第二，绿色创新的制度设计，已有文献主要基于环境经济学的理论视角，研究不同的政策工具（如命令-控制型、市场激励型、相互沟通型）对不同创新类型（循环经济、生态经济、末端治理创新，绿色产品创新、绿色工艺创新及供给侧结构性改革等）或创新绩效的影响，缺乏从多学科多理论的视角揭示创新主体的内部利益关系。第三，对绿色创新绩效的测度，现有研究强调绿色创新的研发（创新）效率（绩效）、经济绩效和环境绩效，指标体系不够完整，且研究方法较为单一，方法单一容易造成测量结果存在相应的偏差，针对单一方法存在的不足，考虑现有方法的相互结合将会对绿色创新绩效的测度做进一步完善。此外，系统学构建的绿色创新运行评价指标体系的研究虽然取得了一定进展，但从现有文献来看，评价指标体系的构建多从静态角度出发，未考虑绿色创新系统的动态演化及阶段特征。

1.1.2 写作意义

1.1.2.1 学术意义

学术界关于绿色创新的研究较多，也取得了丰硕的成果，但当前研究主要集中于理论层面，且多以定性研究为主，研究方法单一，且结论多不统一，无法科学地揭示绿色创新的运行机理和政策设计，本研究基于中国目前的环保情景，对绿色创新的机理研究，有助于更深刻地思考绿色创新的技术路径及系统的影响机理；有助于更系统地理解企业绿色创新的发展过程、运行机制和绩效提升机制；有助于深入理解政府和实施绿色创新企业间的复杂相互作用及利益关系；研究结论既可进一步促进生态文明建设理论、经济学和管理学相关理论、创新系统理论和可持续发展理论的交叉融合，也可进一步丰富和完善绿色创新的理论知识体系。

1.1.2.2 实践意义

生态文明建设是可持续发展的核心部分，当前，资源约束和环境污染逐渐成为经济社会发展的瓶颈，面对这一严峻的形势，必须将绿色发展、低碳环保、循环经济的理念融入生态文明建设的全过程中，大力发展环保产业、绿色农业、绿色工业、新能源产业等绿色产业，以发展绿色经济来助推产业结构调整，促进产业优化升级。在此过程中，绿色科技创新是发展绿色经济的重要支撑和保障。本研究系统探讨和验证绿色创新的运行机理及绿色创新绩效的影响因素，能科学地解释绿色创新的运行机制，为企业和政府积极推进绿色创新实践和管理提供有益的理论指导。在我国目前倡导低碳发展、生态文明的大背景下，发展绿色产业是引领可持续发展和促进生态文明建设的关键，实施绿色创新战略是实现经济、社会和自然协调永续发展的支柱，是建设创新型国家，增强企业的竞争优势，建设资源节约型、环境友好型社会的根本途径。因此，本研究深入探讨绿色创新的机理并提出优化对策，可为加快绿色发展，促进产业的绿色转型提供有力保证。

1.2 相关理论与文献综述

1.2.1 相关概念界定

1.2.1.1 绿色产业产生的背景

任何产业的产生都有其特定的背景，绿色产业作为一种新型产业，是伴随循环经济、绿色经济等词汇的兴起而产生的。以强调环境保护为目的产业，关注环境保护、污染控制、废弃物处理及其循环利用。

针对我国资源短缺和环境污染的严峻形势，为了实现社会经济的可持续发展，在党的十六届五中全会上，提出把生态环境保护和发展循环经济摆在重要突出的地位，经济增长要以节约资源为前提，人们要戒除奢侈浪费和不文明的消费习惯，形成健康文明的绿色消费模式，使社会形态朝着资源节约和环境友好型的方向迈进。

20 世纪 80 年代末，美国杜邦化学公司首次通过减少污染物排放的手段来减少生产成本，在此过程中，提出了著名的 3R 原则：减量化（Reduce）、再循环（Recycle）和再利用（Reuse）。90 年代，随着可持续发展理念的逐渐深入，人们逐渐意识到“末端治理”虽然在一定程度上减少了污染物的排放，但总体上是游离于生产过程之外，不能充分利用资源及降低原材料的消耗，只有按照以物质、能量在自然界和人类社会之间转换、流动的客观规律来认识资源利用和废弃物产生的问题，才能在整个生产过程中实现污染控制和资源的充分利用。循环经济的思想从萌芽状态中逐渐成熟起来。循环经济借鉴生态经济学的原理，把传统经济中“资源—产品—污染排放”单向流程转变为“资源—产品—再生资源”的反馈式流程，以减量化、再循环和再利用的原则来调整产业结构和改变人们的消费模式，从末端治理逐步转向清洁生产，从原材料的选择和设计开始遵循 3R 原则，以实现源头污染控制和废弃物的循环利用。循环经济综合了资源节约与综合利用、污染治理和清洁生产等生产方式的优势，把自然—经济—社会作为一个复合系统，在产品生产的全过程中，实施污染预防和末端循环利用相结合的战略，降低经济活动对人类及社会造成的消极影响，促进物质的有效转化和能量的有效利用，人为回收和利用生产和消费过程中产生的废弃物，使经济社会发展与自然循环更好地融合起来，实现一定区域内物质、能量的系统优化配置。

1.2.1.2 绿色发展与绿色经济

联合国环境署于2008年10月提出“全球绿色行政和发展绿色经济”的倡议，虽然未对绿色发展做出明确的定义，但于次年9月提出了绿色新政的概念框架，其核心思想是通过重塑和关注重要部门的投资和支出等政策措施，应对全球气候变化，使经济“绿色化”。中国科学院可持续发展战略研究组[1]认为绿色发展或绿色经济的核心是突破生态环境承载力的限制，是以一种强调资源节约和环境友好的新的经济发展模式代替传统发展模式，增加资源利用率，以实现经济增长和环境保护的协调统一。胡鞍钢和周绍杰[2]认为经济高速发展导致人口和经济增长与粮食和资源供给之间的矛盾日渐突出，此外，气候变化对人类社会的危机也不断加剧，只有在经济结构中不断增加绿色经济的比重，发展有利于人类健康的、环境友好的绿色相关产业，才能实现经济增长与资源消耗、污染排放脱钩。马洪波[3]认为绿色发展是对可持续发展、循环经济、低碳经济、绿色经济等热门概念的综合归纳和高度概括，绿色发展是综合考虑全球气候变化和生态危机的前提下，将低能耗、低污染和高效率资源节约、环境友好等理念融合其中，不仅关注经济增长的数量，更重视经济发展的质量、经济社会的相互协调及以人为本的全面和谐发展。王玲玲和张艳国[4]认为绿色发展是指通过以有效合理利用资源、维持平衡为核心的绿色经济、绿色政治和绿色文化活动等新型的生态发展模式和理念来实现经济、政治、社会和生态环境的可持续发展。吕福新[5]认为绿色发展在特定的生态环境容量和资源承载力范围内，关注人的健康，提高人的生活质量，促进经济社会与生态系统协调发展的同时，实现人类的全面可持续发展。

英国经济学家皮尔斯在《绿色经济的蓝图》一书中提出：“绿色经济是从自然社会和生态环境可承受的角度出发，建立一种自然社会和生态环境可以承受的经济，这种经济形态可以避免因过度追求经济增长而造成自然资源枯竭、生态失衡和社会危机，从而导致经济发展不可持续或阻碍经济增长[6]。”从我国“绿色发展”“绿色崛起”“绿色经济”应用的语境来看，绿色经济一般是针对持续发展的某些侧面（如绿色食品、绿色城镇、绿色工业、生态农业、循环经济、低碳经济等），或特定时期的任务（节能减排、节能降耗、生态建设、环境保护、资源节约、环境友好等）而展开，其内涵是动态变化的。核心内容包括：和过去那种耗费资源、破坏环境的“褐色（黑色）”经济相对立的经济发展模式；经济发展突破资源环境承载力的制约，实现发展与环境的双赢；目标是实现可持续发展。Jacobs等人[7]提出绿色经济不同于传统产业经济，劳动、土地和人类资本是传统产业的三个基本生产要素，在此基础上，绿色经济还需要增加社会组织资本，即有不同阶层组织都会衍生出的利于人类福祉的传统、规范、文化、习惯等。廖福霖[8]认为绿色经济是为了给子孙留下“碧水蓝天”，谋求经济社会的永续发展，以协调和改善人类社会与自然环境的关系为最终目的，实施以防治环境污染为目标，以资源节约为手段的经济发展形态。邹进泰和熊维明[9]认为绿色经济主要指在国民经济中逐渐占主导地位的绿色产业，对于一个国家和地区而言，这类产业相对于其他产业在可持续竞争中形成更具有比较优势且占有较大市场份额，并能成为国家或地区的支柱产业。刘思华[10]认为绿色经济本质上是一种可持续的经济形态，也可称为“可持续经济”，是以知识经济为主要手段，以协调自然生态环境和经济社会的关系为关键任务，最终达到环境保护和社会进步双赢的局面。吴晓青[11]认为绿色经济是以节约并充分利用环境资源为前提，以实现经济、社会、环境的协调发展为目标，将“绿色化”作为经济活动过程中关键要素和实现路径。周惠军和高迎春[12]认为绿色经济、循环经济、低碳经济三者的发展背景和发展理念相似，但其核心内涵、针对的问题和理论基础有所不同，绿色经济主要针对环境问题提出方案，环境保护是其主要出发点，环境经济学是其主要理论基础。不同于前者，循环经济、低碳经济分别强调资源的循环利用和碳减排，主要针对资源和气候变化提出的概念，生态经济学和能源经济学分别是二者的理论基础。所以，联合国环境署于从广义的角度在《迈向绿色经济的综合报告》中将绿色经济定义为“可以显著减少或消除因环境风险和生态稀缺造成社会危机，有利于提高人类福祉和社会公平的经济”[1]。

综上，对绿色发展的概念缺乏多学科的协同和整合，学术界至今对其没有统一的定义。绿色发展是一个庞杂的概念系统，不同学科背景的学者对其认识有所不同。但学者们对其内涵和本质的理解基本是一致的，即绿色发展强调环境保护、资源的合理利用、可持续发展。本书综合以上不同学者对于绿色经济的定义，认为绿色经济遵循资源节约和环境保护的理念，将转化此理念所需的实践活动贯穿在整个生产过程及人们的生活方式中，最终以可持续发展的经济模式来实现经济增长、资源节约和环境保护的协调统一。绿色经济协调了经济发展、资源利用和环境保护之间的矛盾，是绿色发展的有机组成部分，是实现经济、社会、生态效益统一的可持续发展方式。

1.2.1.3 绿色产业

加拿大环境部长第一次从宏观层面提出将“绿色计划”融入各国的社会经济发展计划[1]，绿色产业的概念是在“绿色计划”一词的基础上延伸而来。OECD对绿色产业的定义存在狭义和广义之分。狭义的绿色产业特指环保产业，即提供污染控制、减少及废弃物处理设备和服务的企业；广义的绿色产业不但包括环保产业，还包括绿色农业、工业等，即提供能够预防、减少或避免环境影响的有关产品、技术活或服务的企业[13]。

国内外学者主要从各自的学科背景（如生态经济学、产业经济学等）对绿色产业进行定义和描述，然而，学术界至今还未对其有统一的定义，本书就国内外学者对绿色产业的定义进行归纳整理，见表 1.1。

表 1.1 绿色产业的概念汇总表

作 者	年份	定 义 内 容	文献出处
刘小清[14]	1999	绿色产业又称环保产业，是经济结构中以防治污染，保护自然资源及改善生态环境为目的所进行的技术研发、产品生产、资源利用、信息服务、工程建设等一系列活动的总称	绿色产业——迎着朝阳走来的新兴产业
林毓鹏[15]	2000	基于价值论的视角，绿色产业是基于当前可持续发展要求的前提下，采用绿色技术，以消除或最大限度减少外部成本获取经济和环境效益最大化的企业或相关组织的集合	加快发展我国绿色产业
刘思华[10]	2001	广义的生态产业（绿色产业）是指在保护和改善生态环境、建设自然的生产活动中，从事生产、制造生态产品或创造生态环境收益的产业及其符合环保要求的绿色产品、绿色技术的相关部门和产业的集合体	绿色经济导论
胡援东、揭益寿[16]	2001	绿色产业隶属于高新技术产业，融科研、环保、农业、工业、林业、服务业等有关行业为一体的宏大产业集合。	大力发展绿色产业是中国产业结构战略性调整的必由之路
刘景林、隋舵[17]	2002	绿色产业是指产品的生产经营过程及产品本身符合环保要求或对自然生态环境进行修复和改善的产业的总称	绿色产业：第四产业论
刘焰、邹珊刚[18]	2002	绿色产业将应用绿色技术和生产绿色产品或提供绿色服务来保护自然生态资源	现代绿色产业的类别特征分析
Charles 等人[19]	2002	Green industry 是指与环境园林植物、景观及园林设备相关的生产、制造、销售和服务产业	Economic impacts of the green industry in the united states
刘国涛等人[20]	2003	绿色产业被称为朝阳产业，涉及三大产业的各个行业和领域，在国民经济中所占的比重越来越大	论绿色产业的特征
曾建民[21]	2003	绿色产业是以实现经济社会的可持续发展为目标，以开发绿色资源和保护生态环境为基础，生产、经营绿色产品或提供绿色服务，从而获取较高经济和社会双重效益的产业群体	略论绿色产业的内涵与特征

续表 1.1

作 者	年份	定 义 内 容	文献出处
余春祥[13]	2003	绿色产业是指在发展绿色经济的过程中，把绿色技术应用到产品生产中，且提供绿色服务	绿色经济与云南绿色产业战略选择研究
郭晖[22]	2004	绿色产业是用绿色方式生产绿色产品或提供绿色服务的产业。	贵州绿色产业发展的思考
刘平辉等人[23]	2004	指在产品生产和使用过程中对环境和人类健康不构成伤害，且不存在二次污染，其产品可以回收利用的产业	绿色产业规划与设计中的产业选择原则
李春才[24]	2004	绿色产业不完全指代环保产业，指所有采用绿色生产力和绿色生产方式来生产或提供绿色产品和服务的产业	略论绿色产业
鲁明中、张象枢[25]	2005	在产品生产过程中，对资源进行合理开发，采用先进的环境友好工艺和技术，生产出环境友好产品，且在产品消费过程中，对人类健康不造成损害的产业	中国绿色经济研究
李宝林[26]	2005	绿色产业是实现可持续发展的经济模式和产业形态	环保产业生态产业与绿色产业
谢扬[27]	2005	属于高科技产业，指采用无害或低害新技术、新工艺或清洁生产技术，减少使用原材料，降低能源消耗，尽可能在生产过程中消除废弃物的排放	绿色产业政策
张桂黎、韩军青[28]	2007	不同于狭义的环保产业，是以保护自然资源、改善生态环境、防止污染为目的所进行的技术研发、产品生产、资源利用、信息服务等一系列生产活动的总称	发展绿色产业是西部可持续发展之本——对我国西部大开发中生态环境建设的思考
史瑞建、杨志刚[29]	2007	绿色产业是指尊重自然客观规律，合理开发和利用自然资源，生产清洁产品，达到生态和经济两个系统良性循环的经济模式	发展绿色产业应处理好八种关系
陈健[30]	2008	绿色产业是把资源节约贯穿在产品的整个生命周期，无论是在产品生产的过程中或是产品进入消费环节，均不对环境造成污染的各类部门和产业的集合体	我国绿色产业发展研究——以珠三角为例

续表 1.1

作　者	年份	定 义 内 容	文献出处
张昌勇[31]	2011	绿色产业遵循环境保护和可持续发展的理念，作为一种新兴产业形态，倡导在生产过程的各个环节之中融入资源节约、环境友好、零污染或低排放，从而将经济价值、生态价值和社会价值融为一体的朝阳产业	我国绿色产业创新的理论研究与实证分析
冯方祥[32]	2013	是以可持续发展为理念发展起来的新兴产业业态，所有和资源节约、环境友好相关的产业都应纳入其中	呼伦贝尔绿色产业发展研究

从以上对绿色产业的定义可以看出，国内学者对“绿色产业”的定义带有明显的中国特色，导致中国与国外学者对“green industry”的理解存在较大差异。关于绿色产业的定义存在狭义、广义之分。狭义的绿色产业和 OECD 的界定相同，主要指环保产业，即在环境污染预防和节能减排、污染控制以及废物处理和利用等方面提供产品和服务的产业。广义的绿色产业既包括环保产业也包括绿色工业、绿色农业和绿色服务业等，即所有在生产过程中考虑到环保需求，建立绿色生产机制，借助科学技术来实现资源节约和污染减少的产业。虽然学者们对绿色产业的定义存在一定差别，但基本内涵是相同的，即绿色产业与环境保护相关。

鉴于此，本书将绿色产业定义为：绿色产业是将循环经济、生态经济及可持续发展的思想或理念贯穿在产业生产的各环节中，通过采用新技术、新工艺或生产绿色产品、提供绿色服务等以降低资源消耗或污染排放，从而将经济价值、生态价值、社会价值融合为一体的新兴产业业态。

1.2.1.4 绿色创新及绿色产业创新

绿色创新是近几年才被关注进而成为主流的环境管理学的概念，在此之前，通过对环境管理及创新管理等相关文献的梳理发现，有很多与其相近的概念，如环境创新、可持续创新、生态创新，它们出现的频次远远高于绿色创新，此外，还有绿色技术、环境技术、生态设计等一系列从不同角度去界定的术语。关于绿色创新的概念，Blattel-Mink[33]最早提出绿色创新，虽未给出明确的定义，但强调了企业在新产品、新技术、新市场、新系统开发和引进以及其他经营战略中纳入生态维度，这些都属于绿色创新的范畴。Norberg-Bohm 认为绿色创新就是通过各种途径减少污染物对环境的影响。Driessen 等人[34]从务实的角度认为绿色创新不应只是以降低环境风险，而应该以产生环境效益作为最终目标。Chen[35]认为绿色创新的内容较为广泛，既包括和绿色产品或绿色工艺相关的硬件或软件创新，也包括设计能源节约、污染预防、废弃物回收利用、产品设计及环境管理相关的技术创新。

“绿色创新”在国内更多指广义的创新，这种创新活动不但包括绿色产品、工艺或技术创新，还包括与之相关的组织、管理、制度创新等。陈华斌[36]对绿色创新的定义较为宽泛，认为人类社会为实现环境、经济、社会协调发展所进行一切创造性的活动都属于绿色创新的范畴。杨庆义[37]对于绿色创新的定义和陈华斌较为相似，他认为绿色创新活动包含一切使创新设计、创新过程、创新目标和创新成果等绿色化的活动。张小军[38]认为绿色创新就是企业为降低环境风险和避免或减少生态危机所采取的战略和行为，并可根据大量文献归纳出三种定义，三种定义分别是降低环境影响的绿色创新、引入环境绩效的绿色创新和改进环境绩效的绿色创新。刘薇[39]将绿色创新归纳为三种创新，即绿色技术创新、绿色制度创新和绿色文化创新，同时认为三者之中绿色技术创新是核心和主要部分，制度和文化为绿色创新提供必要的支持和引导。针对绿色创新的双重外部性、绿色创新结果的界定和度量、绿色创新的自觉性三个方面的争议，李旭[40]基于动机—过程—结果的框架将绿色创新分为三类，一类为资源节约型绿色创新，此类创新除了提高效率和增加收益外，还因提高效率节约大量的资源；二类为环境友好型绿色创新，此类创新强调减少环境成本即环境负的外部性所进行的创新；三类为混合型绿色创新，即波特强假所指的既可以减少环境负面影响也可以提升企业竞争优势的创新。

绿色产业创新是绿色创新体系的一个重要组成部分。目前学术界关于绿色产业创新还没有明确的定义，但普遍认为绿色产业创新是实现全行业绿色创新的重要途径，是绿色创新的一个重要组成部分，国内学者张昌勇[31]首次根据绿色产业的特征和分类尝试对绿色产业创新的概念进行界定，他把绿色产业创新看作一个系统，系统中包括政府、企业等创新核心要素以及科研院所、金融机构、中介机构等创新环境要素，绿色产业创新就是创新核心要素与创新环境要素通过技术创新、制度创新、管理创新、组织创新等创新方式，从而实现绿色产业结构、组织、布局发生根本性的改变和提高。绿色产业是战略性新兴产业，也是国民经济的重要支柱产业，也应包含产品、技术、制度、管理、组织创新等创新方式，本书在此定义的基础上，结合已有文献对绿色创新的诠释，从可操作性和务实的角度将绿色产业创新界定为：创新主体以可持续发展为目标，通过从战略层面考虑环境问题，在诸多外部环境因素的支持下，结合自身的资源能力条件，设计和开发更为环保的工艺和产品、改进管理、组织或制度模式来降低对环境的消极影响，同时，也提升了创新主体的可持续竞争优势，从而实现绿色产业的全面升级。

1.2.2 相关理论

绿色创新作为一个复杂系统，单一理论无法从根本上支持一综合体，需要多个理论、多个学科视角做依据，涉及的理论包括可持续发展理论、创新系统理论及经济学和管理学的相关理论等。

1.2.2.1 可持续发展理论与生态文明建设理论

A 可持续发展理论

可持续发展（sustainable development）一词可追溯到在20世纪70年代中期，最早是被沃德（Barbara Ward）使用，直到1980年，在国际自然资源保护联盟（IUCN）等三家组织共同发表的《世界自然资源保护策略》中才充分反映了可持续的思想。面对日益严峻的人口、资源、环境问题的不断恶化，人们逐渐开始反省和认识经济发展和环境的关系。1987，世界环境和发展委员会发表了《我们共同的未来》的报告，首次将可持续发展引入政治和经济领域并阐明了可持续发展的定义，即在满足当代人需求的前提下，不对后代人满足自身需求造成危害，是可持续的、科学的发展形态。由于学者们所处的研究背景不同，对可持续发展内涵的理解也有所不同。可持续发展本质上具有自然属性的特征，从这一角度出发，生态学家提出“生态持续性”（ecological sustainability）一词，认为可持续发展是维持自然资源及其开发利用间的平衡，保护和加强环境系统的生产和更新能力，强化了可持续发展概念的自然属性；经济学家从可持续发展经济特征属性的角度出发，认为可持续发展是指自然资源和生态环境在保证自身质量不受影响的前提下，为人类社会提供必需的物质和服务，最大限度地满足人类经济发展的需求，增加当代人的社会福利的同时，不影响和损害后代人的福利；社会学家从可持续发展的社会属性出发，认为可持续发展是在人们为了生存所进行的一切活动均处于自然生态系统的承载力范围内，在此前提下，最大限度改善和提高人类的生活品质。

可持续发展不是局限于某一方面的发展，而是涉及自然、环境、社会、经济、科技、政治等诸多方面，是一种新的发展观、道德观和文明观。可持续发展理论涵盖了经济、环境和社会等多个学科的知识内容，其内涵至少有3个方面[41,42]：

（1）突出了发展和可持续性两个方面，两者之中，发展是主题，是集社会、科技、文化、环境等多方面融合发展，“可持续性”一词的含义是指将发展限制在自然资源和生态环境的承载能力范围内。

（2）强调了代际公平这一核心任务，即发展必须协调好当代人和后代人的利益关系，当代人不能耗竭和损害后代人生存发展所必需的环境和自然资源。

(3) 揭示了人与自然的和谐共处和协调发展问题，人们必须提高自身的道德水准，认识到自己对自然、社会和子孙后代的责任感，学会尊重自然和保护自然，增强参与可持续发展的能力。

绿色创新的目标就是要实现产业的可持续发展，只有走可持续发展的道路，才能实现污染物排放量的下降、自然资源的可持续利用和产业的绿色化发展。可持续发展理论强调集约型的经济增长方式，提倡通过实施清洁生产和文明消费来节约资源和减少污染物的产生和提高经济效益。因此，绿色创新也是可持续发展的必要动力和内在要求。

B 生态文明理论

生态文明是人类文明的一种全新的形态，它以尊重自然和保护自然为前提，遵循人类社会与自然生态环境的和谐发展这一客观规律，引导人类建立可持续的生产方式和消费方式，促进人类、社会和自然环境的良性发展和和谐统一。生态文明也是一种的文化伦理形态，人文发展是生态文明的一个核心要素，生态文明强调人的自觉和自律是人与自然环境和谐共处的关键[44]。任何一种理论的提出都有其特定的现实基础，生态文明的提出也不例外，随着工业革命的兴起，资源环境与经济发展之间的矛盾逐渐凸显出来，生态文明正是为解决这一突出的矛盾而产生且逐步完善起来，从这一角度上看，生态文明是人类对传统文明形态特别是工业文明的反思和超越，是经济社会发展的必然结果。

生态文明是与物质文明、政治文明和精神文明一样被列为四大文明形式之一，生态文明与其他三种文明具有同等重要的地位和作用，生态文明与物质文明和精神文明之间存在复杂的千丝万缕的联系，生态文明包含物质文明、精神文明部分内容，但绝非等同于物质文明和精神文明[45]。生态文明要求人们能在遵循自然规律的前提下积极能动地利用和改造自然，而不是在自然面前无所作为，消极对待，这点与物质文明的内涵一致；生态文明要求人类自觉、自律地树立生态观念和环保意识，以此约束自己的行为，践行尊重和爱护自然的活动，在这点与精神文明所强调的内容是一致的。但生态文明着重强调人类与自然的协调相处，是可持续发展战略的思想基础，不能完全包容物质文明和精神文明，具有相对的独立性。

通过生产和生活方式的绿色化来实现绿色发展是生态文明建设的重要内容之一。黄顺基[46]认为生产方式的绿色化可通过发展循环经济和绿色产业来实现，具体有：

(1) 利用循环经济建设生态文明就是运用生态学规律而不是机械论规律指导人类的生产活动，借鉴生态学规律，把传统经济中“资源—产品—污染排放”单向流程转变为“资源—产品—再生资源”的反馈式流程，以“减量化、再利用、再循环”的原则调整产业结构和改变人们的消费模式，从末端治理逐步转向清洁生产，从原材料的选择和设计开始遵循3R原则，以实现源头污染控制和废弃物的循环利用，最大限度地减少经济活动对自然环境的负面影响。

（2）发展绿色产业。发展绿色产业有如下优点：1）发展绿色产业可以通过提高自然资源或能源的利用效率来减少资源或能源消耗量；2）发展绿色产业可以提高能源利用率，同时，利用可再生能源，可以减少温室气体排放，从而保护了生态环境；3）发展绿色产业可以通过改善产品设计、工艺过程和设备质量来加强生产管理，从而减少废物排放量；4）发展绿色产业可以尽可能回收利用各类废弃物，变废物成资源，即“变废为宝”。生活方式的绿色化需要通过加强生态文化建设来实现。

人们通过自觉和自律来树立生态意识和环保观念，对于生态文明建设有极大的促进作用，人们通常认为经济活动和技术水平落后是造成资源和环境危机的主要原因，很显然，这种认识还尚为肤浅，自然生态环境的危机不仅包含经济和技术层面的问题，而且还涉及到人们在经济活动中形成的文化观和价值观的问题。只有改变人类的文化观念和价值观，树立与生态保护相适应的文化观、价值观，改变人们不合理的消费习惯，在全社会形成资源节约、低碳环保、绿色健康的生活方式，并将文明健康的生活方式纳入到政绩观和消费观中，作为社会主义核心价值体系的一个重要部分。

党的十七大明确提出生态文明这一概念，并正式将生态文明写入各类报告中，建设生态文明已经成为全面建成小康社会的奋斗目标的新要求之一，党的十八大又从战略层面把生态文明建设纳入到我国的发展战略体系中。从发展观的角度来说，我国一直提倡经济、政治、社会、文化与生态“五位一体”的综合发展观，生态文明不是独立存在的，它可以融入五大领域之中。所谓“发展是硬道理”已经不是过去所讲单纯的经济发展，而是指包括生态环境的“绿色发展”，是一种发展与环保相一致，“金山银山”与“青山绿水”相统一的可持续发展。

C 生态文明建设与可持续发展

生态文明建设强调人与自然的和谐相处，是人类与自然经济社会的全面协调和和谐统一的文明形态。人的主观主动性和尊重自然规律的自觉性是人与自然共同生息的基础，是实现经济、社会、环境共赢的关键。人和自然的和谐共处是人与经济社会和谐的前提和基础。如果人类生存所依赖的生态环境遭到破坏，就会直接减少资源和能源的供应量，从而严重约束经济活动的进一步开展，阻碍了人类与经济社会的和谐统一。发展的可持续性体现在和谐共生和公平性两个方面，和谐共生主要反映在人与自然、社会和生态环境的关系上；公平性反映在自然资源的利用上当代人对于后代人的做法。人们要逐步形成与生态相协调的生产生活与消费方式，统筹人与自然的关系，消除经济活动对自然生态环境平衡构成的威胁，使经济建设与资源环境相协调，最终实现经济效益、社会效益和生态效益的统一。

可持续发展理论是生态文明建设的一个重要准则，建设生态文明的前提和要求就是要通过发展可持续产业来实现经济社会的可持续发展。传统工业文明在工业生产过程中只在乎产量和利润，虽然创造了世界的物质繁荣，但是这种繁荣的背后，是对自然资源的过度利用和自然环境的严重破坏，造成生态系统失衡和生态危机，损害子孙后代的权益，在资源环境和经济社会发展的矛盾日益突出的前提下，以生态文明理念为指导，尊重自然规律，不断创新发展理念，改变落后的发展方式，同步提高发展的质量和效益。随着科学技术的飞速发展，单纯以数量增长为目的的大规模粗放式的生产方式已逐渐被集约型的质量型的生产方式取代，以节约型为目标的绿色（生态）产业成为必然选择。绿色产业建设要求传统产业进行结构调整和优化升级，农业是以生态农业为突破口，加强农业循环经济建设。工业是以循环经济和高新技术产业为突破口，加强生态工业园区建设，同时，加强生产性服务业建设，如金融、现代物流业、信息服务业等领域的建设。

1.2.2.2 经济学相关理论

A 创新经济学

熊彼特于1912年首次提出创新的概念，之后，Freeman[47]从经济学的角度和意义上对创新的概念进一步加以规范，于1982年在工业创新经济学一书中明确指出技术创新就是指新的创新产品、工艺和服务，并首次通过创新营销方式使之转化为可以流通的商品或服务。

从创新经济学的视角去看待绿色创新问题，首先应该理解绿色创新是否等同于一般创新，很显然，两个概念不能等同，但存在千丝万缕的联系，绿色创新是创新的一种特殊形式，所以，从某种程度上讲，支持和支撑一般创新的理论对于分析绿色创新行为也是有用和有效的。

创新外部性是创新经济学的一个重要概念，所谓创新外部性，既包含正的外部性，也包含负的外部性，正外部性表现为创新活动不光为创新主体带来的回报（主要是经济效益），也可能给模仿者以及整个行业的技术水平和管理模式带来正向影响，除了正的外部性，创新主体不免要为创新付出大量的成本，因创新本身所具有的风险性和不确定性，这些成本未必得到有效的回报，此为创新的负外部性。因较竞争产品具有更小的环境外部成本，使得绿色创新具有一个突出特点，即创新过程和传播过程均产生正的外部性。因此，与环境经济学将环境成本作为内部化来计量不同，创新经济学往往更多考虑创新的正向溢出效应。从此角度说明，绿色创新的分析框架离不开创新经济学理论，现有的创新经济学有助于对绿色创新机理的理解和发展。

B 环境经济学

环境经济学是环境学和经济学的交叉学科，主要研究如何运用经济杠杆将环境成本内部化，从而解决环境保护和资源有效利用等问题，主要有外部性理论和产权理论等。

外部性理论是由经济学家马歇尔于1890年在《经济学原理》提出，而后被学生庇古逐渐深化，外部性可分为正外部性（外部经济）和负外部性（外部不经济）两种，正外部性是指某项经济活动为社会成员带来了好处，而自己得不到相应的补偿；负的外部性是指经济活动为社会成员带来了危害，但自己并未为此危害支付足够的社会成本，这种行为会造成资源配置不当，降低整个社会福利[49]。如何纠正环境污染引起的负外部性问题是环境经济学解决的主要问题。环境经济学的理论认为，资源环境的公共物品的属性是环境污染和资源过度利用的主要原因，纠正外部性问题的主要思想就是将环境污染造成的外部成本内部化，即谁污染者谁付费，主要方法有环境规制、财政补贴、税收等。尽管新古典经济学认为严格的环境规制会增加企业成本，降低企业的生产效率，削弱企业的竞争力[50]，而Porter和Van der Linde[51]则持相反的观点，他们从动态的视角认为适当的环境规制可能会助推企业发现投资契机，违背环境规制造成的损失也会迫使企业进行绿色创新，企业通过开发环保产品和技术来提高企业的生产效率和竞争优势。

另一个和外部效应治理相关的是产权理论，产权是指一组权利，包含占有权以及由占有权衍生而来的使用权、收益权、处置权和转让权。美国芝加哥大学教授科斯认为产权界定不明或不恰当是造成外部性的主要原因，明晰的产权同样可以解决外部不经济的问题。在解决负外部性问题时可以采用市场交易的形式，即，在交易成本较小的情况下，无论最初的权利如何界定，都可以通过市场交易达到社会总产品的最大化[52,53]。具体到资源环境的外部性问题上，可通过基于清晰产权的排污权交易来实现资源的最优配置，从而消除资源环境公共物品的外部性，充分发挥了市场运行的效率。在完全竞争的条件下，交易费用较低时，科斯定理对通过市场机制来解决外部性问题提出了较系统的解释，事实上，当没有法律、行政、经济等干预手段存在，也就是说，没有法律、行政、经济或者其他方面约束条件存在时，外部性问题在一定程度上会引起市场运行机制的失灵，导致社会资源的配置的低效率[54]。

C 发展经济学

依托科技创新，发展绿色产业，是实现经济社会和资源环境协调发展的关键，对于世界上最大的发展中国家——中国来说，发展绿色产业必须放在发展的大环境下，用发展经济学的观点加以剖析。

发展经济学（development economics）是适应时代的需要兴起，于20世纪40年代后期在西方国家逐步形成的一门综合性经济学分支学科，在经济学的体系中逐渐形成的一门新兴学科，是西方经济学的主要分支，主要研究贫困落后的、以农业为支柱的发展中国家如何通过工业化来摆脱贫困，最终走向富裕的经济学。50多年来，发展经济学的发展和演变主要经历了三个阶段。

第一阶段是从20世纪40年代末期到60年代中期，这一阶段是发展经济学的形成时期，结构主义的思想占支配地位，主要强调资本积累、计划化和工业化的重要性。这一时期的发展经济学家认为，因发展中国家的经济结构的特殊性，在国家的市场体系不够发达和市场机制不健全的情形下，很难有效发挥市场机制在配置资源中的作用，因此，发展初期必须依靠政府的计划管理，政府通过计划手段，将有限的人力、物力和财力资源用于重点建设的项目上，更有利于合理配置和有效利用资源，避免了市场不健全带来的资源配置的盲目性[55]。对于绿色创新而言，发达国家走过的道路值得借鉴，但真正依靠绿色创新发展绿色产业进而实现全行业的绿色转型和发展，必然面临诸多经济、技术和价值观等因素和障碍，这些障碍有赖于政府的计划手段发挥作用。

第二阶段是从20世纪60年代中期到80年代中期，这一阶段是新古典主义的复兴时期，即把早期发展经济学家否定的东西又重新加以肯定，除了强调增长之外，还强调了发展目标的多元化，如增加就业、减少贫困、分配公平和乡村发展等。此外，发展经济学家们认识到离开了市场调节，单纯依靠政府的计划行为取得效果并不显著，此阶段的发展经济学家重新肯定了市场机制的作用[56]。市场是任何产业生存的前提，对绿色创新而言，顾客的绿色市场需求是绿色产业发展的前提，因此，绿色产业的发展不仅取决于产业本身的发展水平，在很大程度上依赖于市场经济的发展水平。只有提升市场经济发展水平，提高顾客的绿色产品需求，才能推动绿色产业的成长和发展。

第三阶段是20世纪80年代中期到现在，此阶段的发展经济学家认为，要推动发展中国家的经济发展，重新认识制度力量在经济发展过程中的作用。随着新增长理论的兴起，一些西方经济学家放松了新古典增长理论的报酬递减的假定，相继提出了各种各样的经济增长模型。虽然当代发展经济学家重新认识和强调了市场机制在配置资源时发挥的重要作用，但也认为市场机制不能完全取代政府的计划行为，政府的集中计划管理在相当长的时间内仍然是促进发展中国家经济发展的重要工具，两种手段应交互融合，灵活运用[57]。在当前环境保护的大背景下，将政府的计划行为和市场机制结合起来，绿色产业才能逐渐兴起并得到迅速发展。

1.2.2.3 管理学相关理论

A 资源基础理论

企业层面的资源基础理论和绿色创新密切相关，1959年，Penrose[58]在《企业成长论》中提出了组织内部成长理论，认为企业具有和可控制的资源是企业核心竞争力的来源，这为资源基础理论的产生奠定了基础，Wernerfelt[59]在基于竞争优势分析的基础上，开创和发展了资源基础观，后经过 Barney[60]的丰富和进一步完善，逐渐形成了现有的资源基础理论，其核心思想是：企业是有一系列具有不同的有形和无形的资源构成，这些资源包括企业的商标、管理技能、知识信息、商业伙伴等，这些资源可转变成企业独特的能力，资源在企业间是不可流动的且难以复制，这些独特的、稀缺的、无法复制的、不可替代的资源与能力可以成为企业持久竞争优势的源泉，也是造成企业绩效差异的主要原因。

从某种程度上来讲，资源基础理论是在深刻反思 Poter 的竞争力模型和 Mason 的 SCP（结构—行为—绩效）分析框架的基础上发展起来的，因为前两者均强调了产业环境对企业竞争力和绩效的作用[61,62]，但忽略了企业内部资源和成长所发挥的作用，资源基础理论假定组织拥有的资源是异质性的，且这些异质性的资源在不同的组织之间呈现非完全流动的特征。因此，拥有独特和难以模仿的资源和能力是企业绩效竞争优势差异的主要原因。

企业资源一般包括 3 类：物质资本、人力资源和组织资本。物质资本包括企业的资本、固有的技术、设备等；人力资源包括员工培训、经验和人际关系等；组织资本包括职业的计划和控制体系、组织内部和组织之间的关系等，资源是形成能力的基础，能力是竞争优势的主要源泉，资源和能力是企业生存和发展的基础。Hart[63]指出资源环境是企业未来发展的主要约束，绿色战略对企业而言既是机遇也是挑战，企业实施前瞻型的环境战略可为企业竞争力的提升产生积极影响。因此，拥有较多的异质性资源和能力优势是企业倾向于实施绿色创新的前提，也是提升组织绩效和获得长期竞争力的源泉。

B 创新系统理论

美国经济学家熊彼特于 1912 年首次提出创新的概念，他把创新定义为：建立一种新的生产函数，把全新的生产要素和生产条件作为一种“新组合”引入生产体系中。他反复强调了创新和技术进步作为经济系统的内生变量，对经济发展的作用不容忽视[64]。之后，技术创新一度成为学术界研究的热点领域之一，随着创新理论研究的不断深入，到了 20 世纪 80 年代，国内外学者开始从系统层面深入研究创新理论，研究领域最初集中在国家层面，主要代表人物有 Lundvall[65]、Nelson[66]、Patel 和 Pavitt[67,68]、Edquist[69]等。Freeman[70]最初提出国家创新系统的概念，认为国家创新系统是由公共和私营部门共同建构的网络，网络中的活动和相互作用激发新技术的引进、改良和传播（见图 1.1）。

Cooke[71]强调了区域创新系统的重要性，认为企业和大学科研机构构成了区域创新系统的组织体系，是由企业和大学科研机构构成的组织体系，区域创新系统具备地理性和网络特征，企业和科研机构可在合作基础上进行技术和制度创新。

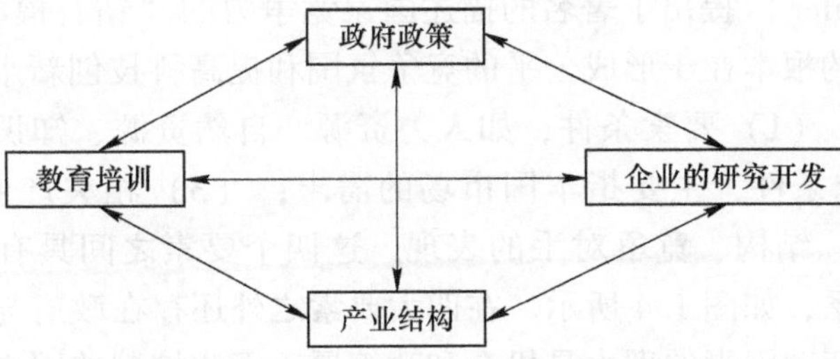

图 1.1 Freeman 提出的国家创新体系模型

Nelson[66]认为新技术生产是大学、政府、企业共同作用的结果，且每个国家的创新系统都具有独特性，宏观的制度安排对其有促进作用，科学技术发展过程中不确定性，这种不确定性也为技术创新提供了更多可能性，企业、大学和政府应为技术创新形成合作机制和互动网络。

Patel 和 Pavitt[67,68]认为在一个国家创新系统中，对国家技术创新的方向和速度起决定作用的是国家制度、激励机构和竞争力，激励机构是其核心，激励的失效和竞争能力的低效会导致国家创新系统无效。政府会通过科研机构和中介机构间接激励企业（见图 1.2）。

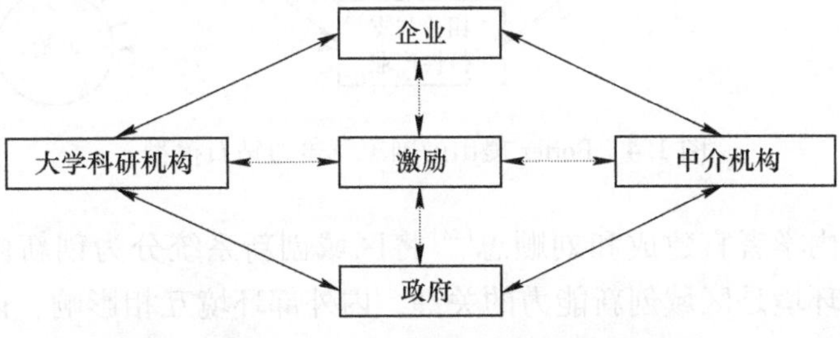

图 1.2 Patel 和 Pavitt 提出的国家创新体系模型

OECD[72,73]强调了知识流动是国家创新体系的核心，是连接企业、中介机构、政府和科研机构等创新主体的纽带，知识创造、储存和转移是国家创新体系的重要组成部分架构（见图 1.3）。

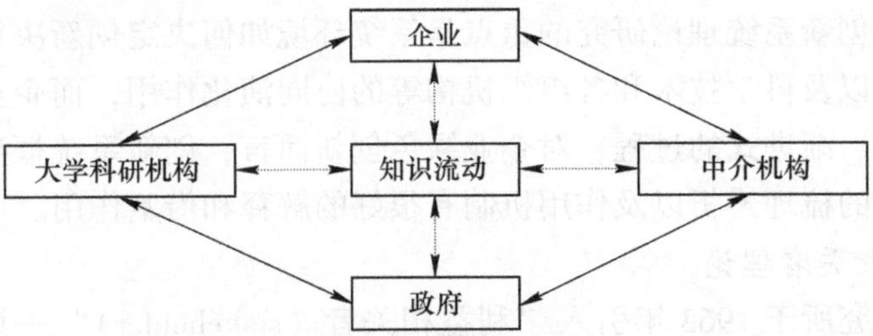

图 1.3 OECD 提出的国家创新系统框架

1990 年，Porter[61]提出了著名的描述国家竞争力的“钻石模型”，波特认为提高国家竞争力的根本在于形成公平的竞争氛围和提高科技创新水平，该模型包括四个基本因素：(1) 要素条件，如人力资源、自然资源、知识资源、基础设施等；(2) 需求条件，主要指本国市场的需求；(3) 相关产业和支持产业；(4) 企业的战略、结构、竞争对手的表现。这四个要素之间具有双向作用的关系，形成钻石体系，如图 1.4 所示。在四大要素之外还存在政府与机会两大变动因素，将其列为变动因素的理由是机会和政策属于无法控制的因素，但二者对创新结果的影响是不容忽视的。

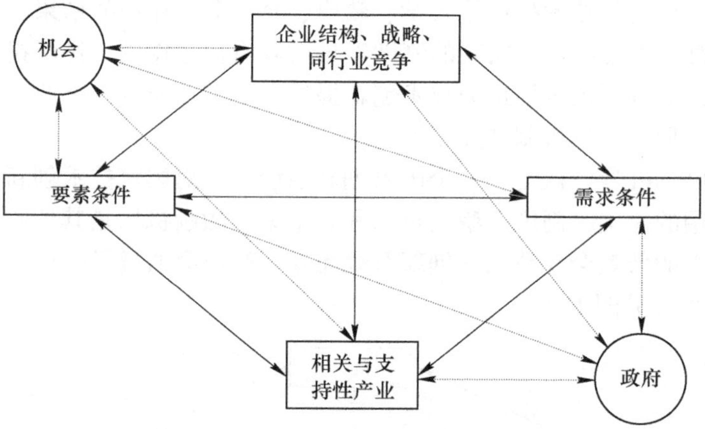

图 1.4　Porter 提出的国家竞争力钻石模型

此后，国内学者官建成和刘顺忠[74]将区域创新系统分为创新内部环境和外部环境，内部环境是区域创新能力的关键，内外部环境互相影响，内外部环境通过合作形成知识流动，并在政府、研究院、企业等机构间传播和扩散。任胜钢和关涛[75]认为区域创新系统由产业体系和知识创新体系两大体系组成，由大中小企业组成的产业创新体系和由高等教育学校和科研机构组成知识创新体系是直接创新主体，政府决策机构和中介组织作为间接创新主体，会通过制定相关政策和成果转化影响着创新实施的效果。

本书认为创新系统理论研究的重点是系统环境如何决定创新决策行为及特定的创新模式，以及科学技术和各组织机构等的协同演化作用，而企业的绿色创新是一个动态的、渐进式的过程，对企业绿色创新而言，创新系统框架理论对于各阶段影响因素的梳理辨析以及作用机制有很好的解释和借鉴作用。

C　利益相关者理论

斯坦福研究所于 1963 年引入“利益相关者（stakeholder）”一词，即和企业有密切联系的人。企业除了为股东服务之外，还需要获得“利益相关者”的支持。利益相关者理论是企业战略制定时需要遵循的原则，也是企业战略制定的工具。Freeman[47]认为利益相关者是指“任何能够影响或受到组织目标实现影响的群体或个人”，个人或群体在支持或影响组织决策、目标和行动的同时，组织也会通过决策、政策、目标或行动等方式支持和影响个人及群体，利益相关者与组织环境密切相关，通过利益相关者理论可以了解个人或群体与组织影响及被影响的关系，同时分析组织有效性及影响企业目标的实现等相关因素。传统管理理论一般不考虑能够影响组织和受组织影响的广泛群体，而利益相关者理论将管理除了将关注点主要集中在内部、外部的利益相关者身上外，也考虑其他与组织有联系的利益相关者的影响。

a 利益相关者的分类

Freeman 将利益相关者定义为能够影响或受组织目标实现影响的任何个人或群体。Mitchell 等人系统总结了相关学者对利益相关者的定义研究，指出前人在定义利益相关者时选用了影响决策的权力（影响力）、与企业关系的合法性、对业务的要求的紧迫性三个要素，同时还从广义与狭义角度进行辨别，在此基础上提出了利益相关者的分类：(1) 潜在型利益相关者，仅具备三种属性中的一种，包括休眠利益相关者、裁量利益相关者、要求利益相关者；(2) 期待型利益相关者，具备三种属性中的两种，包括支配利益相关者、危险利益相关者、依存利益相关者；(3) 决定型利益相关者，同时具备影响力、合法性、紧迫性三种属性，是组织首要密切关注和研究的对象，详见图 1.5。

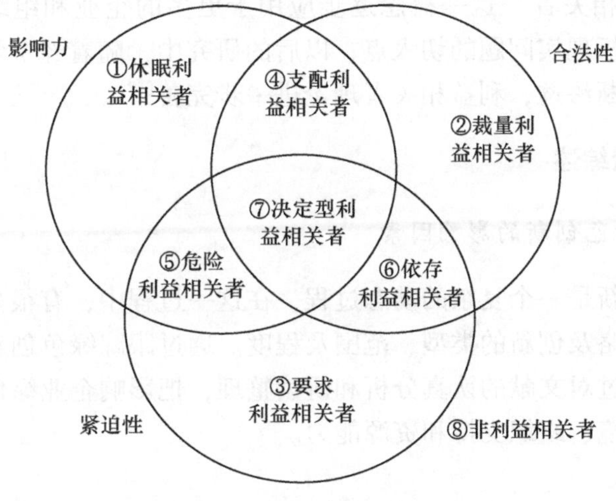

图 1.5 利益相关者类型图

b 利益相关者理论研究方法

“规范性方法”使用频率较高，是利益相关者理论发展的基础，“应该发生什么事情”是其研究的重点。Donaldson 和 Preston 采用实证性方法研究“发生了什么事情”，采用工具性方法研究“会发生什么事情”。Mitchell 等人提出评分法，将实证性和工具性研究结合起来，从而促使研究方法的转变。将规范分析、实证研究相结合研究企业利益相关者，利益要求的实现问题蕴含公司治理的含义，学者们通过博弈论分析利益相关者有限理性，多重博弈关系，拓宽利益相关者理论的研究广度。

c 利益相关者理论应用领域

利益相关者理论最初应用于企业管理领域，管理者考虑与不同利益相关者之间的关系，分析其各自独立或者相互依赖的结构，确定企业管理中值得管理层关注的关键利益相关者，以有效地管理企业[47]。企业属于复杂的利益相关者关系网络系统，提高组织的有效性，利益相关者的利益、观点和价值在决策中得到体现。20 世纪末利益相关者理论的研究多是有关战略管理，包括企业规划、系统理论等战略职能，相关团体和个人有相应的道德责任免除股东担忧，利益相关群体都是为了获利，获利并没有顺序性；利益相关群体协调发展对于组织的可持续发展具有重要影响[48]。

利益相关者理论定义、分类等各方面不断发展完善，经历了在管理学领域的初步应用到研究体系、研究方法的不断发展，利益相关者理论逐步具备了理论基础与研究框架，同时在研究方法上也不断健全，在庞大的管理学理论体系中占据了一席之地。虽说目前依旧存在理论体系不甚健全、研究方法有待完善等多类问题，但是“利益相关者”这一概念逐步应用于更多的企业和组织，利益相关者理论可以作为分析现实问题的切入点，以后的研究中，随着经济学、社会学等相关领域知识的不断渗透，利益相关者理论进一步完善[48]。

1.2.3 相关文献综述

1.2.3.1 绿色创新的影响因素

企业绿色创新是一个复杂的动态过程，在这一过程中，有很多因素影响企业采取绿色创新战略及创新的类型、范围及程度。通过跟踪绿色创新领域主流杂志的研究动态，经过对文献的认真分析和研读整理，把影响企业绿色创新的因素归为 3 类：制度环境、组织支持和资源能力。

A 制度环境

制度环境是指独立于创新过程之外，但对创新活动本身有重要影响的客观存在的因素。在研究一般的创新驱动因素中，大量学者就环境因素对绿色创新的影响给予高度关注。诸大建[76]、任勇[77]、许晓燕[78]、张钢和张小军[79]、彭雪蓉[80]认为国家层面的因素包括宏观经济和政治条件、现行的政策法规、社会文化因素等；王炳成[81]、张钢和张小军[82]认为行业层面的因素包括需求波动、竞争环境、行业特性等因素；彭雪蓉[80]、J. González 和 O. González[83]认为环境因素主要包括制度环境、利益相关者及企业自身的创新需求三个方面。

董颖[84]、李巧华[85]等人将影响企业绿色创新的环境因素归结为环境压力，并将其分为外部压力和内部压力两种。Brunnermeier 和 Cohen[86]、钟榴和郑建国[87]、胡美琴和骆守俭[88]、Delmas 和 Montiel[89]、Drumwright[90]、Horbach[91]等人认为外部压力主要有政府严格的环保法规、社会公众的环保意识、客户的绿色需求、供应商的压力、竞争压力等；徐强[92]、Dai[93]、Delmas 和 Toffel[94]等人认为内部压力包括股东的社会责任、高层管理者和员工的环保意识等；Delmas 和 Toffel[94]、徐大伟[95]、赵立祥和杨海龙[96]等人认为在一般情况下，企业感知的环境压力越大，越倾向于实施绿色创新战略。但也有学者提出相反的观点，如 Montalvo[97]指出，由于环保政策的制定和实施效果存在较大差异，认为传统政策环境中政府干预不能从根本上有效预防污染，清洁生产技术的应用很大程度上依赖消费者的市场需求，Horbach[91]却认为真实的市场情形中消费者很难接受环保产品的溢价部分，所以，市场拉力不能构成绿色创新的强大推动。

Horbach[98]、Demirel 和 Kesidou[99]、董颖和石磊[100]、杨燕和邵云飞[101]、张钢和张小军[102]等人认为应从不同的创新类型来分析其环境驱动。Berkhout[103]认为绿色工艺创新的压力多来自竞争对手和客户，绿色产品的压力主要来自消费者和压力集团；李巧华和唐明凤[104]认为政策因素（包含严格的环保法规和政策激励）是企业进行绿色工艺创新的主要驱动力，而相对于政策因素，市场因素如顾客的绿色需求更能促使企业进行绿色产品创新。A. Triguero[105]认为来自供应方的因素（如技术推力）对绿色工艺、管理和产品创新均有显著影响，而市场份额只对绿色产品和管理创新有显著影响，成本节约单独影响绿色工艺创新，现有的环保法规对绿色产品和管理有显著影响。

国外学者 Frondel 和 Horbach[106]、Kivimaa[107]、Nakano[108]，以及国内学者聂爱云和何小钢[109]、周曙东[110]、张钢和张小军[111]、华绵阳[112]等人认为由于绿色创新的双重外部性，企业顺利实施绿色创新在很大程度上受政策的影响，因此，学者们开始关注不同政策工具对绿色创新的影响。如 Frondel 和 Horbach[106]认为单一的政策工具不能推动企业实施绿色创新，只有将更严格的环保法规和政策激励相结合才能改善企业的环保绩效，现有文献一般将政策工具分为三类，即，命令-控制型环境规制工具、市场化的激励型的环境规制工具和相互沟通的自愿型环境规制工具。马富萍等人[113]以资源型企业为例，验证不同环境规制工具对于绿色技术创新绩效的影响，结果表明命令-控制性环境规制工具对技术和生态绩效的作用均不显著，而激励和自愿性环境规制工具对二者均有显著的正向影响；李怡娜等人[114]以制造企业为样本，认为严格命令环境规制工具对环境创新有明显的促进作用，而激励型的环境规制对环保创新无明显作用；李婉红[115]则以造纸企业为例，将绿色技术创新分为末端治理创新、绿色工艺创新和绿色产品创新三种类型，验证了不同环境规制工具对这三种绿色技术创新类型的影响，统计检验结果表明三种政策工具均对末端治理创新有显著的促进作用，除此以外，市场化的环境规制工具还对绿色工艺创新有显著的正向影响，而相互沟通型规制工具还对企业绿色产品创新具有显著的正向影响。

B 资源能力

国内学者黄培伦等人[116]及国外学者 Teece 和 Pisano[117]认为，资金、人才、技术、能力和信息等是一般创新所需的重要资源。充分的资源和能力可以使企业顺利执行特定的技术活动，企业实施绿色创新是一个复杂的系统资源整合过程。因此，Arundel 和 Kemp[118]、Berry 和 Rondinelli[119]、Cohen 和 Levinthal[120]、Cuerva[121]、Eiadat[122]、Lee 和 Klassen[124]、Clausen[125]等人认为资源投入情况是绿色创新能否顺利实施的重要影响因素。Hansen 和 Wakonen[123]详细考察了纺织、印刷等不同行业的研究案例，认为绿色创新的技术能力特征会影响企业绿色创新的决策及其过程，Horbach[98]认为企业通过研发投资来提高自身的技术能力，是激发绿色创新的主要动力。

Marchi[126]和 Menguc[127]等人认为技术能力是实施创新的关键因素，企业的研发投资会使组织获得更广泛的研究视野，强化组织对新技术的吸收能力，加快绿色创新的进程，企业通过与大学、科研院所、供应商、客户甚至竞争对手建立合作网络，可以充分利用网络资源，借此补充内部人力、物力、财力及信息创新资源的不足，企业通过网络能力获取的外部知识来源是吸收能力的前因变量，组织通过对外部知识的识别、转移、吸收和利用，产生探索式和渐进式的双元型创新。

Handfield 等人[128]认为环境管理体系（EMS）类同于企业的绿色管理机制，EMS 是一个组织内全面管理体系的组成部分，它包括为制定和实施环境目标和方针所需的规划设计、制度安排、各个机构承担的责任和义务等。环境管理体系确定组织的环境方针，制定环境目标，并将目标和绩效结合起来，监测目标的实施效果，是企业绿色创新过程中重要的管理资源。

C 组织支持

组织支持因素对于绿色创新的重要性已引起了学者的高度关注。Frooman[129]、Laursen 和 Salter[130]、Li[131]、Oltra 和 Jean[132]、Sarkis 和 Gonzalez-Torre[133]、Sohel 和 Schroeder[134]、Tung[135]、Zilahy[136]、Zhu 和 Sarkis[137]、Colwell 和 Joshi[138]等人认为组织因素通常包含组织结构、组织的领导方式、组织

战略规划、高层管理支持、员工参与、组织培训、组织奖励机制、团队工作、组织氛围与文化等因素。

Teitelman 和 Robert[139]认为正式的，集权型组织结构有利于企业实现资源共享和部门之间的协调，有利于分散风险，实现突破式创新，绿色创新作为一种特殊的创新类型，面临较多的技术和市场等不确定性因素，正式的集权型结构能够减小风险，实现资源投入多元化，提高创新绩效。

Chen 和 Chang[140]认为变革型的领导风通过提高绿色创造力来提升绿色产品发展绩效；Baron 和 Kenny[141]、Fraj-Andrés[142]、Simpson 和 Sampson[143]等人认为组织战略规划有利于塑造企业的共同愿景，培养企业管理利益相关者的能力，增强企业的战略主动性，从而提升企业的环境创新绩效。在这些组织因素中，Chatterjee[144]、Bansal[145]、Brick 和 Mason[146]等人认为高管支持是实施绿色创新的关键，且从理论和实证层面验证了企业高层管理的态度往往会对一个企业战略层面的决策造成很大的影响，是企业运作的主要驱动力。Bansal[145]认为，高层管理的态度会显著正向影响企业响应环保相关实践议题的范围和速度，只有高层管理人员充分意识到绿色创新的重要性，才会将其纳入公司的战略计划中，并投入相应的人力和物力资源来实施绿色创新的计划。

从组织理论出发，Sarkis 和 Gonzalez-Torre[133]、张钢和张小军[147]认为任何一个组织目标的实现都离不开员工参与和培训，通过绿色培训，能加强员工的环境意识，员工能自动调整传统的环境观以加强自身的环保意识，有利于环境目标的实现和绿色创新绩效的改善。Tung[135]认为组织引入创新奖励机制，能够加强员工的环境承诺水平，提高创新管理过程的有效性，创新任务的复杂性决定了创新工作很难通过单个部门或个体得以完成，往往需要多个职能部门的协作才能实现，多个部门的团队工作有利于产生新思想，发现新问题，加强成员的学习经历，通过部门间成员的有效沟通，能够化解冲突，更好地实践创新工作。

综上，已有文献对绿色创新影响因素的研究主要从不同的学科理论视角展开，经济学方面的学者多是基于新古典经济学、演化经济学及环境经济学的理论，关注政策法规、预期经济利益，成本节约、市场份额、竞争优势等因素对绿色创新的推动作用；管理学方面的学者多是基于资源基础论及组织管理理论的观点，强调组织因素及企业自身的资源能力对绿色创新的影响；社会学方面的学者多是基于利益相关者理论和社会网络理论，认为利益相关者的压力及企业的社会网络关系是绿色创新的关键。尽管学者们根据自身的学科特点对绿色创新的影响因素进行了较为深入的研究，但绿色创新的驱动因素往往呈现多学科、多理论视角的交织和共生特点，各个影响因素未必相互独立，与绿色创新绩效之间也并非是直接的线性关系。实际上，因素之间的共变关系和协同作用往往对绿色创新产生重要的影响。另外，目前的文献中对绿色创新影响因素的研究往往从宏观机理分析为主，对产业、企业微观运行机理的研究甚少。因此，研究绿色创新绩效的影响因素，需要根据研究对象和目的，从多个学科的理论视角，采用较新的研究方法，系统地分析绿色创新的影响因素和作用机理。

1.2.3.2 绿色创新的机理

一般创新通常包括识别创新动力和机会、营造创新氛围、发展必要的技术能力、提供新技术、试验与完善以及实施过程。此模型只涉及企业内部创新，未涉及企业的外部协同问题，Tatum[148]以工程创新为例，创新的过程模型，如图1.6所示。

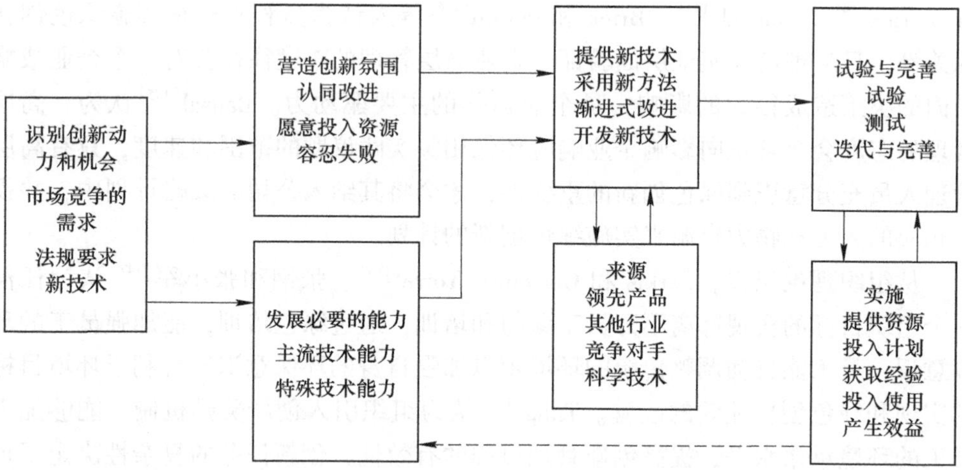

图1.6 工程创新的机理

Rothenberg和Zyglidopoulos[149]认为绿色创新与一般创新的影响因素和实现模式没有显著差异，一般创新的影响因素在绿色创新中也同样发挥作用，但大部分学者认为绿色创新与一般创新的影响因素和机制不尽相同，一般而言，如Nameroff[150]、Scott[151]等人认为传统的供给方因素如研发活动、供应链压力或企业网络能力等与一般创新相似，而对于需求方因素，如市场需求，Rennings[152]认为由于环保产品的溢价效益，消费者对于环境改善的支付意愿往往较低，对绿色创新的激励不够充分。因此，相对于一般创新而言，Florida[153]、Taylor[154]、Frondel和Horbach[106]等人认为绿色创新的需求拉动效应往往比较低，绿色创新的需求拉动效应常常需由政策来唤起，需要环境政策的激发或支持，如规章或税收等来激发消费者的内在或外部（通过奖励计划）动机，同时，外部资源、组织和过程管理等因素也会影响绿色创新的开展。

绿色创新是个复杂系统，强调各阶段、各主体及多目标之间的反馈和交互，因为它们是基于一系列的创新而被称作是系统创新。Rehfeld 等人[155]从演化经济学的角度出发认为政策制度与技术经济之间存在复杂的相互作用，如基于技术经济的评估政策、满足污染控制社会需求的政策，两者在绿色创新机制中环境法规和创新扶持政策发挥着重要作用。但这些规制并不是独立于技术之外的。政策规制和经济技术之间存在着一种复杂的相互作用，政策是基于技术经济的评估以及对污染控制政策的社会需求。为此，Foxon 和 Andersen[156]提出应重视对绿色创新系统层面的研究，首先是考虑整个国家的经济情况，然后是国家整体的绿色创新体系。构建绿色创新系统的核心是定位和纠正创新系统不同部分的“绿色错位”，“绿色错位”主要表现在不同的政策和研究领域、金融机构、技术标准、市场信息标准等。

我国学者丁堃[157]基于复杂适应系统的理论，提出了绿色创新系统的形成、创生和成长机制。彭福扬和刘红玉[158]提出了绿色技术创新的动力机制和激励约束机制。门虹云等人[159]提出了包含生态技术创新机制，该机制包含了以生态技术创新为核心的组织体系、产品或服务开发过程中所需的管理体系和实施生态技术创新必需的激励机制。毕克新和刘刚[160]结合了创新系统和协同学的理论，以制造业系统为载体，提出了包含四个子机制的绿色创新系统，分别是绿色创新的形成机制、整合机制、扩散机制和长效机制，并根据绿色创新的不同发展阶段将其分为初创、形成、成长、成熟和转移五个时期，进一步根据创新类别分为绿色技术创新、产业创新和供应链创新三个层次，在此基础上，深入剖析了四个子机制在不同的创新层次和创新发展时期的相互关系和协同作用，作用关系模型如图 1.7 所示。

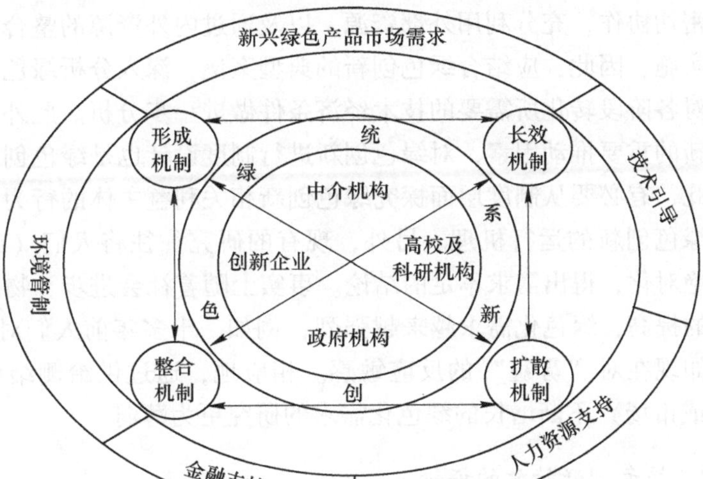

图 1.7 绿色创新运行机制
（资料来源于毕克新和刘刚）

中国科学院可持续发展战略研究组[1]认为应该从四个阶段认识绿色创新（见图1.8），企业从末端治理到绿色工艺整合，再到绿色产品及其价值链的形成，到最终实现全行业的改造和升级。由此绿色创新的发展可以理解为四个阶段，即传统工艺—绿色工艺创新—绿色产品创新及价值链的形成—产业业态的创新。

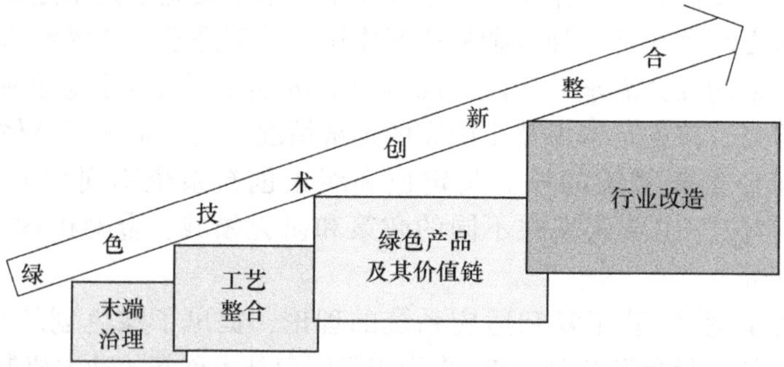

图1.8 中国科学院可持续发展战略组对于绿色创新的阶段划分[1]

综上，现有的研究大多限于定性或理论观点的解释，没有选择绿色创新的典型案例对其进行剖析，进而深入到绿色创新的整个过程，没有对绿色创新不同阶段进行划分来分析各创新要素的作用。绿色创新作为一个系统工程，绿色创新管理将更具开放性和复杂性，系统创新的要素除了包括目标、战略、环境障碍、驱动因素、组织因素等企业层面的因素外，还包括跨组织关系、散布性网络和不同绿色创新类型特有的因素，在积累和培育内部技术能力的同时，需要通过与外部合作网络的密切协作，充分利用外部资源，以及通过内外资源的整合来促进绿色创新的顺利实施，因此，应结合绿色创新的典型案例，深入分析绿色创新发展的技术路径，对各阶段转化所需要的技术经济条件做进一步分析。此外，因制度环境是绿色创新的重要推动因素，对绿色创新进行制度设计也是绿色创新顺利实施的保证，因此，有必要从制度层面探究绿色创新相关利益主体的行为关系，以便更深刻解释绿色创新的运行机理。另外，现有的研究往往将人们（或市场）对绿色化需求绝对化，得出需求不足的结论。事实上随着社会进步、物质丰富程度和生活水平的提高，绿色化需求越来越强烈，例如，十多年前人们对“沙尘暴”的反应还不如现在对“雾霾”的反应敏感。相应地，通过供给侧结构性改革来适应人们（或市场）不断增长的绿色化需求的研究更为薄弱。

1.2.3.3 绿色创新绩效的评价

创新绩效的评价是创新研究中一项关键而复杂的任务。相对于一般创新而言，对绿色创新绩效的测量维度存在很多争议，Boons 和 Wagner[161]总结出环境、经济、社会及可竞争绩效等多种观点及彼此之间正向、负向、无关系和混合关系等多种结论。韩晶[162]认为绿色创新绩效除了包括传统创新绩效中的经济绩效和创新绩效两个维度外，还包含环境绩效维度。经济绩效和创新绩效维度主要表现为通过绿色创新提高资源和能源的利用效率来降低工业生产活动的成本，提高企业劳动生产率等；环境绩效维度表现为通过绿色创新有效地减少污染物的产生和排放，降低工业活动对生态环境的污染和威胁，促进生态环境的改善。荣诚[163]认为绿色创新绩效是经济绩效、创新绩效和生态绩效三者的统一。总体上，现有文献主要将绿色创新绩效分为经济绩效、创新绩效和环境绩效三个部分。

关于创新绩效方面，现有文献主要从广义和狭义两个层面进行辨析。广义的创新绩效通常指绿色创新所带来的直接或间接的变化，从这一层面上讲，创新绩效可以泛指因绿色创新所带来的所有绩效，即包含环境绩效和经济绩效部分。Walke 和 Ruekert[81]认为产品创新的技术绩效可以从效果、效率和适应性三个方面来评价。效果是指相对于竞争者而言，企业进行产品创新的成功率、销售增长率和产品的市场占有率等；效率是指销售产品的获利率和产品投资报酬率；适应性主要指新产品成功上市的概率和近几年（5 年）新产品销售额占总销售额的比率。Cooper 和 Kleinschmidt[164]认为产品的创新绩效可以用财务绩效、市场的影响和机会窗口三个方面的指标来衡量。财务绩效主要包括产品创新的利润目标和销售目标的达成效果、获利的满意程度，以及和其他产品的获利率的比较情况；市场影响主要体现在以下 3 个方面的变化：公司产品在国内和国外市场中的占有率、新产品在公司总的销售额所占比例、实际销售额与理想销售额的差距；机会窗口包括打开新市场和产品类型的程度。在一般创新研究中，早有学者 Dosi[165]指出，专利数作为测量创新绩效的指标而言存在着缺陷。这对于绿色创新也不例外，Oltra 和 Jean[166]系统评述了专利作为绿色创新绩效指标的利弊，虽然专利数据方便得到，但只适用于污染控制技术和绿色能源技术等少数绿色创新类型。同时，采用投入产出比来评估创新绩效也存在弊端，因反映绿色创新的投入和产出指标的数据在企业中很难分离和一一对应，建议在选取专利指标时用特殊的方法论做指导。董颖[84]从狭义层面上定义了创新绩效，认为创新绩效是指创新活动本身所带来的公司的直接结构或性能的变化，将指标大致可以划分为两类，一类是单一直接性的投入或产出指标，这类指标往往是客观性的指标，如研发投入、专利申请数、论文发表数、新产品数量或新产品产值占销售额的比重等，另一类是不容易得到的相对主观性的指标，这类指标往往从性能和结构两个方面反映创新产出这种指标，较研发支出而言较难获取，但可能更容易反映创新产出的优劣表现[81]。而对于研发支出而言，并不是所有的创新类型都需要研发投入，例如服务业的管理创新，企业为减少成本直接购买技术或设备等。任耀等人[167]认为绿色创新作为一个复杂的系统工程，不仅需要研发部门的投入，也需要生产部门的投入，因此，绿色创新绩效应涵盖生产部门的产出部分。

关于环境绩效方面，绿色创新除具有传统创新研发溢出的外部性特征之外，还存在生态环境的正外部性，即通过绿色产品或工艺创新可以实现污染物排放量减少和资源、能源消耗量降低，降低生产活动对生态环境的压力。环境绩效测量一般包括两大类方法：环境指标的直接测量和环境指标的货币化，前者主要包括原材料和能源投入量的减少、废弃物污染物产生或排放量的减少，以及二氧化碳排放量的减少等，这些指标一般是标准的、易于量化的，可以通过加权比较得到指标的相对重要程度，后者主要是把环境绩效整合到经济绩效中，例如，企业为了降低污染排放而购买的资本及设备，被称为污染减量成本及支出（pollution abatement costs and expenditures，PACE），这是传统观点认为环境绩效应包含的部分，Jaffe 等人[168]认为 PACE 可以用来评价法规对产出及竞争力的作用。然而，Kemp 和 Pearson[169]却认为环境绩效具有系统性和复杂性的特点，而 PACE 指标中存在的主要缺陷，主要表现在对环境绩效的定义和测量较为简单。例如，没有详细考虑研发及其他发明活动的投入，以及能反映最终处理过程（技术）的投资，却无法反映清洁技术研发的投资部分，或没有直接的环境经济目标但结果却有益于环境的投资部分。国内大部分学者对绿色创新绩效的测量往往是在一般创新绩效的基础上，加入环境绩效部分。我国学者韩晶[162]、冯志军[170]在传统的创新效率模型的基础上，分别建立了包含研发投入、能源投入与创新和环境产出的绿色创新效率模型，并对我国工业总体及不同区域的工业绿色创新效率进行了实证分析，虽然其文章标题是绿色创新效率，而论文研究的主要内容是绿色研发效率，即单一的创新效率方面，主要考虑的是研发部门的投入和产出，他们的研究结果表明我国绿色研发效率整体偏低。

关于经济绩效方面，MEI 认为应用更广泛的框架来诠释绿色创新系统的经济绩效内涵[169]，绿色创新的经济绩效应该包括产品的市场条件、要素、教育和培训体系、有形的基础设施、宏观经济政策和监管等方面。具体包括：（1）反映经济状况、物价稳定、汇率变动的整体经济形势及发展情况；（2）高效的有形及无形基础设施的可得性；（3）反映宏观经济政策、环境规制的政治因素等；（4）社会对经济主体的影响，如社会的稳定性、开放度、消费者的态度和对环境不利影响的社会忍受度等。董颖[100]认为生态创新者能获得直接经济效益和间接经济效益。直接经济效益包括商业销售、运作优势，更大的资源生产率和更好的物流节约成本，来自水、能源和材料的节约，以及废弃物减量、回收和重复利用等。间接经济效益包括更好的形象、与供应商和客户更好的关系、职工的满意度提高。同样，直接效益易于测量，而间接效益则难以估算且存在许多不确定性。因此。对这些效益的测量，创新者必须进行加权。毕克新[171]认为创新活动的最终目的是获取利润，通过绿色工艺创新可以改善企业的经济绩效，创新绩效中的经济绩效主要体现在两个方面：一方面，企业的绿色制造能力的提高、绿色技术、产品或服务占市场的比重以及绿色技术、产品或服务占总产值的比重的增加，这些是通过生产设备的绿色工艺创新来实现的；另一方面，污染物的产生和排放的降低、三废综合利用经费和环境污染治理经费支出的减少以及生产成本的减少。

在实证分析方面，目前大多数文献关于绿色创新绩效的研究主要集中在相似概念的研究上，如在绿色技术创新效率、绿色工艺创新绩效或效率、绿色创新效率的研究。文献最初多关注绿色研发绩效，陈劲[172]最早从创新审计的角度构建了创新投入、过程、结果和环境绩效四个方面的绿色创新审计指标体系。周力[173]采用 DEA－Malmquist 指数法对中国省级绿色创新水平进行测度，利用 Malmquist 度量工业部门的绿色创新水平，将固定资产投入、全部从业人数作为投入，用工业增加值作为产出，将工业污染物排放作为非期望产出来对待，计算时取污染物排放量的倒数值纳入到产出中。华振[174]构建了绿色创新绩效的评价指标体系，并利用因子分析对我国 30 个省的绿色创新绩效进行评价，将评价指标分为创新投入、创新产出和创新环境三部分，主要选取研发投入作为创新投入的具体指标。王郁蓉[175]综合绿色技术创新的环境效益和经济效益，采用因子分析法，选用研发投入量来测度技术创新能力，认为高科技企业处于高风险的经营环境中需要投入大量资金到技术创新活动，巨大的现金需求的同时，企业管理水平低下，导致资金破产的风险增大，因此特别考虑了资产的占用和流通情况，即采用总资产贡献率、资产负债率、成本费用利润率来衡量企业的经济效益。韩晶[162]认为绿色创新效率是指区域创新效率的绿色化程度，是在一般的创新发展质量的基础上，考虑了能源消耗和环境污染水平，将工业废水、废气和固体废弃物的排放量当作环境污染综合指数，并将其作为投入要素，采用 DEA 方法，以研发经费、研发全时当量、能耗和环境污染指数作为投入变量，以实际授权专利数量为产出变量，对 2005～2010 年中国 30 个省自治区直辖市的绿色创新效率进行测度，并选用环境规制、技术市场、外资进入和结构调整 4 个因素作为自变量建立 Topit 回归模型，对中国绿色创新效率差异的因素进行分析，结果表明，外资进入和结构调整对绿色创新效率有显著的正向影响，环境规制和技术市场对绿色创新效率无显著正向影响。

毕克新等人[171]从经济绩效、社会绩效和生态绩效三个方面构建了绿色工艺创新绩效评价指标体系，并利用投影寻踪法对绿色工艺创新绩效进行定量评价，并从市场拉动、技术推动和环境管制三个方面对区域绿色工艺创新绩效差异的原因进行实证分析，结果表明环境管制和国内技术购买强度是区域绿色工艺创新绩效差异的关键因素，市场竞争激烈程度和内部市场需求对绿色工艺创新绩效的差异有负向影响，人均内部研发投入、国外技术引进和购买强度、FDI技术溢出、外部市场需求、市场竞争的公平性对区域绿色工艺创新绩效的差异无显著影响。冯志军[170]运用考虑非期望产出的DEA-SBM模型，分别建立了包含研发投入、能源投入与创新产出及环境产出的绿色创新效率模型，认为绿色创新是属于意义广泛的、范畴一般的技术创新模式，鉴于此，投入指标上选用科技人员投入、科技活动经费和电子控制设备原价三个指标，产出表征考虑了经济效益、环境效益和资源效益三个方面，其中，经济效益用新产品销售收入、专利申请数来衡量，选用工业废水、工业二氧化硫和工业固废排放量作为非期望产出来衡量环境效益，用企业综合能耗产出率来衡量能源效益，以此对我国工业总体及不同区域的工业进行了研究。徐建中和曲小瑜[176]运用DEA-Malmquist指数法对中国装备制造业的环境技术创新效率进行测算，将环境污染（工业三废的排放量）作为投入要素来计算，最后选用环境规制、企业规模、市场竞争、资本深化、外资引进作为影响装备制造业环境技术创新效率差异的关键因素，建立Tobit回归模型，结果表明市场竞争、资本深化和外资引进对装备制造业环境技术创新效率的提升具有促进作用，环境规制与企业规模对环境技术创新效率无显著的推动作用。张逸昕和林秀梅[177]从内部协同适配的视角，运用考虑非期望产出的SUPER-SBM模型和Malmquist指数法测算了我国区域绿色创新水平，从资本、劳动和能源三部分考虑绿色创新的投入水平，具体选用研发经费投入、研发人员全时当量和能源终端消费量来分别表征资本、劳动、能源三要素的投入，与冯志军[170]观点相同，产出指标考虑了经济效益、环境效益和资源效益三个方面，不同的是在环境效益方面除了考虑工业废水、废气和固体废物排放量三个指标表征非期望产出外，还特别选取环保产业产值作为期望产出。钱丽等人[178]在共同前沿下，利用规模报酬不变和可变DEA模型测度中国工业企业绿色技术创新两阶段效率值，比较各省份的绿色技术研发和成果转化效率，选用研发经费投入、研发人员全时当量和新产品开发经费作为研发投入指标，非研发投入采用存量指标，将专利申请数和专利拥有量作为中间产出，非期望产出除了考虑工业三废外，还将纳入二氧化碳排放量，通过数据的负向标准化，将非期望产出转化为普通的期望产出，从企业管理和区域环境建设两个方面寻找影响省际和区域绿色创新效率差异的因素。企业管理方面选用企业规模、所有制结构两个关键因素；区域环境建设方面选用政府支持、外商投资、金融环境、进出口、技术交易环境、劳动者素质6个关键因素。结果表明，国有经济比重、技术交易环境和外商投资技术研发效率有正向影响；技术交易环境的改善同时可以提升绿色技术创新成果转化效率，企业规模和国有经济比重则不利于成果转化率的提升。任耀等人[167]认为绿色创新是一个复杂的系统工程，不仅需要研发部门的投入，也需要生产部门的投入，因此，绿色创新绩效应涵盖生产部门的产出部分，利用DEA-RAM模型构建了包含创新效率、绿色效率和经济效率三个构念的效率模型，以此测算了山西省各地区的绿色创新效率。

综上，现有研究主要存在以下缺陷：(1) 大多数研究强调绿色创新的研发(创新) 效率 (绩效)、经济绩效和环境绩效。(2) 研究方法较为单一，造成测量结果存在相应的偏差。(3) 针对绿色创新绩效的关键影响因素的选择上，很多学者除了选择环境管制这一关键自变量外，其他影响因素和一般创新的影响因素相似，对于关键影响因素的选择，应结合所研究的区域、行业，突出绿色创新中“绿色”的内涵，合理选择关键影响变量。(4) 目前的研究空间尺度多集中于“广域”(国家尺度) 的研究，较少针对某一省区 (中尺度)，对于省区的(中尺度) 的不同城市的比较研究相对薄弱。(5) 有些绿色创新的绩效是难以用上述量化指标进行直接表达的。有些环境绩效是隐含的，难以直接测量的，良好的环境表现可以有助于其产品份额的提升，所以，应从系统性和动态性的角度来衡量企业的绿色创新绩效。(6) 评价指标体系的构建多从静态角度出发，未考虑绿色创新系统的动态演化及阶段特征。

1.3 本书写作思路和方法

1.3.1 写作思路

本书以揭示绿色创新的机理为目标，围绕绿色创新的运行机理、制度设计及绩效测度三个方面展开研究。旨在回答“如何实现绿色创新的问题”，具体可以分解为以下4个问题：绿色创新的发展在微观层面有何内在规律？绿色创新的制度设计如何？如何测度绿色创新绩效？绿色创新战略对企业绩效的影响机理如何？同时也为完善绿色创新管理理论和方法提供参考，为企业绿色管理实践提供借鉴。

1.3.2 写作方法

1.3.2.1 文献资料研究法

文献资料研究法是一种传统的、而一直具有长久生命力的科学研究方法，研究人员在搜集相关文献的基础上，通过鉴别、整理和归纳文献内容，形成对研究问题的科学认识。文献研究法一般包括5个步骤：(1) 根据现有的实践背景，结合相关理论，提出研究问题或研究假设；(2) 根据研究问题或研究假设，设计或构思可行性的文献研究思路；（3）通过图书馆、网络数据库等多种渠道，利用多种检索工具大面积搜集相关文献；（4）运用读书笔记或制作卡片等形式，结合研究问题或研究假设，对积累到的大量文献进行整理和归纳；（5）根据文献整理资料，撰写文献综述。

本书在广泛搜集并认真研读国内外关于绿色创新方面的文献资料，对相关文献资料中涉及论文研究内容的部分进行整理、归纳、分类。根据文献主题结构或按照研究中罗列的重要概念的归类集中形成文献综述。

1.3.2.2 案例研究法

案例研究法较早用于医学方面，用于研究病人的案例，后陆续用于心理学、社会学、管理学及教育学等领域。在管理学领域，案例研究法因采用大量鲜活的、经验性的管理实践案例，并对其进行详细考察和分析，是对传统管理方法（如统计分析）的一种创新和突破。案例研究法通常包括案例研究设计、选择案例、收集数据、分析资料、撰写报告5个基本步骤。

（1）案例研究设计。进行案例研究设计首先要明确研究的问题。回答研究问题是案例研究的目的所在，明确案例研究的问题，根据研究问题，搜集和整理有关研究问题的案例数据资料，归纳研究结论，通过审查案例证据，提炼出具有理论和实践意义的科学研究命题。

（2）选择案例。特征属性是案例的一个基本特点，也是选择案例的所要考虑的重要标准，根据研究目的，选择具有特征属性的、能诠释研究命题或假设的案例，才能为案例研究带来更多有意义的经验数据。案例选择的数量一般分为单个和多个。前者一般用于提出一个独特的案例来挑战已有理论，这一案例选择方法的使用者一般较少；后者是通过多个研究案例，通过案例内部分析、不同案例间的交叉比较和综合分析，在此基础上，进行抽象概括和归纳总结，得到对研究命题或假设的有力解释证据。

（3）收集数据。案例研究的数据可通过以下方式获得：1）直接从已有的文件资料中获取数据；2）根据和研究案例相关的档案记录中得到数据信息；3）研究者可通过事先设计调查问卷，对案例研究中相关的人员的结构式或半结构式访谈，进而得到案例数据；4）研究人员可通过实地考察和调研案例研究，直接观察相关数据资料；5）研究者请亲身参与观察并融入研究事件中。

（4）分析资料。根据案例分析的内容和原因以及文献研究结果，来拟定资料收集计划，确定合适的分析策略，一般通过资料分类、列表等形式来寻找证据，探析案例的逻辑关系，为研究初始命题或假设提供佐证资料。

（5）撰写报告。经过上述步骤后，归纳描述出案例研究的成果，即撰写案例研究报告，对于案例研究报告的撰写不存在统一的格式，可根据自身的研究目的和要求，灵活撰写研究报告。虽然没有既定的标准撰写格式，但案例研究报告中通常会包括以下几个关键部分：1）背景描述；2）特定问题、现象的描述和分析；3）分析与讨论；4）小结与建议。

案例研究主要应用于新生事物出现后，人们尚未认识其内在规律的场合。通过发现、解剖、理论分析、总结、其他案例印证等手段发现新生事物的内在规律，便于进一步推广应用。当这一事物成为普遍现象后，往往通过调查研究、统计数据分析等手段来总结、挖掘内在规律。总之，作为一种研究方法，案例研究能够帮助人们全面了解复杂的社会现象，尤其是加深对新生事物或现象的认识。本书运用案例研究法对绿色创新的技术路径进行分析验证。

1.3.2.3 调查研究法

调查研究法不同于直接观察法，是通过对研究对象的客观情况了解来获取和分析有关数据信息的方法，调查研究法可以运用到研究对象的描述、解释或探索等各类研究活动中。调查研究法一般不是以总体为调查对象，而是抽取一定的样本量，通过问卷调研和面对面的访谈等多种形式收集样本数据资料，也可使用二手资料法，如通过各类官方网站、统计年鉴、其他文献资料等来获取所需数据资料。本书使用座谈会、专家访谈、现场走访调研、问卷调查等多种方法来收集数据，清晰界定调研目标，确保所有受访者对问题的含义有一个共同、一致的理解，以确保所问的问题是受访者知道答案且愿意准确回答的问题。通过上述步骤了解客观情况直接获取有关材料，并进行整理提炼，为绿色创新的影响因素和机理研究提供数据支持。

1.3.2.4 数学模型法

数学模型法（mathematical modeling，MM）是一种传统、但却具有长久生命力的一种科学研究方法，该方法一般是针对研究命题，设计相应的变量，根据变量间关系构造出相应的数学模型，进而通过求解转化来解决科学问题的一种方法。数学模型的设定一般是依赖于特定的目的或研究对象，且研究对象本身存在特有的内在规律，研究者可以根据研究对象的内在规律，运用恰当的数学概念、方法和理论，从定型或定量的角度来构造出反映研究问题的数学模型，以达到刻画或解释实际研究问题的目的。

本书将从绿色创新的关键驱动因素入手，运用经济学相关理论，构建绿色创新4个阶段转化的数学函数模型，得到模型的解析解，进而对各阶段转化的技术经济条件进行分析。

1.3.2.5 AHP-DEA-Tobit 回归法

层次分析法（analytic hierarchy process，AHP）是美国运筹学家 Saaty 教授在

20 世纪 70 年代初提出的，是将一个复杂的多目标决策问题作为一个系统来看待，进而对系统做出评价的研究方法。层次分析法具有计算结果简洁实用、所需定量数据信息较少，通过系统地、分层次分解研究对象，运用定性和定量相结合的方法逐步综合，对复杂系统的功能进行评价。如果同一层次的因素相关性较强，不能用层次分析法分析。

DEA 方法是根据多指标投入和多指标产出对同类型的单位（部门、企业）进行相对有效性或效益评价的一种方法，DEA 方法针对大量输入和输出数据有其独特的操作优势，其评价的依据是决策单元的“输入”数据和“输出”数据。输入数据是指决策单元在某种活动中需要消耗的某些量，例如投入的资金总额，投入的总劳动力数，占地面积等；输出数据是决策单元经过一定的输入之后，产生的表明该活动成效的某些信息量，例如，不同类型的产品数量、产品的质量、经济效益等。

Tobit 模型不同于离散选择模型和一般的连续变量选择模型，它的特点在于因变量是受限变量，模型实际上由两类方程组成，一是表示约束条件的选择方程模型；另一种是满足约束条件下的某连续变量方程模型。主要研究在某些选择行为下，连续变量如何变化的问题。

本书将 AHP 和 DEA 两种方法结合起来，并以江西省为例，对其绿色创新绩效进行了测度评价，之后运用 Tobit 方法对绿色创新绩效的影响进行了分析。

1.3.2.6　博弈论法

博弈论是运筹学的一个重要分支，是经济学中重要分析工具之一。博弈论最大的特点是决策者可以设计各种策略，通过博弈理论分析，寻求较好地应对条件变化、效益较好的策略。博弈论研究人们的策略互动行为。博弈论存在的原因一般是基于以下两点：（1）人是理性的，人们希望在一定的约束条件下使自身利益最大化；（2）人们在交往中形成的相互关系既有合作的一面，也有冲突的一面，且决策行为中存在相互影响和信息不对称的现象。在市场经济活动中，博弈论是研究如何通过恰当有效的制度安排，使博弈参与方的策略选择从对抗和竞争到演进形成互惠合作的策略，以提高整个社会福利的方法，因此，博弈论又称为“对策论”。博弈存在的条件一般包括以下几个方面：（1）必须要有博弈方，即博弈的参与者，参与者可以是个人，也可以指某一团体或组织；（2）博弈参与者（博弈方）要有可以选择的策略或行为集合；（3）必须规定博弈的次序，比如同时行动或先后行动等；（4）博弈方的每一组策略组合中都有一定的得益来描述表示该行动的结果。

本书借助博弈论这一研究工具，从绿色创新涉及的主要利益相关者政府—企业—消费者入手，构建政府和企业、企业与消费者的绿色创新演化博弈模型，分析和讨论二者行为的动态演化过程，利用雅可比矩阵的稳定性判断影响博弈方策略选择的参数和参数之间的关系。

1.3.2.7 熵权 TOPSIS 法

TOPSIS 法用于研究评价对象与“理想解”的距离情况，结合“理想解”(正理想解和负理想解)，计算得到最终接近程度 C 值。熵权 TOPSIS 法核心在于 TOPSIS，但在计算数据时，首先会利用熵值（熵权法）计算得到各评价指标的权重，并且将评价指标数据与权重相乘，得到新的数据，利用新数据进行 TOPSIS 法研究。简言之，熵权 TOPSIS 法是先使用熵权法得到新数据 newdata（数据成熵权法计算得到的权重），然后利用新数据 newdata 进行 TOPSIS 法研究。

1.3.2.8 超边际分析法

超边际分析法是杨小凯提出，它是新兴古典经济学研究的一种分析方法。杨小凯教授独创了超边际分析法，并用此方法诠释了亚当斯密关于分工的重要思想。新兴古典经济学用超边际分析法，从内生性选择专业化水平的新视角重整了以新古典经济学为核心的多种互相独立的经济学理论，是经济学发展的前沿课题。对每一角点进行边际分析，然后在角点之间用总效益费用分析，这是处理最优决策的角点解所必须的。现代主流经济学教科书上的以边际效用和边际生产力为基础的分析方法就是边际分析。杨小凯认为，边际分析无法解决分工的问题，于是引入超边际分析。

简单地说，超边际分析法就是将产品的种类、厂商的数量和交易费用等纳入分析框架的分析方法。超边际分析分为 3 个步骤：(1) 利用文氏定理排除那些不可能成为最优的角点解；(2) 对剩下的每一个组合（角点解）用“边际分析”方法求解，求出每一个局部最优值；(3) 比较各组合之间的局部最大目标函数值，整体最优解就是一般均衡最优解。由此可见，超边际分析法既脱胎于边际分析，又包含了边际分析，更超越于它。由于新兴古典经济学假定人们既是消费者又是生产者，因此根据超边际分析，不仅在消费各种产品之间作边际选择，更要在专业生产何种产品上作超边际选择。实际上，这些选择还要涉及出售多少产品、是否雇佣工人等，这些都是多项超边际选择。

本书运用超边际分析法对绿色创新运行机理中的企业组织结构创新进行建模分析。

1.4 本书内容和技术路线

1.4.1 本书内容

本书共8章，目的在于识别并探索绿色创新的机理，对绿色创新进行制度设计，以及测度绿色创新绩效和分析关键影响因素，最后提出促进绿色创新实施与优化的措施和建议。

（1）第1章是绪论。首先，提出研究问题，即选题的实践背景和理论背景，介绍了本书研究意义；其次，对绿色产业、绿色经济、绿色创新、绿色产业创新等与本研究相关的概念进行了界定，介绍了生态文明建设、可持续发展、创新系统学、发展经济学、资源基础理论等相关理论基础，从绿色创新的影响因素、绿色创新机理、绿色创新的绩效等国内研究进展进行了论述和评析；最后，阐述了本研究的思路和方法、研究的技术路线图。

（2）第2章到第7章是本书的重点和主要创新点所在。

1）第2章是企业绿色创新机理的探索性案例研究。基于第1章文献综述所理出的切入点，对绿色创新的机理、三种典型的绿色创新类型进行探索性案例研究，经过理论假设、案例选择、数据收集与分析，由此归纳出绿色创新的4个不同发展阶段的假设命题。

2）第3章是根据三个典型案例的分析结果，在绿色创新演进过程中的技术路径：传统工艺→绿色工艺创新→绿色产品创新→产业业态的创新中，提炼出3个关键环节，运用经济学相关理论，构建理论模型，通过求解数学模型的解析解，得到各阶段转化所需的技术经济条件。

3）第4章从制度创新的角度，运用演化博弈模型对绿色创新的三个利益主体——政府、企业和消费者的策略行为进行分析，得到博弈三方的均衡策略，并对均衡点的稳定性进行讨论。

4）第5章从宏观层面入手，利用模糊AHP从四个方面构建了绿色创新绩效评价指标体系，以江西省为例，利用DEA测度了江西11个地级市的绿色创新绩效，最后用面板TOBIT分析了江西绿色创新绩效水平的影响因素。

5）第6章从8个方面构建绿色创新成熟度指标评价体系，对中部六省的绿色创新成熟度进行纵向和横向比较，以此分析中部区域绿色创新绩效的动态演进特征。

第7章基于绿色动态能力的视角，构建绿色创新战略对企业绩效影响的概念模型并提出相关理论假设，基于中部六省制造企业的问卷调研数据，采用结构方程模型进行假设检验。

（3）第8章是总结与展望。

1.4.2　技术路线

本书技术路线图如图 1.9 所示。

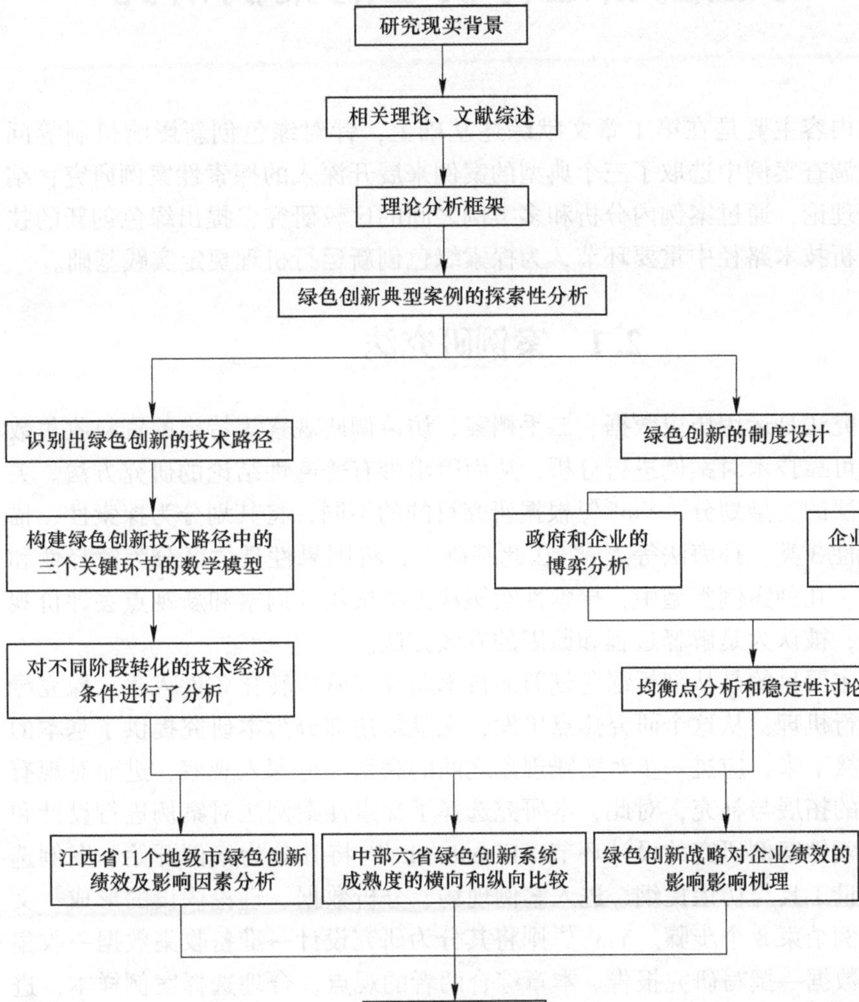

图 1.9　技术路线图

2 绿色创新运行机理的案例研究

本章的内容主要是在第 1 章文献综述基础上，针对绿色创新影响机制等问题，从大量调查案例中选取了三个典型的案例来展开深入的探索性案例研究；结合绿色创新理论，通过案例内分析和多案例之间的比较研究，提出绿色创新的技术路径，分析技术路径中重要环节，为探索绿色创新运行机理奠定实践基础。

2.1 案例研究法

案例研究法是运用历史数据、二手档案、访谈调研观察等特定的资料收集数据，并使用可靠技术对案例进行分析，从而得出带有普遍性结论的研究方法。关于案例研究法的类型划分，Yin[179]根据研究目的的不同，将其划分为探索性、描述性、因果性 3 类。孙海法等人[180]在此基础上，将因果性具体区分为解释性和评价性两类。几种案例类型中，探索性案例法因尝试用新洞察和新观点去评价观察实践现象，被认为是解释过程和原因的有效方法。

本章的主要目的是从剖析绿色创新的技术路径和阶段转化条件入手，探究绿色创新的运行机理，从这个研究焦点出发，文献综述部分为本研究提供了基本的理论借鉴，接下来，应进一步对实践现象之间的联系进行深入观察，进而对现有理论做重要的拓展与补充，对此，本研究选择了探索性案例法对案例进行设计和分析。在探索性案例研究的设计环节，Eisenhardt[181]将其分为案例开始、案例选择、设计测量工具与访谈提纲、进入案例现场、分析数据、理论假设的形成、文献展开、案例结束 8 个步骤。Yin[179]则将其分为研究设计→准备收集数据→收集数据→分析数据→撰写研究报告。本章综合两者的观点，合理选择案例样本，进行数据收集和数据分析，从而得到初始研究命题。

2.1.1 绿色创新的案例研究

绿色经济是一种正在逐步发展的新的经济形态，绿色创新正在探索中前进。研究绿色创新的技术路径是本章的起点，也是研究促进绿色创新宏观环境和绩效评价的基本前提。现有的研究主要是在对绿色创新类型进行划分的基础上，探讨关键影响因素对不同创新类型的作用机理，研究存在诸多争议，如在研究不同环境政策工具对绿色创新的影响机理上，马富萍[113]认为命令-控制性环境规制工具对绿色技术创新的技术和生态绩效都不显著，而李婉红[115]则认为命令-控制型规制工具只对企业末端治理技术创新有显著的正向影响，对企业绿色工艺创新和绿色产品创新并无显著的正向影响。关于研发投入对绿色创新绩效的影响上，毕克新[171]认为市场竞争的公平性对区域绿色工艺创新绩效的差异无显著影响；徐建中和曲小瑜[176]验证了市场竞争影响装备制造业环境技术创新效率差异的关键因素。出现诸多争议和悖论的主要根源在于缺乏对企业绿色创新历程清晰的认识，缺乏对绿色创新技术路径中不同阶段转化所需条件的剖析。

因此，对企业绿色创新技术路径的探索是揭示绿色创新运行机理的重要前提。本章首先进行几个典型案例的剖析，透过案例分析绿色创新的技术路径，在明确了技术路径的基础上，探求绿色创新发展过程中的重要环节，为下一章构建数学模型、从理论上分析绿色创新发展过程的技术经济条件奠定基础。

2.1.2 案例选择和资料收集

在选择案例企业时，Eisenhardt[181]和Yin[179]等人建议特别一些因素。如，兼顾企业规模和行业地位的差异等，以便达到更好多重验证的效果；应保证所选案例更具代表性和信息丰满度。绿色经济具有广泛的内涵，包括了节能减排、清洁生产、生态经济、循环经济、低碳经济、可持续发展等诸多内容。通过广泛阅读文献、大量调查研究，从绿色经济具有代表性的产业、具有典型意义的类型中挑选成功的企业作为案例研究的对象。具体包括：新型环保产业——某环保公司的分布式生活污水处理、江西某铜业公司发展循环经济和江西某公司规模养猪引领的生态农业。

本书使用多途径、多来源和多种形式收集数据，如实地调研、访问政府和企业信息网站以及文献等二手资料的整理等。实地调研包括考察、观摩、小型座谈会和研讨会、访谈、收集历史资料、技术文件等，现场访谈对象的主要包括企业高管、研发技术人员、管理部门操作人员、产品消费者和用户等；一次访谈所得的信息是有限的，为了保证信息的完备性，随时对被访人员进行长期追踪，通过电话和QQ等形式，增添和补充所需的信息，有些典型追踪数年之久，及时发现新鲜经验。此外，还通过访问政府和企业相关网站及查阅最新文献等途径获取必要的二手资料。最后对获取的相关信息和资料进行记录、整理和编码。

2.2 生活污水第三方治理——某环保股份有限公司

2.2.1 某环保股份有限公司简介

某环保股份有限公司成立于1993年，当时是南昌市环保设计院的附属企业。2004年应用型科研院所和设计院所改制，该环保股份有限公司成为独立法人企业，注册资金7500万元人民币，以废水处理及资源化为主营业务，集环保研发、设计、施工、运营管理、设备制造、售后服务及环境咨询为一体的高科技环保企业，主要由深圳某公司和江西某环保研发中心有限公司组成。深圳某公司持有多项工程甲级资质，如“国家环境工程废水专项工程设计”“工业废水、生活污水和工业固体废物处理”“国家生态建设与环境工程咨询”等，多次被评为“全国环保优秀品牌企业”“全国环保品牌影响力企业”“中国环保产业骨干”等先进单位及深圳市自主创新龙头企业，公司框架如图2.1所示。

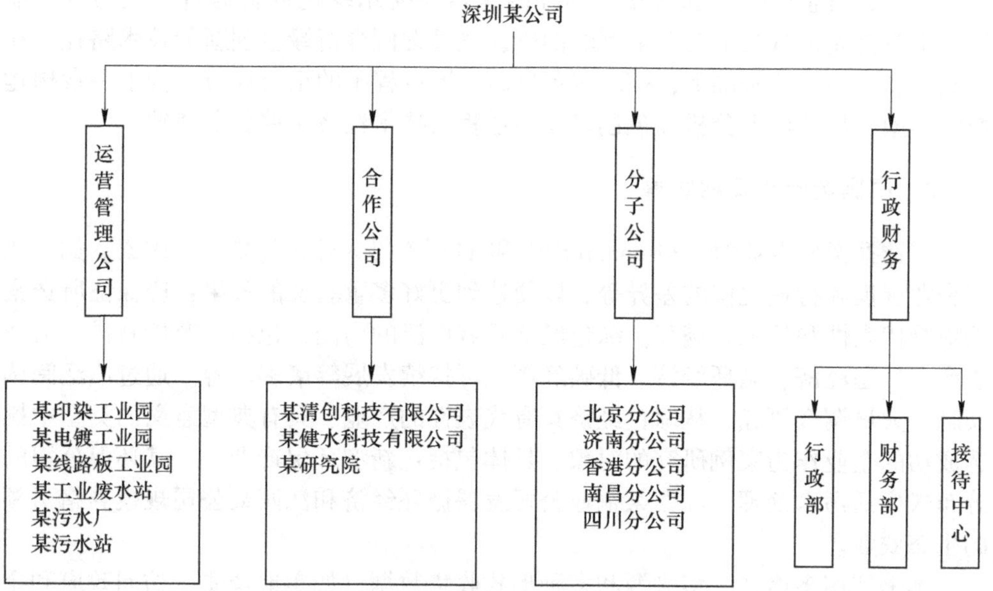

图2.1 深圳某公司组织框架

该环保公司将环境污染防治作为主营业务，数年来，在工业三废治污染预防和治理上取得了丰富的实践经验。迄今为止，已累计完成各类环保治理工程超过800项，其中，多项工程获得国家、省级以及市级环境保护示范工程称号。从2002~2009年，共有12项环保工程项目荣获“国家级重点环境保护实用技术示范工程”的称号。公司坚持科技创新，以科技创新来支撑企业发展，先后承担了“十一五”国家重大环境科研课题、省部级重大科研课题20多项，公司的多项技术先后被评为“国家重点环境保护实用技术”。此外，公司还长期与知名高校或科研院所保持研发合作关系，如与清华大学、北京环境科学研究院等单位合力组建优秀的研发团队，在废水处理、废弃物资源化、污染水体和土壤修复、低碳节能等技术上展开全面合作，且取得了丰硕的成果。同时，该环保公司还自主研发了许多具有完全自主知识产权的高科技环保装备，如太阳能膜技术污水处理器、JDL-太阳能便携式净水器、一体化中水回用设备等，其中的一些装备经过相关鉴定已经达到国际领先水平，分散式污水处理及回用一体化设备——JDL-膜技术污水处理器（原名金牌中水器）是其中的一个典型代表，已经被授予“国家重点环境保护实用技术”的称号，且通过欧盟 CE 认证，出口至欧盟多个国家。公司设计承建的部分重金属废水处理设施如图 2.2 所示。

四川长虹集团表面废水处理工程废水处理项目

富士康富柏工业(深圳)有限公司废水处理工程

先进半导体材料(深圳)有限公司废水治理项目

富顶精密组件有限公司废水处理项目

皆利士(中山)多层线路板废水处理项目

江铃汽车工业废水处理项目

图 2.2　某环保公司示范项目组图

江西某环保研发中心有限公司成立于 2004 年，注册资金 3111 万元，下设宜兴设备加工基地。主要负责生活污水处理及回用技术研发、环保设备开发、生产与销售、提供生活污水处理服务等。公司框架如图 2.3 所示。

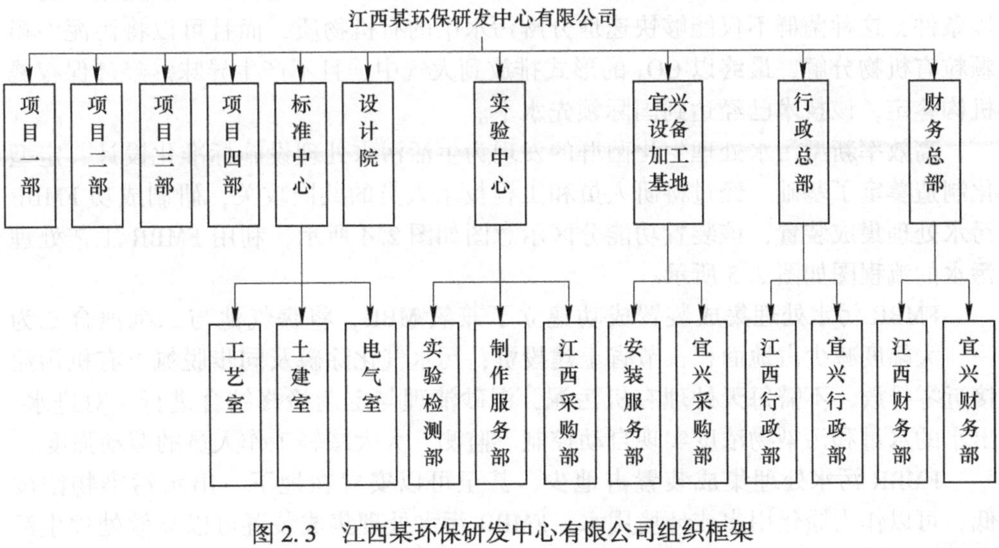

图 2.3　江西某环保研发中心有限公司组织框架

该公司拥有国家住房和城乡建设部环境废水专项工程设计甲级、国家发展和改革委员会工程咨询甲级和三废污染治理运营（工业废气、废水、固废）三甲资质。拥有发明专利50余项（其中国外发明专利16项）、主编4项国家标准技术规范。企业成立之初，主要承包生化膜污水装置的设计、建设和维修服务。同时大力开展科技创新，研究开发高效率的污水处理技术。经过不懈努力，公司开发出国际领先的核心技术——JDL重金属污水处理技术。

2.2.2 分布式生活污水处理装置

随着我国经济社会的发展，水资源短缺、水污染日趋严重，污水处理及回用已经势在必行，目前，我国污水分为以下两类：有机废水和金属废水。有机废水包括市政污水、生活污水、各类工业有机废水（印染、皮革、食品、养殖等）。有机废水约占废水排放总量90%。生物处理现为国内外有机废水处理的主流，占90%以上。传统生物处理技术其工艺流程、运行方式、曝气方式等无法根本解决节能降耗、占地、管理复杂、污泥处理量大等问题。MBR（传统好氧膜生物反应器）技术因出水优质稳定，20世纪70年代开始提出，近年来得到快速发展，是21世纪污水处理与回用的主流技术。但传统的MBR也存在一些缺陷。例如，高效同时也高耗能，能耗为一般生物工艺的2~3倍；排放的有机污泥量较多，且必须人工完成，形成二次污染；不能同步脱氮除磷；难以实现完全自动控制。

江西某环保公司从成立以来，高度重视新产品的研究开发。经过反复地培育、筛选、比较、试验，2008年成功开发出兼氧MBR技术即FMBR技术。FMBR是对常规MBR技术全面提升，核心技术是通过反复的技术攻关，筛选、培育出一种高效率的能够同步处理污水、污泥的生物化学复合菌群及其相应的环境条件，这种菌群不仅能够快速地分解污水中的有机物质，而且可以将污泥中粗颗粒有机物分解，最终以CO_2的形式排放到大气中，且不产生异味。经环保权威机构鉴定，该技术已经达到国际领先水平。

高效率新型污水处理生化菌群的发现为生活污水处理设施标准化设计、定型化制造奠定了基础。经过科研人员和工程技术人员的共同攻关，研制成功FMBR污水处理集成装置，该装置功能分区示意图如图2.4所示，利用FMBR工艺处理污水的流程图如图2.5所示。

FMBR污水处理集成装置成功建立了兼氧MBR，将曝气池与二沉池合二为一，大幅度减少占地面积，节省土建投资；污水气化除磷及同步脱氮，有机污泥接近零排放，不需每天处理有机污泥，泥砂清理与定期检修结合进行，对进水、出水的水量和污染物浓度实现自动控制、监测，大大减轻工作人员的劳动强度。

FMBR污水处理集成装置占地少，甚至可以安置在地下。出水污染物浓度低，可以作为绿化用水或环境用水。FMBR污水处理集成装置可以高效处理生活污水、养殖污水其他工业有机污水，获得发明专利37项，并荣获国家重点新产

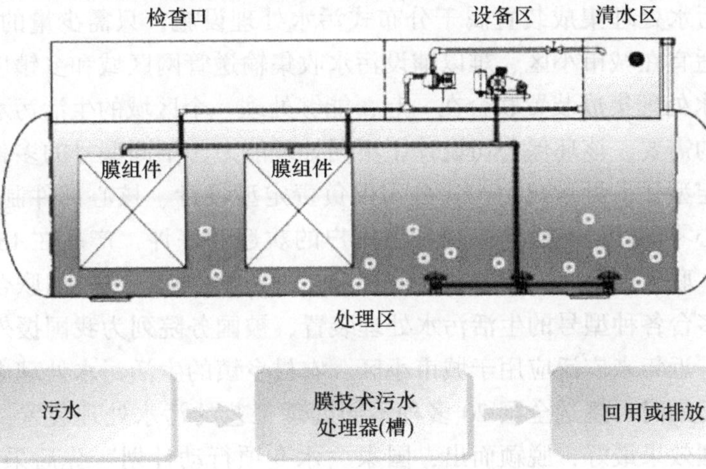

图 2.4 FMBR 功能分区示意图

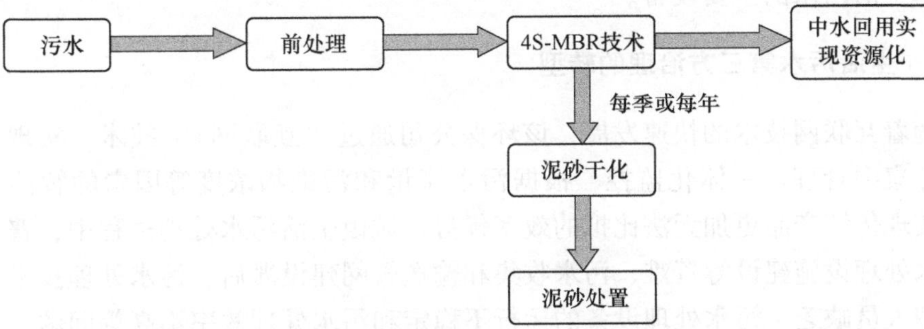

图 2.5 FMBR 工艺处理污水流程图
（污水回用+定期泥砂处置）

品称号。与传统的 MBR 技术相比，从经济技术优势、社会效益、环境效益及对污水处理行业的影响 4 个方面进行比较，结果见表 2.1。

表 2.1 一般生化工艺和 FMBR 工艺的比较

指标		一般生化工艺	FMBR 工艺
经济技术优势	投资	A	A
	综合运行成本（含污泥焚烧）	B	<50%B
	占地	C	<50%C
	有机污泥	D	<5%D
社会效益		有机污泥形成	基本没有有机污泥
		二次污染	二次污染
环境效益		排放标准	中水回用标准
污水处理行业（污水处理产业发展方式）		手工业制造、安装	大规模机械化生产

FMBR 污水处理集成装置属于分布式污水处理设施，只需少量的污水收集、输送管网，适宜在城市小区、难以铺设污水收集输送管网区域和乡镇应用，将许多 FMBR 污水处理集成装置联合在一起，能够处理一个区域的生活污水。为了满足不同用户的需要，该环保公司设计了不同处理能力、不同型号的多种产品，实现污水处理定型化、批量化生产。公司仅负责定型设计、核心部件制作、总装、销售，非核心零部件外包生产。受到了用户的欢迎和好评，产品在 18 个省市得到推广应用。联合国污水处理装置全球招标时，一举中标，已经向联合国维和部队提供 300 多台各种型号的生活污水处理装置，被国务院列为我国援外的污水处理集成设备。近年来广泛应用于城市小区、农村乡镇的生活污水处理中，云南大理治理洱海污染时，挑选全国 20 多种不同处理工艺的污水处理装置，该环保公司的设备处理效果最好，脱颖而出，国家“水专项行动计划”先后采购了 80 余套，处理大理市排入洱海的生活污水。目前江西省将这种设备作为处理鄱阳湖周边乡镇生活污水的主要设备。

2.2.3 生活污水第三方治理的转型

随着互联网技术的快速发展，该环保公司通过“互联网+”技术，实现了对设备的集中管理、一体化监控，根据污水流量和污染物浓度等因素的智能化运行，实现传统产品更加无法比拟的效率优势。城镇生活污水处理过程中，普遍存在污水处理设施建设筹资难、污水收集和输送管网建设滞后、污水处理技术人员和管理人员缺乏、污水处理设备的运行不稳定和污水处理效率不高等问题。针对这些困难，该环保公司及时进行供给侧结构性改革，调整生产经营模式，将过去为用户提供污水处理装置改变为直接提供污水处理服务。根据用户需要，公司安装生活污水处理装置，利用“污水处理装置+互联网”技术，公司直接管理、运行污水处理装置，集中监控，一个区域派驻一个维修小分队，及时解决污水处理装置运行中出现的问题；当地政府或政府环保部门通过互联网对各台污水处理装置运行进行监管，最后按照处理的污水数量、质量向该环保公司支付处理费用。该环保公司从一个生产型企业转变为生产和服务相结合的企业，率先迈出了环境污染第三方治理的步伐。

该环保公司由提供污水处理设备转型为提供污水处理服务，具有以下效益：

（1）地方政府：不需要为污水处理设施建设筹集资金，减少了污水收集和输送管网的建设，不需要直接建设与管理污水处理装置，只要监控污水处理过程，按照污水处理质量数量，将自来水公司代收的污水处理费转付给污水处理公司。

（2）民众：缴付污水处理费后，生活污水得到了有效处理。

(3) 社会：公司进行专业化管理运行和设备维护，在政府有关部门监督下，污水处理效率高，保护了生态环境。

(4) 公司：扩大了市场，满足了社会需求，增加了收益，赢得了社会声誉，体现了企业的社会价值。

利用“污水处理装置+互联网”，对供给侧进行结构性改革，使该环保公司从提供污水处理设施转变为提供污水处理服务，供给与需求有效对接，取得了经济、社会和生态环境效益的协调统一，同时进一步扩大了污水处理的社会需求。互联网技术和实体经济结合，发展信息技术、推广智慧应用、实现产业升级是关键所在。

2.3 积极发展循环经济——江西铜业集团

2.3.1 江西铜业集团简介

江西铜业集团成立于1979年，目前，该集团是中国最大的铜产品生产基地，也是重要的硫化工原料及金银、稀散金属产地，集团是集采、选、冶炼和加工为一体的特大型联合企业，主要包括德兴、永平、武山三个矿山和贵溪冶炼厂。

铜矿作为一种不可再生的稀缺资源，在矿产资源中具有较高的地位。作为以稀缺的铜矿资源为生产原料的企业，该铜业集团成立以来，坚持循环经济的发展理念，通过科技创新和先进的管理理念，系统优化采矿、选矿和冶炼工艺，使铜精矿中的共生、伴生矿产资源得到了充分有效的利用。就以可持续发展的思维模式来寻求和探索资源综合利用的路径，将清洁生产、循环利用、资源节约等理念融入生产活动中，从采选、冶炼到加工、回收的各个环节均遵循物质循环和能量流动的规律，发展循环经济，以较少的资源消耗和环境污染换取较高经济效益。“十一五”以前，该公司每年投入16.93亿元用于资源的综合利用及循环经济建设，而通过从废石、废渣、废气、废水中回收各种有价元素，至少使公司增收30亿以上。公司坚持将“资源榨干吃尽、保护生态环境”视为企业发展生命线。在第十一个五年规划纲要中被列为国家循环经济示范企业以来，公司在环保投入累计达35亿元，新建环保项目或改造环保设施49项，显著提高了三废处理能力和废弃物中各种有用物质再利用能力；“十二五”期间又被工信部批复为“资源节约型、环境友好型”创建试点企业。

在有色金属行业发展缓慢，且逐渐步入“寒冬”这一特殊时期这一严峻的经济形势下，该铜业集团在2013~2015三年间连续出现在世界500强的榜单上。不能否认，该集团能取得如出色的业绩，与企业一直遵循的循环经济和绿色发展的理念有密切的关系。

2.3.2 采矿环节

为了充分利用稀缺的铜矿资源，减少采矿过程中对环境的不利影响，该铜业集团在采矿环节注重资源的循环利用，采矿环节的主要工艺如图 2.6 所示。该铜业集团在采矿环节通过四条途径实现资源的综合利用。

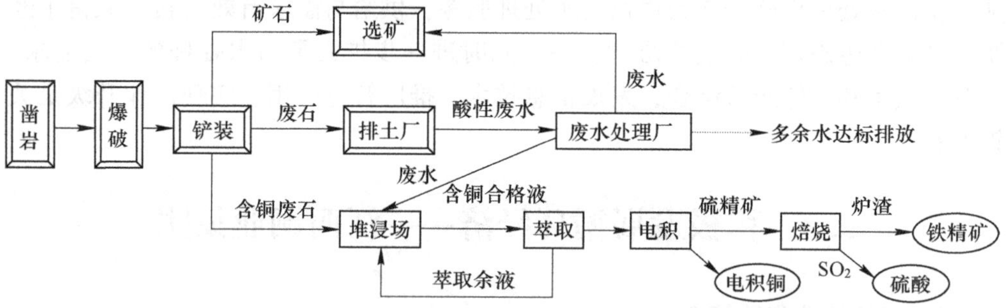

图 2.6 采矿主要工艺[182]

（1）该铜业集团改变原先设计的边界品位，增加了许多原计划中废弃的低品位原矿。从 20 世纪 90 年代初开始，公司就将大量的资金投入到特大型低品位斑岩铜矿的综合利用上。此项成果应用到德兴铜矿后，边界品位从 0.3%下降到 0.25%，而此区间的废石约占总储存量的 20%，降低边界品位后，1.48 亿吨废石得到回收利用，铜金属和黄金回收可分别增加 38.3 万吨、28t。

（2）攻克“湿法冶金提铜技术”，充分提炼和综合利用含铜废石。1997 年，公司在德兴铜矿厂建成了从废石堆进行湿法炼铜试验厂，于 2000 年，攻破了“堆浸—萃取—电积”的湿法冶金技术，并形成规模化生产，从原设计丢弃的含铜品位在 0.05%~0.25%之间的原生硫化铜矿石中提取合格的电积铜。2010 年，永平铜矿通过堆浸—萃取—电积湿法从含铜废石中回收生产的电积铜达到 1160t。湿法冶金提铜技术的运用既有效回收了废石中的资源，又减少了铜离子对水体的污染。

（3）废渣和尾矿的充分利用。制酸过程中产出的含砷废渣会污染环境，为解决此问题，贵溪冶炼厂从日本引进了全湿法环保提砷工艺，使用该环保工艺后，贵溪冶炼厂每年可出口 1000t 高品质三氧化二砷，而这些全部是从含砷废渣中提取得到，为企业创收的同时，也创造了良好社会环境效益。武山铜矿厂在采矿环节也注重资源节约和有效利用，对于井下采空区，武山铜矿厂通常使用江砂去填充，为了降低生产成本，实现资源的节约利用，开始使用分级尾砂来填充采空区，这种做法从根本上减少了尾矿排入量，实现了对尾矿的综合利用，同时也产生了良好的经济效益，自 1998 年以来，武山铜矿厂减少使用的江砂大约有 111

万吨，产生直接经济效益达到1720亿元。

(4) 酸性废水的循环利用。德兴铜矿厂是该公司对废水循环利用的典型例子，排土场堆存剥离出的废石中含有铜和硫，这些元素跟空气接触后氧化，而后会形成酸性废水，这些废水直接排放严重污染到周围环境，降落到地面上，也会通过地表径流污染湖泊淡水或地下水。2000年以前，曾采用石灰中和等方式进行治理，但效果不明显，后来与加拿大PRA公司合作研发出HDS技术，这一技术对酸性废水的处理效果较好，经处理后的废水可直接作为选矿环节的生产用水，HDS技术成功解决了矿产开发中一个难题。

2.3.3 选矿环节

矿体复杂、伴生金属种类多，品位低是我国铜矿的主要缺点。该铜业集团优化选矿工艺，采用多种先进技术，大大提高了“贫、细、杂”矿的金属回收率。

(1) 优化选矿工艺，提高矿山的金属回收率。该铜业集团通过绿色技术创新，对采矿和选矿工艺从系统层面不断进行优化设计，新的采矿和选矿工艺的应用，很大程度上提高了金属的回收利用率。选矿工艺如图2.7所示。2010年回收铜9000多吨、黄金460kg、银32t、硫6.8万吨。

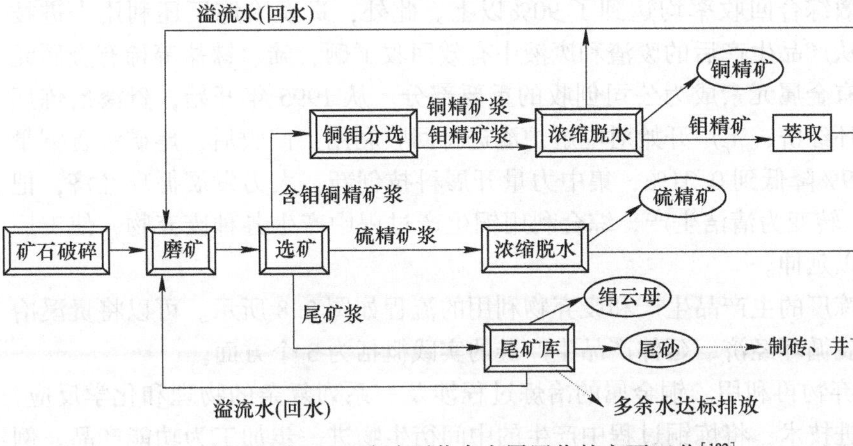

图2.7 选矿环节中金属回收的主要工艺[182]

(2) 运用新技术回收钼。选钼环节的一个主要难题就是生产成本高、效益低，公司通过自主研发，开发出“钼入选原矿预处理技术”，实现了从铜精矿中回收钼。加工处理后可进一步生产钼酸铵，每年销售钼酸铵的收入达到4亿元以上。

(3) 实现矿山废水的重复利用。水污染是选矿中最突出的环境问题，大量废水经过采矿选矿使用后呈酸性或碱性，对周围环境的污染很大。为了解决水污染的问题，公司积极改进原有的生产工艺，“以废治废”，重复利用矿山废水。

根据废水的酸碱程度，分别用于选硫或选铜工艺上，或是将酸碱水进行中和，达到良好的除废效果。目前，工业复水利用约新水资源 2.88 亿吨，不仅节约取水费用和水资源，而且大大减少了工业废水对环境的污染。

2.3.4 冶炼环节

贵溪冶炼厂是该铜业集团的铜冶炼工厂。贵溪冶炼厂创建时就坚持高起点、高标准。早在 20 世纪 70 年代初，张文海院士及其团队搜集大量资料，消化、吸收、创新，为我国引进闪速炼铜技术做了早期工作。1979 年国务院批准贵溪冶炼厂从“鼓风炉”方案改为“闪速炉”方案 。张文海团队不断创新，优化闪速炼铜工艺，延长闪速炉寿命，提高供料控制精度，成为中国第一家采用世界先进闪速熔炉技术、高浓度二氧化硫转化制酸技术、倾动炉、卡尔多炉杂铜冶炼技术和 ISA 电解精炼技术的现代化炼铜工厂；闪速炉作业率、二氧化硫转化率、冶炼金属回收率等主要技术经济指标达到世界先进水平。建厂 30 多年来，工厂坚持走可持续发展之路，践行环境保护的发展理念，建厂以来，工厂持续追加环保投资，用于购买或研发清洁生产技术和环保基础装备，环保投资累计已达到 13 亿元，较高的环保投资也为工厂带来了显著的直接经济效益，贵溪冶炼厂对金、银、铜的有效综合回收率均达到了 90%以上。此外，贵溪冶炼厂还利用先进技术，成功地从产品生产后的废渣和废液中有效回收了硒、碲、铼盐等稀有金属元素，这些稀有金属元素成为公司创收的重要部分。从 1995 年开始，贵溪冶炼厂大力发展循环经济，工厂开始对电解炉渣进行回收利用，回收后，尾矿渣含铜量由原来的 0.9%降低到 0.31%，集中力量开展科技创新，大力发展循环经济，把“末端治理”转变为清洁生产，综合利用铜生产过程中产生各种废弃物，使工厂的产品链得以延伸。

贵溪冶炼厂的主产品生产和废弃物利用的流程如图 2.8 所示。可以将贵溪冶炼厂积极发展循环经济、延伸产品生产链的实践概括为 3 个方面。

（1）废弃物再利用。铜金属的冶炼过程涉及一系列复杂的物理和化学反应，该厂采用先进技术，将炼铜过程中产生的中间衍生物进一步加工为功能产品。例如，经过闪速熔炼会产生大量的二氧化硫，如果直接排放到大气中，造成严重的空气污染。采用洗涤、干燥、吸收、转化等一系列先进工艺，贵溪冶炼厂将二氧化硫生产为高品质的浓硫酸，实现了二氧化硫的有效利用，大大减少环境污染，创造了良好的经济效益。此外，在硫酸制取过程中，又产生有害物质——砷滤饼，为了从根本上解决此问题，保证生态环境安全，冶炼厂采用先进工艺从砷滤饼中回收砷，制取经济产品亚砷酸，取得了良好的环保和经济效益。

（2）伴生金属及能量的充分利用。铜矿一个典型的特点就是伴生金属较多，为了充分利用这些伴生金属或金属化合物，公司经过无数次科研攻关，实现了对

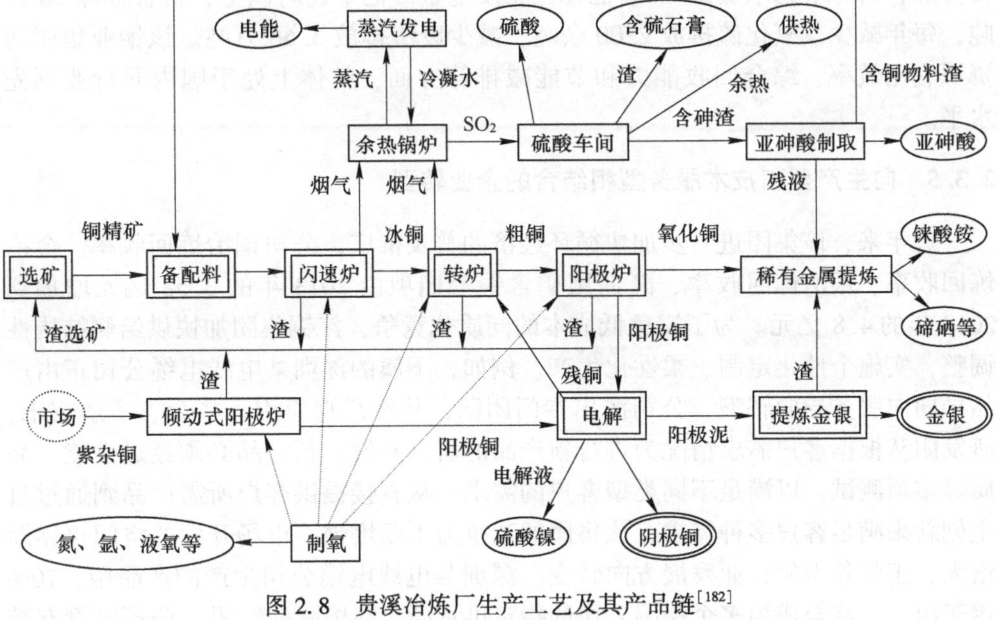

图 2.8 贵溪冶炼厂生产工艺及其产品链[182]

废弃金属化合物的回收利用，有效回收了二氧化硒、铼粉等稀散金属及铋、铅粉等重有色金属产品，为公司创造了良好的经济效益。此外，为了充分利用余热资源，冶炼厂修建余热发电站，年余热发电量 2 亿千瓦时以上，折合标煤约 20 万吨，约占总生产用电量的 11%，每年节约电费 5300 万元。发电后的蒸汽温度较低，可直接为其他车间的设备供热。资源的有效利用不仅减小了企业的生产成本，还直接减少了环境污染，带来了良好的经济、社会和环境效益。

(3) 实现废弃物再利用，以延长产品链。在利用某种废弃物生产产品的过程中，又会伴随新的废弃物产生，冶炼厂遵循循环经济的理念，将产品生产的过程中间产生的废弃物整合利用，生产出新的功能产品（见图 2.8 中从硫酸到铼酸铵的循环经济路径）。从产品生产的不同环节上利用循环经济技术将以上工序产生的废弃物变成下一个工序的生产原料，使废弃物变废为宝，延长公司的产品链，使物质和能量得到充分利用。针对消费领域的废弃物，冶炼厂采用鼓风炉技术回收不易处理的废铜，使年产铜量达到 2.5 万吨。此外，还对废弃电动轮胎进行回收利用，对废润滑油进行提炼，不仅大幅度降低了生产成本，而且减少环境的污染。

该铜业集团通过大力推进循环经济，已形成冶炼阴极铜超 100 万吨、生产伴生金 23t、银 630t、标硫精矿 200 万吨、冶炼烟气制酸 186t，综合回收钼、铼、硒、碲、铋等稀散金属及化合物 5100t 的生产能力。2010 年万元产值能耗 0.35t

标煤，比 2005 年降低 30%，工业废水利用率达 85.59%，比 2005 年提高 5.58 个百分点，每年节约水资源 2.28 亿吨，年发电量 2 亿千瓦时以上，折合标煤 20 万吨，每年减少二氧化硫排放 2500 余吨，减少废渣排放 3.66 万吨。该铜业集团的资源利用效率、综合回收能力和节能减排等方面，整体上处于国内同行业领先水平。

2.3.5 向生产型和技术服务型相结合的企业转型

近年来，该集团进一步加快循环经济的普及推广，公司铜冶炼回收率、金冶炼回收率、银冶炼回收率、降低尾矿含铜等四项由 2013 年的 3.58 亿元增加到 2014 年的 4.8 亿元。为了避免低成本的同质化竞争，江铜集团加快供给侧结构性调整，实施个性化定制、柔性化生产。例如，下属的深圳某电线电缆公司正由产品导向向服务导向转型，公司派出专门团队，从客户那里引入概念、了解需求，研发团队根据客户需求情况为进行新产品的研究开发，新产品必须经过性能、品质等多项测试，以满足不同类型客户的需求，从直接提供客户所需产品到通过自主创新来满足客户多种需求，该集团的竞争力不断增强，市场开发的空间也逐渐增大，正朝着引领行业发展方向转变。深圳某电线电缆公司生产的产品中，70% 用于出口，甚至成为多个跨国公司的指定供货商，在国际线缆界，公司已享有较高的声望。

2015 年，某铜业集团的闪速炉作业率、铜冶炼回收率、复水利用率、吨铜新水消耗率等指标，跻身世界最优行列。2015 年 6 月，铜冶炼综合能耗达到 154.62kg/t，达到世界较高水平。这些标杆性指标扩大了该集团在世界铜行业的影响和地位。公司积极响应国家“走出去”战略，将自己的成熟的经验和技术进行集总、整合、标准化，利用优势和发展循环经济的技术与经验，承包、承建世界各国新建采矿、选矿和铜冶炼工程建设项目和技术改造项目，借此植入自己的核心技术和关键装备，将先进技术在更广泛的范围推广应用。该公司开始由一个单纯性的生产企业转型为生产和技术服务型相结合的企业。

2.4 江西省某公司养猪引领的生态农业

2.4.1 生态农业简介

卢永根[183]认为生态农业是按照生态学原理建立起来的资源、环境、效率、效益兼顾的综合性农业生产体系。实质就是要求人们自觉按照生态学的规律和系统工程的方法去组织农业生产，调控系统的结构和功能，使农业生态经济复合系统实现开放式的物质循环，以获得高经济效益和高水平的生产力，实现系统整体协调和循环再生的目的。农业是我国的支柱产业，农业现代化的进程决定着我国现代化总体进程。生态农业是绿色农业的重要组成部分。当前，新时期的重要任务是建设社会主义新农村、大力发展现代农业，这为大力发展生态农业，创造了良好的机遇。作为世界上人口最多的农业大国，实现农业可持续发展对国家的持续发展至关重要。只有按照农业生态系统的特点和规律，建设高产、优质高效、低耗的现代绿色农业模式，才能实现农业的可持续发展。

由于不同区域的自然、社会、经济特点差别较大，因此，迄今为止，生态农业模式还未形成统一的分类体系和分类标准。聂建军[184]按照生态农业的规模大小将其分为生态县、生态乡、生态村及生态户；按照所属区域将其分为东北区、黄淮海区、黄土高原区、长江中下游区、华南区等。宋美娥[185]按照模式重点治理、改善的目标，将目前我国的生态农业模式类型分为5种。(1) 充分利用时间、空间三维效果的优化模式，例如，北方半干旱区的粮食作物+杨树、借助沼气技术把庭院经济与生态农业结合起来的猪舍—厕所—沼气池生态农业模式。(2) 实现物质能量的多层次、多循环再生利用模式，例如，我国南方的桑基鱼塘、猪—沼—果生态模式。(3) 利用生态位的生物共生互惠立体种养模式，比如稻田养鸭、稻—萍—渔立体结构等。(4) 利用增加农产品附加值来延长产业链的类型，比如"种—养—加"模式等。(5) 小流域综合治理型，例如黑龙江省拜泉县的立体农林复合型生态农业模式。

2.4.2 规模养猪遇到的生态环保问题

生猪生产在江西省乃至全国的养猪业中占有重要地位。20世纪80年代，江西赣南开发了以农户为单位的"猪—沼—果"模式，成为农民致富的有效模式，中华人民共和国农业部曾作为我国南方生态农业的典型模式进行推广。进入21世纪以来，规模养猪逐步取代了小型、分散式的农户养猪。生猪规模养殖产生了巨大的规模效益，是一种专业化生产、规模化养殖的现代生产方式，和传统的农户家庭养猪相比，在疫病防治、品种更新换代和销售市场拓展方面有独特的优势。但是，生猪规模养殖产生的大量粪尿如得不到妥善处置和充分利用，将会造成严重的环境污染。例如，猪场周边蚊蝇成群、臭气熏天；规模养猪产生的大量猪粪尿经过沉淀池后，直接排放到周边的河道和水库中，污染了土壤、地表水，甚至猪场周边的浅层地下水已经不能作为生活用水，给农业生产和农民生活带来严重危害。

虽然江西省不少生猪规模场建设了沼气池，用厌氧法来处理猪粪尿，在一定程度上降解了污染物质。但是，由于专业化生产、规模化种养方式，养殖和种植分离，大多数猪场利用厌氧处理猪粪尿产生的沼气、沼液无法得到充分利用。沼气是一种温室气体，直接排放到大气中造成空气污染；沼液直接排放到沟渠、水库或鱼塘中，使稻田和鱼塘富营养化，造成水稻疯长，鱼儿无法生存。因此，以规模养猪为基础发展绿色农业，不能直接套用农户的“猪—沼—果”模式，必须依据养猪规模、养猪场所处的地理位置以及当地的农业产业结构和资源条件，研究种养结合的生态农业发展规律、生产模式和组织形式，以沼气、沼液和沼渣的充分利用为前提，使种植业、养殖业和加工业有机结合起来，使之相互促进，可以多层次利用自然资源，生产出高产和优质的绿色农产品，并确保其良好的生态效益。

在当地政府和社会力量的支持下，江西省很多养猪场结合当地实际，充分利用猪场产生的粪尿资源，带动了生态农业的发展，因养猪厂的规模不同，处理猪粪尿的方式上也有很大差别，归纳起来，一共有三种猪粪尿的处理模式。

2.4.3 小型猪场猪粪尿处理模式

小型猪场一般年出栏肉猪 500 头以下，小型猪场的生态农业模式，将农户“猪—沼—果”模式简单放大，把养猪产生的猪粪尿进入沼气池发酵，产生的沼液、沼渣作为林果业、种植业的肥料，沼气直接输送给附近村民作为家用能源，产生的沼气和沼肥都得到充分利用，对环境产生的污染几乎为零。江西省修水县作为修河的源头，当地政府和村民把水资源的保护问题作为头等大事。为了使周边村民能充分利用猪场产生的沼液、沼渣和沼气，当地养猪专业户所建猪场的规模都不大，并且分散在不同的地方。例如，万年养殖公司在不同的地方建两个猪场，每个猪场生猪存栏约 500 头，建设两个 $70m^3$ 的沼气池和一个 $20m^3$ 的储气柜，猪场和农户通过协议的方式，将沼气免费提供给周边村民家用，当地农业生产以水稻、桑蚕、中药材种植为主，沼液和沼渣则以较低的价格卖给村民作为种植业的肥料，一年四季沼液都得到充分利用。

2.4.4 中型猪场的生态农业模式

中型猪场一般指年出栏生猪数千头。由于中型猪场的猪粪尿数量较多，厌氧处理后的沼气、沼液不能简单借用和放大农户“猪—沼—果”模式，需要采用多种形式进行消化利用。萍乡市某养猪场采用“猪场+养猪协会+基地+农户”的形式，大力发展“猪—沼—农—果”生态农业。位于萍乡市湘东区的某猪场属于中型猪场，出栏肉猪 3000 头左右，一般存栏生猪 1700 余头，猪场先后修建 3 个沼气池，共 $270m^3$。2005 年以前，该养猪场的做法与其他许多养猪场一样，3 个沼气池产出的沼气除了猪场自用外，未能用尽的沼气直接排入大气中，对空气造成了严重的污染；含过量氮元素的沼液直接排入用于灌溉的水塘中，导致水稻“疯长”，水稻的产量和品质均受到严重影响。稻田不需要灌溉时，猪场将沼液顺沟渠直接排放到下游水域中，对下游的土壤和水体造成严重的污染。从 2006 年开始，在当地政府和南昌大学管理科学与工程博士点的支持与协助下，该猪场结合当地自然资源和社会经济发展状况，进行优化和创新各种先进绿色农业技术，综合利用沼气和沼液，构建规模种养生态农业系统[186]。具体做法有：建设储气罐和铺设管道，将沼气免费输送给周边农户、敬老院和陶瓷公司作为生活用气；修建三级氧化沟进行自然曝氧处理，将沼液和灌溉水塘、渠道进行分流，农作物生长的不同阶段需要的营养元素的浓度也不相同，农民可以根据自家农作物生长需要，在不同级氧化沟出口处取用含氮、磷等元素的不同浓度的沼液；组织分散的养猪户成立养猪协会，利用沼液，在协会成员的闲置田地上种植无公害绿色蔬菜；将周边荒地开垦成梯田，用沼液做肥料，种植红薯、油菜和果树等经济作物。2012 年以后，在周边荒坡、道路两旁引种美国杂交狼尾草，用沼液浇灌，不到半个月收割一次，杂交狼尾草的嫩茎叶添加在母猪饲料中，增加了母猪消化能力和抗病能力。最后，如果还有未用尽的沼液，经三级氧化后再向下游排放。系统结构如图 2.9 所示。

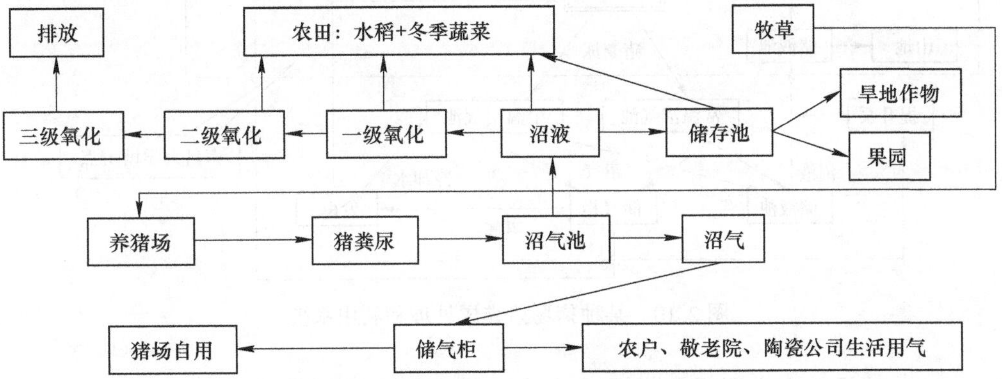

图 2.9 某猪场生态农业系统结构

该猪场利用循环经济的思想，发展绿色农业，效益非常显著。沼气免费输送给周边农户、敬老院和企业使用，建立了和谐的邻里关系。沼液采用三级氧化，并与灌溉水分流，以便农户根据水稻生长需要来配水配肥，避免了水稻“返青不结实”的现象。经检验，冬季水田中种植的蔬菜达到绿色农产品的质量要求，同时改善了土壤结构，对第二年的水稻生产产生有利作用。旱地种植的红薯藤和红薯作为猪饲料养猪，减少了猪场的投入成本；由于肥料充足，农户在红壤山丘上种植的果树品质好，且能年年丰收；杂交狼尾草的引种，不仅利用了零星土地，减少了沼液排放，而且为养猪提供了饲料，改善了母猪饲料结构。排放的废水达到《污水综合排放标准》的二级标准，取得了良好的经济、社会和生态环境效益。

2.4.5 大型猪场引领的生态农业模式

大型猪场一般指年出栏肉猪 10000 头以上，和中型猪场相比，产生的粪尿数量更多，因此，需要采取与中小型猪场完全不同的处理方法。德安县某种猪场对此进行了有效的探索。该种猪场以培育良种种猪、为其他猪场繁育仔猪为主，饲养少量肉猪；共有基础良种猪200头左右，母猪2000~3000头之间。在南昌大学管理科学与工程博士点的支持下，针对农村中青年外出打工、农村留守人员以妇女、老人和儿童为主、农村缺乏劳动力的实际情况，在保护环境，处理好猪粪尿的基础上，千方百计帮助周边农民和居民改善环境、发展生产、提高生活水平。猪场废弃物处理系统如图2.10所示。具体内容包括以下5个方面。

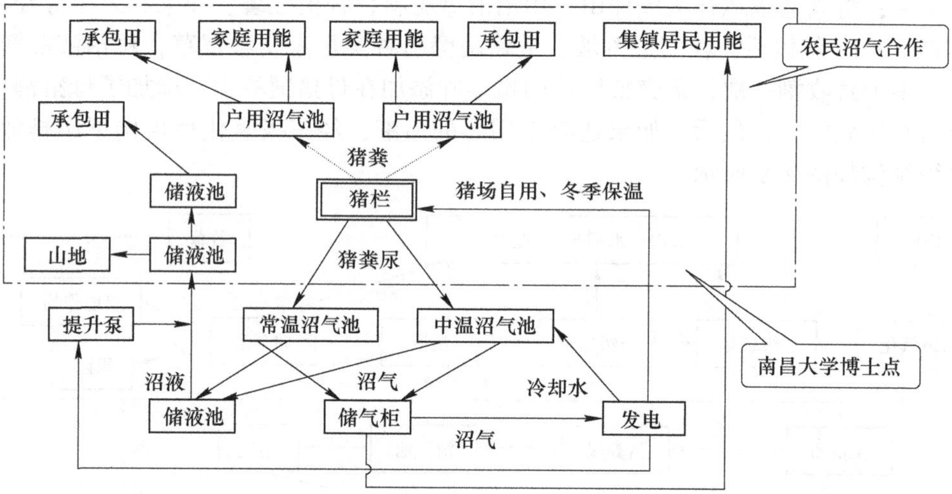

图2.10 某种猪场猪粪尿处理和利用系统

(1) 建设一个常温沼气池和一个中温沼气池，用厌氧发酵方法处理猪场产生的猪尿及冲栏水等废弃物。中温沼气池是为了保证冬季厌氧发酵正常进行，冬季用沼气发电的冷却水保温。

(2) 沼气池产生的沼气一部分猪场自用，一部分用于发电，电能供猪场自用；剩余的沼气用管道送到乡政府所在的镇上，免费提供给镇上居民作燃料。

(3) 为了方便老人、妇女管理棉田，沼气池产生的沼液小部分猪场自用外，用水泵提升到山头上，在山头上建设3个储液池储存；从储液池铺设管道到周边棉田里；村民只需打开水龙头、拿着塑料管给棉花施肥。

(4) 由于中青年外出打工，村里缺乏劳动力，农户基本不养猪，原来建设的户用沼气池，由于缺乏原料，几乎废弃了。为了利用这些沼气池，猪场购置一辆汽车，将外地猪场产生的猪粪免费送到每个户用沼气池中。户用沼气池生产的沼液、沼气由农户自行管理和使用。

(5) 这样一个系统包含了猪场、几十户乡镇居民和100多农户，牵涉户用沼气池猪粪及时配送、沼气输送和管道维护、沼液提送和储存、储液池和农田水龙头维护修理、户用沼气池维护与清渣、户用沼气灶的维修保养等许多环节。任何一个环节有缺失或运转异常将影响系统的有效运行和效益。为了促进沼气沼液生产、使用各方无缝对接，保证系统运行各个环节正常运转，在当地乡政府的指导和帮助下，将利益各方组织起来，成立一个农村公益性社会服务组织——农民沼气协会，协会会长由该种猪场负责人担任、相关副会长由村民委员会主任担任、顾问由一副乡长和南昌大学管理科学与工程博士点代表担任。

该种猪场猪粪尿处理和利用系统的运行，不仅使该种猪场的废弃物做到了“零排放”，而且使周边农村生产发展、棉花产量不断增长、农民与居民生活水平提高、民生得到改善，此外，还使得周边农用地租赁价格提升。

2.4.6 小结

自我国进入农业社会以来，猪粪尿一直作为种植业的肥料。在我国实行家庭承包制以后，农户成为独立自主的生产经营单元，农林牧副多种经营，农户猪—沼—果模式以猪粪尿生产沼气、沼液为核心，有效利用了猪粪尿中的能量和营养物质，带动了生态农业的发展，成为农民脱贫致富奔小康的有效生态农业模式。随着四个现代化的深入推进，农民外出务工，农户养猪急剧萎缩，规模养猪迅速崛起。规模养猪是现代农业生产方式的转变，实现专业化生产、规模化经营，由此与种植业相分离。规模养猪不仅猪粪尿数量多，且与种植业分离，如何处理、利用养猪废弃物将成为现代农业发展过程中必须解决的问题。

成功的经验往往是新探索的第一块垫脚石，人们首先是借鉴农户猪—沼—果生态农业模式，针对猪场废弃物较多的特点，建设更大的沼气池处理猪粪尿，但是沼气、沼液的使用需要探索新途径，在猪场自用富余的情况下，将沼气免费赠送给猪场周边农户家用，沼液出卖给其他种植业经营者。对于小猪场而言，是可行的，在修水这样的山区县成为成功模式。对中型猪场而言，生产的沼气、沼液更多，沼液除了输送给农户家用以外，还要输送给周边养老院和企业，特别是在粮食主产区，水稻消耗的沼液有限，且有很强的季节性，萍乡某猪场还要充分利用旱地作物、蔬菜、果树消耗沼液，生产绿色农产品；利用荒坡、地角、路旁种植杂交狼尾草，这种草生长快、生物量大、消耗的氮磷多，嫩草又是养猪的好饲料，使沼液得到充分利用；在还有剩余的情况下，通过三级氧化沟进行好氧分解后排放。大型猪场废弃物更多，在德兴某种猪场的案例中，针对农村留守人口以妇女、老人和儿童为主，缺乏劳动力的实际情况，采用多种方式利用沼气、沼液；采取多种措施方便妇女、老人使用沼气、沼液和猪粪，例如，用管道把沼液送到田里，打开龙头就能用；用汽车把猪粪送到农家，给农户废弃未用的户用沼气池供料，使猪粪得到充分利用，不仅减少了猪场处理猪粪的成本，而且使废弃的户用沼气池资源重新利用，带动了一个区域内生态农业的全面发展。但要维持这样一个沼气、沼液生产、使用的大系统正常运转，除了种猪场经营者有奉献精神和责任心外，还须有效的组织形式，农民沼气协会这一公益性社会服务组织应运而生，这在本质上也是一种制度创新。

2.5 案例比较和综合分析

2.5.1 绿色创新的技术路径

根据前述绿色产业创新的定义，即创新主体以可持续发展为目标，通过从战略层面考虑环境问题，在诸多外部环境因素的支持下，结合自身的资源能力条件，设计和开发更为环保的工艺和产品、改进管理、组织或制度模式来降低对环境的消极影响，使废弃物变成资源加以利用，从而发展绿色经济，实现产业升级。这一过程，不是突变与飞跃，而是从传统产业的改进与创新起步，循序渐进，最终达到产业全面升级。从三个案例可以看到演变过程具有共同的技术路径，如图 2.11 所示：传统工艺→清洁生产技术创新→绿色产品链创新→绿色产业转型升级。下面分别对其中的三个典型案例：江西某环保公司的环保产业、江西某铜业集团的循环经济以及江西省规模养猪引领的生态农业进行综合分析和比较。具体内容列在表 2.2 中。

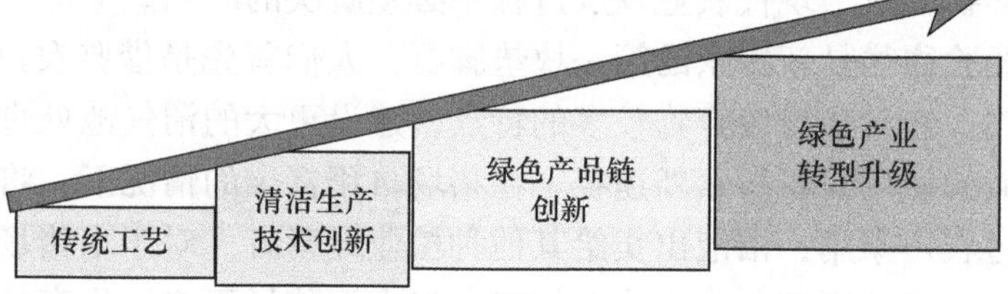

图 2.11 绿色创新的技术路径

表 2.2 绿色创新的技术路径

阶段	某环保产业	江西某铜业集团循环经济	规模养猪引领的生态农业
传统工艺	和氧化处理生活污水技术相比，传统的好氧膜生物反应器技术具有消氮降磷、分解污染物质效率高的特点，在有机废水处理中仍然广泛使用，但占地面积大、管理复杂、技术要求高、污泥难处理等问题	我国铜矿具有含铜量品位低、矿体复杂、伴生金属种类多等特点，20 世纪 70 年代从国外引进的成套技术(包括设备)，难以适应这种状况，很多资源得不到充分、有效利用	农户猪—沼—果模式适合农户作为基本生产单元、种养牧副全面发展的状况。农业现代化专业化生产、规模化经营，规模养猪与种植业分离，存在养猪废弃物谁来用、怎么用的问题

续表 2.2

阶段	某环保产业	江西某铜业集团循环经济	规模养猪引领的生态农业
清洁生产技术创新	研究开发高效率的生化膜菌群，提高有机废水处理效益，减少污泥产生量	用闪速熔炉技术代替鼓风炉，优化闪速熔炉技术过程，使10万吨炼铜设备每年生产20万吨电解铜；利用高浓度二氧化硫生产硫酸、利用高温烟气发电，提取伴生的金银等贵金属，迈开了发展循环经济第一步	把农户猪—沼—果模式放大，生产的沼气免费提供给附近农户家用，沼液卖给周边农户种植桑、药、茶，生产有机农产品
绿色产品链创新	转变设计、承建生化膜污水处理装置的生产方式；开发出生化膜污水处理集成装置，实现定型化设计、批量化生产；公司仅负责定型设计、核心部件制作、总装、销售，非核心零部件外包生产	通过科技创新、技术攻关，从采矿、选矿和冶炼各个环节发展循环经济，如攻克湿法炼铜技术，从废弃矿石中提取金属铜，在冶炼过程中提取硒、碲、铼、铋、铅等稀有、稀散金属，酸碱性废水中和等	利用冬闲田用沼液种植无公害蔬菜，用沼液做肥料种植红薯、油菜和果树，生产有机农产品；利用荒坡、废弃地种植杂交狼尾草，作为养猪的青饲料；某种猪场给农户闲置户用沼气池加料，消化猪粪，发展生态经济
绿色产业转型升级（绿色业态创新）	利用“互联网+污水处理装置”技术，集中控制、监管分布在各地的生活污水处理装置；进行供给侧结构性调整，使企业从污水处理设备制造企业转变为污水处理设备制造和提供污水处理服务相结合的企业	将发展循环经济的成熟技术和经验“打包”、标准化，供给侧结构性调整，响应国家“走出去”战略，对外承包、承建铜产业，植入自己的核心技术和关键装备，由单纯的生产型企业转变为生产型和技术服务型相结合的企业，提高竞争力	针对农村中青年外出务工的现实，某种猪场的沼气、沼液开发利用以妇女、老人容易掌握为原则；为了保证沼液沼气生产和使用各方无缝对接、各个环节正常运转，成立一个公益性社会服务组织——农村沼气协会，做好服务工作，促使整个区域生态经济全面发展

总结其他绿色创新案例，技术路径基本都包含上述过程，只是在阶段经历的时间上有所差别，例如，有些案例可能在清洁生产技术创新这一阶段经历的时间相对较长，有些案例在绿色产品类创新这一阶段经历的时间较长。这一技术路径具有一定的典型性和代表性。

2.5.2 绿色创新发展的关键环节

绿色产业是一种新型产业形态。传统产业把劳动、土地和资金作为生产的基本要素；绿色产业把人力资源、自然资源、人造资本（资金和知识产权等）以及社会组织资本作为生产要素。绿色转型强调经济、社会和环境的一体化发展，充分体现自然资源和环境的价值，促进自然资源公平、合理、有效利用，引导产业结构的优胜劣汰、发展升级。所以，绿色发展是一种新的经济发展模式，是对传统模式的变革或创新，绿色转型靠创新驱动。熊彼特指出："创新是把过去从来没有的关于生产要素和生产条件重新组合引入生产体系。"绿色创新坚持以人为本，拓展传统产业的基本要素，鼓励、培育和依靠人的创造力、创新观念和意识，创新科学技术，创新管理，创新制度与文化，创造新的产业结构、服务方式和消费方式，建设学习型社会，促进知识的普及、共创、共享、应用和更新。

分析三个案例，在绿色创新的技术路径中，三个环节起到重要作用。

（1）绿色技术和产品的研究开发是绿色创新的基础。从3个案例可以看到，一个产业或企业从传统产业脱颖而出，发展为绿色产业或企业，每一步都离不开绿色技术（绿色产品和工艺）的研究开发，科学研究、产品开发和技术推广应用贯穿在"清洁生产技术（工艺）创新→绿色产品链创新→绿色产业转型升级"的全过程。某环保公司用5年多的时间，进行了数以万次的研究、开发和试验，才筛选、培育出高性能的分解有机污染物生化膜菌群，紧接着开发出各种不同型号、规格的有机污水处理集成装置。江西某铜业集团从论证用"闪速炉"代替"鼓风炉"方案，首先要消化国外闪速炉相关技术，结合江西铜矿的特点和具体组分，优化闪速炼铜工艺，延长闪速炉寿命，提高供料控制精度，这一个过程经历了十几年的时间。湿法炼铜技术利用废弃铜矿石提取金属铜，既吸收了国外湿法炼铜的关键技术，又利用了我国古代湿法炼铜的精华，经历了无数次研发失败才取得成功，提取铜矿中附着的每一种稀有、稀散金属元素，都必须要进行大量的研究和试验。在规模养猪引领的生态农业发展过程中，沼气、沼液的生产、利用及其相互之间关系的配合、协调经历了很多次探索、分析、计算和试验。特别重要的是，这些科技研究开发是以企业为主体，多数是企业独立自主开发的，部分项目邀请了科研院所、高等院校或设计单位参与攻关。研究成果瞄准企业定位，适应市场需求，技术措施切合实际、适应有效。

（2）企业管理体制和运行机制创新是绿色转型的保障。如果说绿色技术是生产力，企业管理体制和运行机制则是生产力的载体，原有的企业管理体制不一定与新产品的制造、新工艺的应用相适应。因此，必须创新企业的管理体制和运行机制，创新企业文化和观念以适应新产品制造和新工艺的开发应用，某环保公司开始以设计、咨询和承建污水处理设施为主，技术创新成功后，以制造生活污水处理装置为主，公司的结构必定要做相应调整；江西某铜业集团为了使自己的循环经济技术和经验"走出去"，变生产型企业为生产和技术服务相结合的企业，在此情境下，集团必须规范现有技术，实行个性化定制、柔性化生产，且需要对下属企业进行改革；某种猪场面对农村妇女、老人是沼气沼液使用者的主体这一状况，必须建立农村沼气协会，才能保障沼气、沼液系统有效运行，保证服务及时。

(3) 供给侧结构性改革是绿色业态创新的有效途径。绿色产业是为了适应绿色需求而发展起来的，要用改革的办法推进绿色发展，减少无效或低端需求，扩大有效和中高端供给，增加公共产品和公共服务供给，使供给和需求协同起来。供给侧结构性改革成为绿色业态创新的有效途径。绿色转型要更多依靠人力人才资源和先进科学技术，更加有效利用自然资源、保护生态环境。“互联网+”是经济社会朝向信息化、网络化、知识化、现代化发展的必然发展趋势。“互联网+”运用信息网络技术，构建基于知识架构的具有创新、管理、适应、发展和进化能力的智能社会综合体系，最大限度地将自然资源、人力资源、基础设施、人文社会、经济金融等资源，综合信息收集、整理、利用和服务等多种手段，加快推进信息化与工业化的融合，提升农业、制造业、传统服务业的竞争力和可持续发展能力。

3 绿色创新运行机理的模型构建与理论分析

在第 2 章案例分析及第 1 章文献综述研究的基础上，将绿色创新技术路径归纳为 4 个阶段（传统工艺、清洁生产技术创新、绿色产品链创新和绿色产业转型升级）和 3 个主要环节。本章主要以江西某环保公司案例为背景，构建有关阶段转化中各个环节的数学模型，并对转化所需的技术经济条件进行理论分析，以探讨绿色创新的机理。三个案例的技术路径示意图如图 3.1～图 3.3 所示。

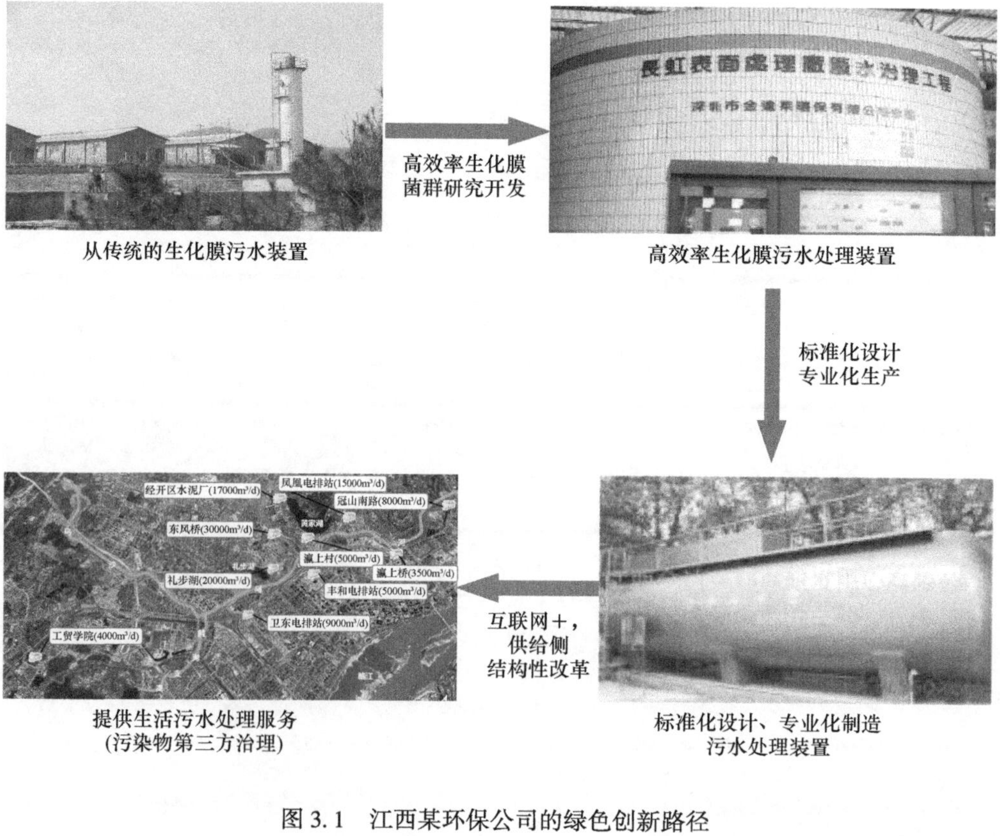

图 3.1　江西某环保公司的绿色创新路径

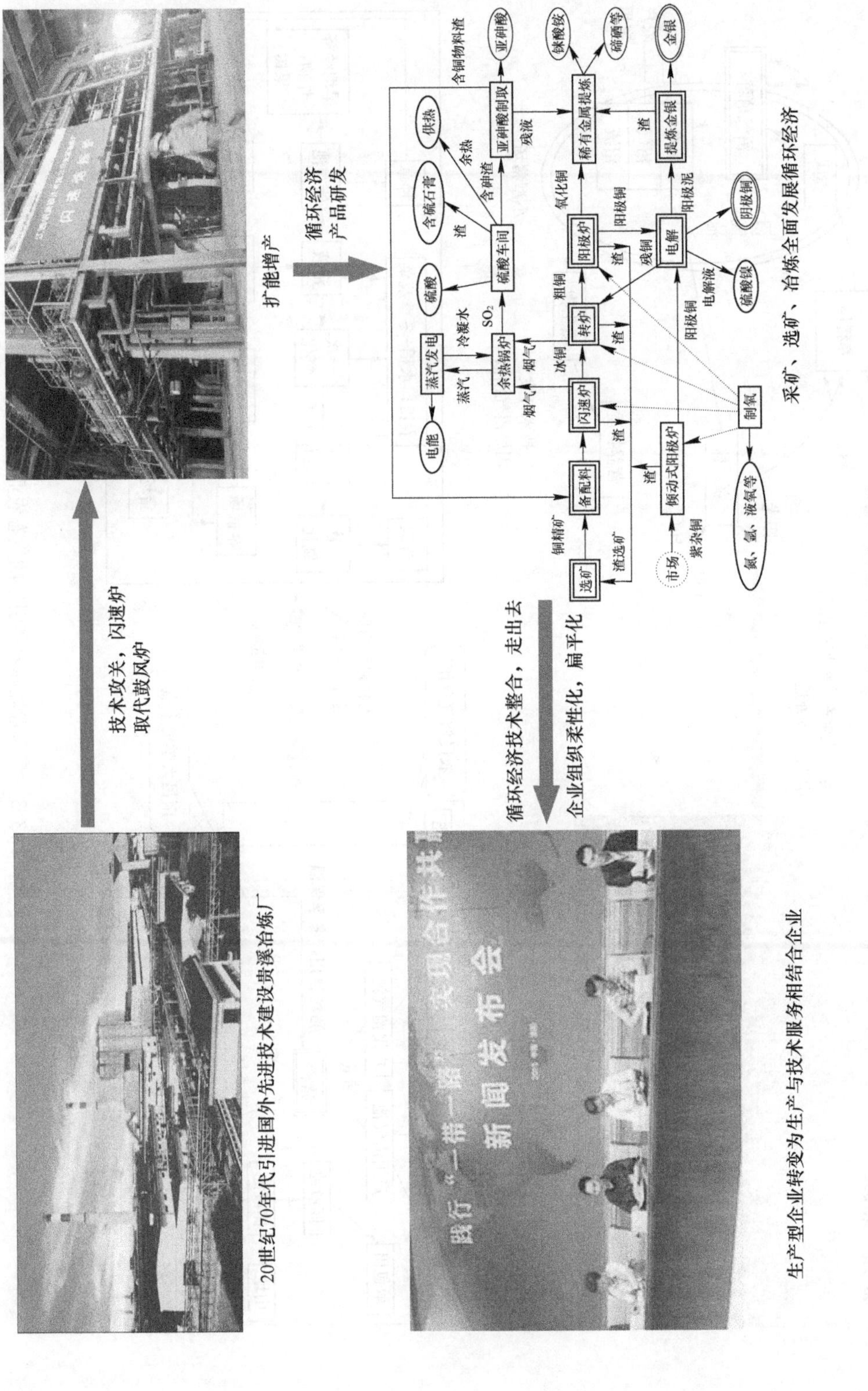

图3.2 江西某铜业集团发展循环经济

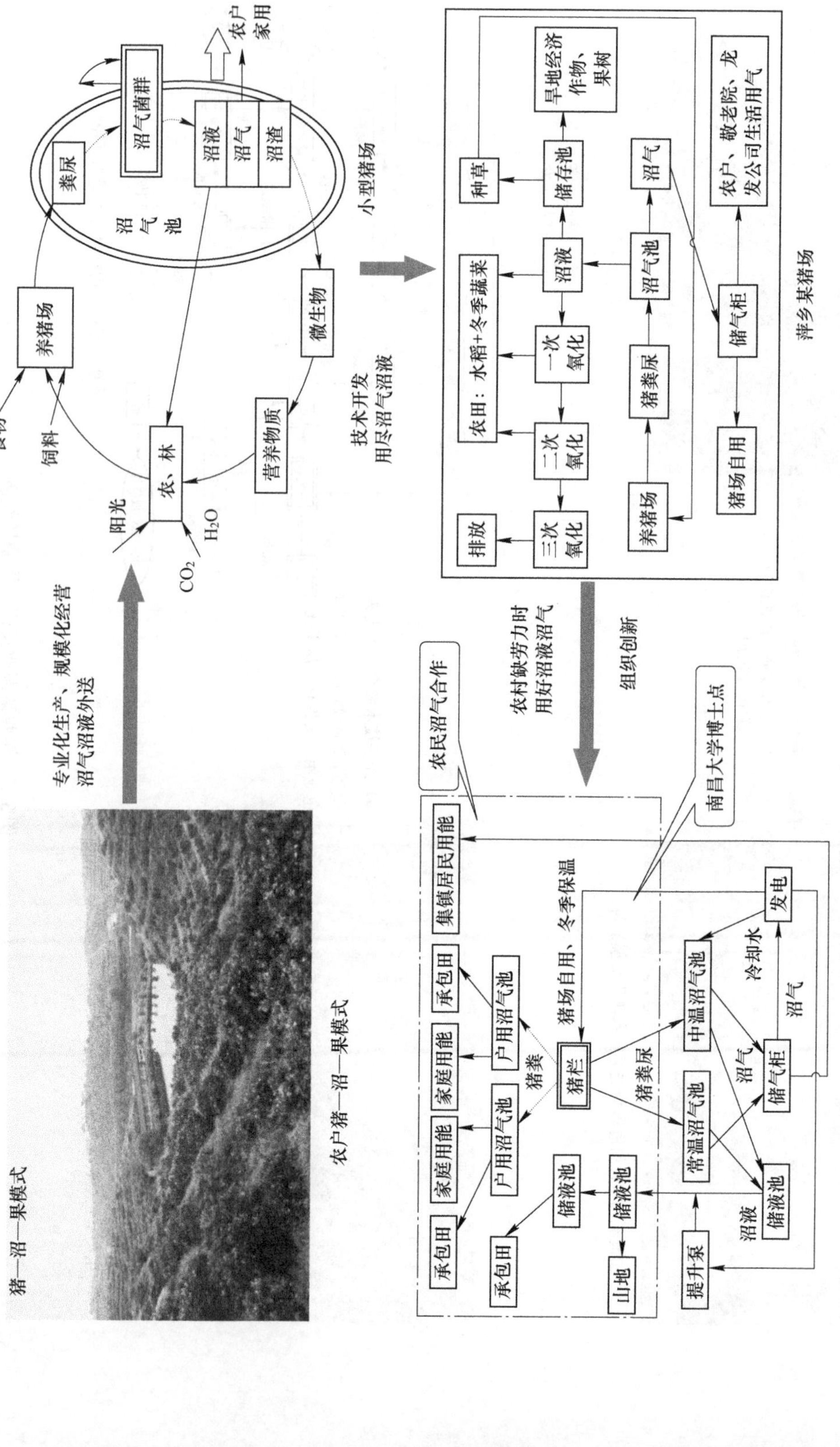

图3.3 江西省规模养猪引领的生态农业

3.1 绿色产品与技术研究开发的成本效益分析模型

绿色技术和产品的研究开发是绿色创新的基础，贯穿在绿色创新技术路径的全过程中。某环保公司通过研究、开发和试验，筛选培育出高性能的分解有机污染物生化膜菌群，开发出各种不同型号、规格的有机污水处理集成装置；江西某铜业集团节能减排，从废弃物中提取各种稀有、稀散金属和有用物质，必须进行大量的科学研究和产品开发；在规模养猪引领的生态农业发展过程中，沼气、沼液的生产、利用及其相互之间关系的配合、协调经过许多探索、分析、计算和试验。本节构建一个通过科技攻关、研究开发某项新产品或新技术的成本效益分析的理论模型，然后求出解析解，并进行技术经济分析。

3.1.1 建模思路

通过科学研究开发新产品或新技术，是对新事物的探索，研究开发费用是一个随机变量。假设企业通过研究开发、技术创新提升某项技术水平（如优化生化菌群提高污水处理效率）。通过有限次研究、试验、试生产和实践检验来推进。设企业投入函数为：

$$F_t = (C_t - C^*)^2,\ t = 0,\ 1,\ 2,\ \cdots \tag{3.1}$$

式中，C_t 为企业第 t 次研究与试验有关生化菌群研究开发直接和间接投入（包括材料和设备成本、研究试验费用等）。

将 C_t 分解成 C^* 和 μ_t 两项，其中 C^* 表示研究达到最佳状态的直接和间接费用（包括与研究开发内容相关的材料和设备成本等），μ_t 是一个正态独立分布的随机数，均值为0，方差为 μ；即 $C_t = C^* + \mu_t$。$t = 0$ 时，C_0 则表示研发开始前的成本（如传统方式的生产费用）。由于产品或技术开发是个探索过程，且研究、试验次数有限，无法知道最优费用 C^* 的确切数值，为此假设 C^* 也是随机变量，分布服从均值为 C^*、方差为 σ 的正态分布。在研发过程中，只有随着研究开发实验深入，利用 $C_t = C^* + \mu_t$ 统计和估算，因此对 C^*、μ 和 σ 值的认识，要到研究开发成功，即 $t = N$ 时才能估算出来。这是科研开发具有不确定性的一个显著特点。

研究开发采取“边干边学”的模式，爱迪生说“天才等于百分之一灵感加百分之九十九的汗水”，牛顿说过“如果我比别人看得更远的话，那是因为我站在巨人的肩膀上”。两位哲人的名言说明，在边干边学过程中，科学真理是逐步发现的，也是积累性的；由于技术的保密性，无法从别的企业取得相关信息，企业只能依赖自身经验的积累。为了简化，假设随着研究开发、试验检测次数的增加，对 C^*、μ 和 σ 值逐步明确，假设通过 N 次试验取得成功，对 μ 值的认识平

均每次试验递增 $1/N$，例如经过第 t 次研究、试验和检验后，就平均情况而言，$\mu_t \to \frac{t}{N}\mu$ 这个假设不完全符合科研开发活动的客观实际，但基本反映研究开发活动的一般规律，通过模型简化，便于求出解析解，从而梳理出边干边学方式进行技术创新的一般规律。

3.1.2 模型构建及求解

设研究开发某项技术或产品研发费用期望值最小：

$$\begin{aligned}\min \overline{F} &= \min \frac{1}{N}\sum_{t=1}^{N}(C_t - C^*)^2 \\ &= \min \frac{1}{N}\sum_{t=1}^{N}(C^* + \mu_t - C^* - \sigma)^2 \\ &= \min \frac{1}{N}\sum_{t=1}^{N}(\mu_t - \sigma)^2\end{aligned} \tag{3.2}$$

式中，$\overline{F}$ 表示研发费用期望值；N 为试验次数，在没有达到预期成果前是未知的；$\min \frac{1}{N}\sum_{t=1}^{N}(\mu_t - \sigma)^2$ 的实际意义十分明确，表示科技创新投入费用的波动尽可能使离最优结果的方差最小。

根据对 μ_t、σ 值的认识过程的假设，随着研发试验次数增加，对 μ_t 的认识越来越清楚，平均每次试验递增 $1/N$，经过 t 次试验后已经认识到 $\mu_t \to \frac{t}{N}\mu$，目标函数可以表示为：

$$\begin{aligned}&\min \frac{1}{N}(\mu_1 + \mu_2 + \cdots + \mu_t \cdots + \mu_N - N\sigma)^2 \\ &= \min \frac{1}{N}\left[\left(\frac{1}{N} + \frac{2}{N} + \cdots + \frac{t}{N} + \cdots + \frac{N}{N}\right)\mu - N\sigma\right]^2 \\ &= \min\left(\frac{N+1}{2N}\mu - \sigma\right)^2\end{aligned} \tag{3.3}$$

对式（3.3）中的 N 求偏导数，并令其为 0：

$$\frac{\partial F}{\partial N} = \left(\frac{N+1}{2N}\mu - \sigma\right) \cdot \frac{-\mu}{2N} = 0 \tag{3.4}$$

得：

$$\sigma = \frac{N+1}{2N}\mu$$

如果技术创新过程达到预定目标，N、C_t 可以统计计算出来，通过 C_t 的期望值估计 C^*，由 C^* 和 μ_t 估计 μ，然后按照式（3.4）估计 σ。

企业进行技术创新的目标是 $C_0 > C^* + \sigma$，即新技术的成本加方差小于技术改造前（$t=0$）的成本 C_0，所以当 $C_0 > C^* + \frac{N+1}{2N}\mu$ 时，企业就有技术创新的动力。

若 $C_0 \leqslant C^* + \frac{N+1}{2N}\mu$，企业对这项新产品研发动力不足，如果这项新产品有较大的外部效益（包括环境效益和社会效益等）和长远的技术前景，国家应当对企业的技术创新给予一定补助，激励企业进行研发。

3.1.3 结果分析及建议

根据模型的求解结果得到：当 $C_0 > C^* + \frac{N+1}{2N}\mu$ 时，即创新成本是创新主体（企业）考虑的首要因素，只有减小企业的创新成本才能使企业有动力实施绿色技术创新。

（1）为了减少技术创新结果的不确定性带来风险成本，企业可通过增强自身的组织学习能力来提高技术创新的成功率，降低研究开发的投入。企业在开发绿色技术的过程中，必将伴随组织的不断学习才能实现，企业可以通过组织内部学习和培训促使绿色知识和信息的流通及分享，促进组内学习能力的提升，也可以通过搭建组建学习平台，即与供应商、高校科研单位甚至竞争对手建立合作网络，促进组织间学习能力的形成。伴随着高水平的组织学习能力必然提高企业研发的成功率。

（2）资源是创新的关键。绿色创新的任务是：1）对生产过程中产生的废弃物“减量化、再利用、再循环”，使污染环境的有害物质变为资源，加以利用。2）科技开发中最活跃的因素是人，高度重视人力资源的发现、挖掘和培养，充分发挥人的主观能动性。3）企业在开发绿色新技术的过程中，需要挖掘、识别、提取、利用有利的社会资源创新资源，如企业与供应商、大学、科研院所建立绿色 R&D 合作网络关系，创建绿色知识共享平台和知识转移机制，通过科技成果孵化器使绿色成果不断应用于实践中，通过实践检验科技创新成果的价值大小。这一过程中，企业需要对创新资源不断地进行更新与匹配，经过配置和再次利用，使之有利于绿色技术创新的产生，因此，企业通过与大学、科研院所等建立绿色研发合作网络关系，可以不断提高自身的资源整合能力，减少创新风险，降低创新成本。

（3）由于市场机制的主导作用，技术创新活动因为较高的不确定性，使得投资者和企业之间存在严重的信息不对称，需要政府、中介组织的帮助，来解决这种信息不对称的现象，来保护企业科技创新取得的知识产权。对于绿色技术而言，企业开发的这项新技术有较大的外部效益（社会、环境等效益），政府更应该对这项技术创新进行适当的财政补贴，激励企业开展科技创新。政府补贴可以认为是政府对企业以及所处行业发出的认可信号，这种认可信号可以帮助其他投资者为企业提供更多的创新资源。相对于具有组织和管理优势的国营企业而言，民营企业由于自身资源的劣势，面临资源和资金方面的约束，民营企业开展绿色创新本身就难能可贵，政府应通过财政补贴拓宽其融资渠道，减小企业绿色技术创新的成本压力，保证绿色技术创新的顺利实施。

3.2 企业组织结构创新模型

新产品的生产和新技术的应用，需要相适应的企业组织结构和运行机制作保障。在新古典经济学中，经济增长取决于模型的外生变量。因此，研究者以科布-道格拉斯生产函数为基础，变换函数的形式和参数，继续探求影响经济增长的内生因素，并引入其他因素影响经济增长问题的变型函数，例如罗默的“干中学”和知识外溢模型、人力资本模型等。这些方法并不能直接描述组织结构的具体变革，本节根据绿色创新的特点，采用“超边际分析”方法研究企业组织变革的机理并进行技术经济分析。

杨小凯[187]认为边际分析无法解决分工的问题，进而引入了超边际分析。超边际分析就是将产品的种类、厂商的数量和交易费用等因素纳入到分析框架中的分析方法。超边际分析方法主要包括角点均衡和全部均衡两个方面，通过比较各个角点解的局部最大值，从中产生整体最优解，与新古典经济学相比，新兴古典经济学的每个均衡都是基于角点解，全部均衡只是众多角点均衡中的一个。全部均衡需要满足以下两个条件：（1）在给定价格和选择各种模式的人数时，每个人选择相应的专业化水平和特定模式使效用达到最大化；（2）相对价格和选择各模式的人数使供求相等，也使效用在一个结构的各模式间相等。每个角点均衡解决给定分工水平的资源分配问题，而全部均衡决定分工的水平和结构。由于新古典经济学只解决了资源分配问题，不能解决内生分工水平和结构问题，因此和新古典经济学相比，新兴古典经济学的每个角点均衡都相当于一个新古典经济学中的全部均衡。

3.2.1 建模思路

江西某环保公司在开发出高效率的生化膜处理装置后，由原来的针对特定的用户需求，设计、建设高效率生化膜污水塔，转变为定设计不同型号（以日污水处理量衡量），专业化、规范化制造生化膜污水处理装置，提供产品服务社会。为了适应这一转变，必须进行企业组织结构和运行机制的改革。

由图 3.4 可知，将原来设计、建造及后续服务称为统揽建造模式（见图 3.4(a)）；转变为非核心零部件外包生产，本公司仅负责设计、核心部件制作、总装、销售称为定型设计、专业化生产模式，非核心零部件可能不止一个企业生产，不失一般性，简化为一个企业生产（图 3.4（b））。

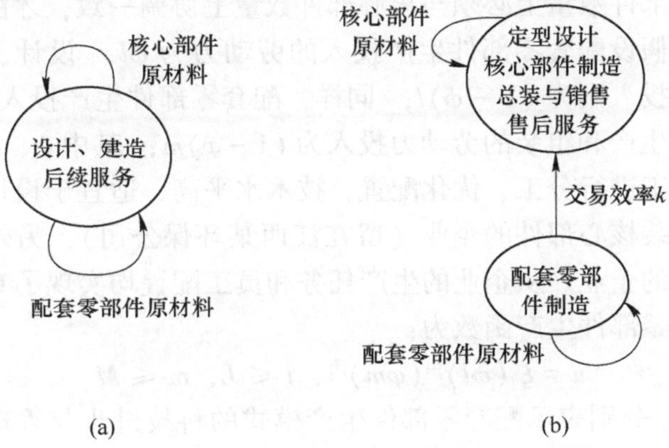

图 3.4 两种生产模式

（a）统揽建造模式；（b）定型设计、专业化制造模式

分别就两种组织模式建立数学模型，企业投入产出采用柯布-道格拉斯生产函数；求出最优解以后，对两种生产组织方式的优劣进行比较。

设污水处理装置的生产函数为：

$$U = \xi l^{\alpha} m^{\beta} \tag{3.5}$$

式中，U 代表生产污水处理装置的净效益；ξ 为科技进步、管理效率系数；l、m 分别为投入的劳力和资金；α、β 分别为劳力与资金生产效率指数。

$\dfrac{\partial u}{\partial l} = \xi l^{\alpha-1} m^{\beta} \geqslant 0$，表示边际劳动生产率大于 0；同样边际资金生产率也大于 0。平均劳动生产率 $\bar{l} = U/l = \xi l^{\alpha-1} m^{\beta} \geqslant 0$，表示劳动具有规模效益；同样投资也具有规模效益。

3.2.2 模型构建及求解

3.2.2.1 统揽模式

设生产函数为：

$$U = \xi_0 l^{\alpha_0} m^{\beta_0},\ l \leqslant L,\ m \leqslant M$$

式中，ξ_0、α_0、β_0 分别表示统揽生产模式的科技进步与管理效率系数、劳力与资金生产效率指数；L 为劳动力总数；M 为可供利用的资金数量。

生产函数是 l、m 的增函数，其最优解为角点解：

$$U_0 = \xi_0 L^{\alpha_0} M^{\beta_0} \tag{3.6}$$

3.2.2.2 定型设计、专业化制造模式

由于配套零部件数量上必须与核心部件数量上协调一致，才能组装成有效的污水处理装置。假设配套零部件生产投入的劳动力为 ϕl，设计、生产和组装核心部件的劳动力投入则为 $(1-\phi)l$；同样，配套零部件生产投入的资金为 φm，设计、核心部件生产和组装的劳动力投入为 $(1-\varphi)m$；其中 ϕ、φ 为已知值。这样就要将企业员工进行分工、优化配置，技术水平高、适宜于设计的员工分配到设计、生产和组装核心部件的企业（留在江西某环保公司），另外的员工分配到生产配套零部件的企业。从企业的生产任务和员工配置均实现了专业化。

那么，配套零部件生产函数为：

$$u = \xi_1(\phi l)^{\alpha_1}(\varphi m)^{\beta_1}, \ l \leqslant L, \ m \leqslant M \tag{3.7}$$

式中，ξ_1、α_1、β_1 分别表示配套零部件生产模式的科技进步与管理效率系数、劳力与资金生产效率指数。

设零部件企业与设计、生产核心部件的企业之间为市场交易关系，考虑零部件与核心部件之间的交易还有一定的交易费用（交易效率系数为 k）。零部件的生产必须与设计、生产核心部件和组装集成为成套污水处理装置。设其生产函数为：

$$U_2 = \{k[\xi_1(\phi l)^{\alpha_1}(\varphi m)^{\beta_1}]\xi_2[(1-\phi)l]^{\alpha_2}[(1-\varphi)m]^{\beta_2}\}^{1/2}, \ l \leqslant L, \ m \leqslant M \tag{3.8}$$

简化得：

$$U_2 = k^{1/2}(\xi_1\xi_2)^{1/2}\phi^{\alpha_1/2}(1-\phi)^{\alpha_2/2}\varphi^{\beta_1/2}(1-\varphi)^{\beta_2/2}l^{(\alpha_1+\alpha_2)/2}m^{(\beta_1+\beta_2)/2}, \ l \leqslant L, \ m \leqslant M \tag{3.9}$$

其最优解也是角点解：

$$U_2^* = (k\xi_1\xi_2)^{1/2}\phi^{\alpha_1/2}(1-\phi)^{\alpha_2/2}\varphi^{\beta_1/2}(1-\varphi)^{\beta_2/2}L^{(\alpha_1+\alpha_2)/2}M^{(\beta_1+\beta_2)/2} \tag{3.10}$$

令 $(k\xi_1\xi_2)^{1/2}\phi^{\alpha_1/2}(1-\phi)^{\alpha_2/2}\varphi^{\beta_1/2}(1-\varphi)^{\beta_2/2} = \xi^*$，$(\alpha_1+\alpha_2)/2 = \alpha^*$，$(\beta_1+\beta_2)/2 = \beta^*$，式（3.10）可以写为：

$$U^* = \xi^* L^{\alpha^*} M^{\beta^*} \tag{3.11}$$

除了科技进步与管理效率系数、劳力与资金生产效率指数不同，最优解结构与式（3.6）相同。比较式（3.6）和式（3.10）可知，由于两个企业及其员工均进行了专业化分工，污水处理集成装置采取定型化设计、专业化制造，虽然在零部件与设计、核心部件生产和组装成套污水处理装置存在交易费用，那么存在

$$(k\xi_1\xi_2)^{1/2}\phi^{\alpha_1/2}(1-\phi)^{\alpha_2/2}\varphi^{\beta_1/2}(1-\varphi)^{\beta_2/2} > \xi_0 \tag{3.12}$$

即企业组织结构改革后包括交易效率在内的科技进步与管理效率系数比原来的统筹模式大。同样存在

$$(\alpha_1+\alpha_2)/2 > \alpha_0, \ (\beta_1+\beta_2)/2 > \beta_0 \tag{3.13}$$

企业组织结构改革后，平均劳动力与资金生产效率指数生产效率指数比以前的统筹模式大。

所以定型设计、专业化制造模式比统揽生产模式更优：

$$\xi^{*} L^{\alpha^{*}} M^{\beta^{*}} > \xi_0 L^{\alpha_0} M^{\beta_0} \tag{3.14}$$

3.2.3 结果分析与建议

实行专业化分工以后，企业的生产效率比统揽生产模式的高。绿色企业产品和技术创新后，一定要进行组织结构和运行机制创新，使设计、生产核心部件及组装企业和各个零部件生产企业均能专注于某一部件的生产制造，企业的科技进步与管理效率得到提高，劳动力和资金生产效率指数也随之增加，由此促进绿色创新效率的提升。企业组织结构应该朝着扁平化、网络化、无边界化的方向发展，以不断适应外部需求的变化，满足专业化生产的需求。企业可通过契约的形式建立有效的企业联盟来减少交易费用。为了减少交易费用，设计、生产核心部件和组装企业可与多个零部件的供应商和销售商建立供销关系，另外，还可以与非经济目标的环境利益相关者（高等院校、科研院所及设备用户等）建立互相信任的合作关系。实施绿色创新战略的企业将利益相关者纳入战略管理中，使企业不断倾听利益相关者的诉求和呼声，特别是当地社区、政府、公众及消费者的利益诉求。通过生产绿色产品，引进高效的环境管理系统，还可以树立绿色形象，并依靠公共关系部门处理和改善与利益相关者的关系，使企业取得同行的信任、合作以及亲密关系，借此建立有效的企业联盟，为企业争取更多的社会资源，提高利益相关者的满意度，不断满足顾客的市场需求，进而提高绿色产品的市场占有率，提升企业的绿色创新绩效。

这个模型依据江西某环保公司的情况构造的，对其他案例适当改变结构，数学原理基本一致。

3.3 供给侧结构性改革数学模型

3.3.1 建模思路

从江西某环保公司的案例可知，分布式污水处理装置具有处理污水效率高、污水收集管网成本低，运行管理操作简单等特点。但用户一方还存在各种问题，例如污水处理装置出售给用户以后，由用户进行运行管理，不同用户专业水平和管理能力有差，设备维修保养不及时；有些用户一时筹集不到购买设备的资金等。为了进一步拓展市场、取得更好的社会效益，公司需要进一步适应用户需求，进行供给侧结构性改革。由于污水处理集成装置本身均安装了相关运行控制、信息收集与显示设备，利用互联网等现代信息技术，企业能够快速、有效地监控、收集污水处理装置运行信息和远程控制指挥现场操作人员；用户也可以通过互联网监控运行过程。这样公司可以根据用户需求提供并安装污水处理设备，公司技术人员运行管理和维护设施，最后按照处理的污水量或削减的污染物数量收取费用。

如图 3.5 所示，原来企业出卖污水处理设备，用户负责运行管理，企业还要进行一定的售后服务（见图 3.5（a）），产业业态转变后，企业根据需求安装设备，并进行管理运行和设备维护，用户按照污水处理数量或污染物消减量向企业缴纳污水处理费用（见图 3.5（b））。形成生活污水第三方治理这一政府大力提倡的模式。

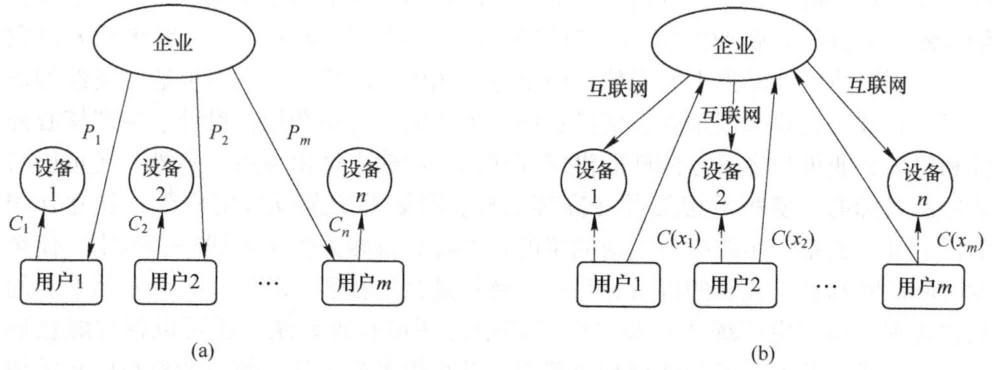

图 3.5 两种不同的经营模式

（a）提供设备模式；（b）提供服务模式

由于有些用户不止 1 台设备，所以用户数与设备数不相等，以下的分析均按照设备数量计算，以年费用为单元。设每套污水处理装置成本为 $P(x_i)$，x_i 表示每日污水处理量，$P(x_i)$ 是 x_i 的增函数。在经济寿命期 s 年内，将一次性支付的设备成本按照贴现率 r_0 等值分摊到每年，设等额系列现值因子 $R_0 = \frac{r_0(1+r_0)^s}{(1+r_0)^s - 1}$，那么每套污水处理装置成本 $P(x_i)$ 分摊的年费用为 $R_0 P(x_i)$。

3.3.2 模型构建与求解

3.3.2.1 企业提供设备

企业提供设备的模式的费用由用户支付，根据前面的设定，所有用户 m 套污水处理设备每年的年等值分摊费用为 $\sum_{i=1}^{m} R_0 P(x_i)$。又设每套设备年运行维护费用为 $365C_0(x_i)$，由于 x_i 表示日污水处理量，故乘以 365，得到年费用。这样用户每年支付的费用为：

$$\sum_{i=1}^{m} R_0 P(x_i) + \sum_{i=1}^{m} 365 C_0(x_i) = \sum_{i=1}^{m} [R_0 P(x_i) + 365 C_0(x_i)] \quad (3.15)$$

3.3.2.2 企业提供服务

企业提供服务的模式，其费用由企业支付（年底用户再支付给企业）。按照前面的设定，所有用户 m 套污水处理设备每年的年等值分摊费用为 $\sum_{i=1}^{m} R_0 P(x_i)$。又设每套设备年运行维护费用为 $365C_1(x_i)$。那么，企业每年支付的费用为：

$$\sum_{i=1}^{m} [R_0 P(x_i) + 365 C_1(x_i)] \quad (3.16)$$

由于企业实行专业化、规模化经营管理一个区域的所有污水处理设施，运行管理费用 $C_1(x_i)$ 比用户运行管理费用 $C_0(x_i)$ 低，所以

$$\sum_{i=1}^{m} [R_0 P(x_i) + 365 C_1(x_i)] < \sum_{i=1}^{m} [R_0 P(x_i) + 365 C_0(x_i)] \quad (3.17)$$

从式（3.17）可以看出，“互联网+污水处理”使污水处理的成本降低，有利于社会福利的提高。

3.3.3 结果分析与建议

供给侧结构性改革使企业从提供污水处理设施转变为提供污水处理服务，还具有提高污水处理质量和可靠性，缓解用户一次性支付设备费用筹资难的问题，取得较好的经济、社会和生态环境效益。对于地方政府而言，不需要直接管理污水处理，只需要通过互联网监控污水处理过程，按照污水处理质量和数量，将自来水公司代收的污水处理费转付给污水处理公司；对于民众而言，只需缴付污水处理费，生活污水便得到有效处理；对于社会而言，公司进行专业化管理运行和设备维护，在政府有关部门监督下，污水处理效率高，保护了生态环境；对于公司而言，扩大了市场，增加了收益，体现了企业的社会价值。

“互联网+”不能只停留在口号化、标签化，而是要充分利用互联网深入实体经济内部形成新的增长点。互联网技术和传统经济的结合，发展信息技术，推广智慧应用，实现产业的再造，是一个质的变化。对于实施绿色创新的企业来说，应利用互联网+实体经济，不断了解本行业绿色技术变化，及时引用和开发清洁生产设备，淘汰落后的高能耗的工艺，且通过相关网站互动，及时了解消费者的绿色需求以适应市场变化，获得政府、社会公众、消费者等利益相关者的赞誉，满意度得以提升，从而提高企业声誉，使企业在激烈的市场竞争中获取竞争优势。

供给侧结构性改革首先是自觉满足不断变化的市场需求，另一方面，也可以引导需求、扩大需求。需求品质的提高和需求量的扩大，可进一步促进企业的绿色转型。

3.4 本章小结

通过案例研究归纳出绿色创新的技术路径，即传统工艺→清洁生产技术创新→绿色产品链创新→绿色产业转型升级4个阶段，从整个技术路径中提炼出3个重要环节：绿色产品的科研开发、与绿色产品相适应的企业组织结构和运行机制改革、供给侧结构性改革以适应绿色转型的需求。利用相关经济学理论，构建了这3个环节的数学模型，通过模型求解，对各阶段转化的技术经济条件进行了深入分析，并对结果进行了讨论，从微观层面，给出了促使企业绿色创新的发展建议。

4 绿色创新中的制度设计——利益相关主体的博弈分析

绿色创新作为一种新的生产方式，很难在缺乏制度推动的条件下自动完成。制度经济理论认为，技术创新和制度因素是经济增长的两大主要因素，二者是创新理论的两大分支。绿色创新受到传统观念和利益相关者各方的压力等因素的制约，很难在封闭的环境中进行，良好的制度安排能对绿色创新起到激励作用。

绿色创新要遵循“创新、协调、绿色、开放、共享”的发展理念，是在诸多利益主体（各利益相关者）的共同参与下完成的，是各利益主体从矛盾冲突、协调均衡，到最终实现互惠共赢的合作博弈过程。因此，需要从不同角度分析相关创新主体的行为，随着绿色创新的深入发展，各利益相关者的诉求更加多元复杂，矛盾也必将进一步深化，需要更多成熟的理论方法去探析内部利益关系，以求研究更接近现实。本研究从博弈论这一新的视角，继续从微观层面，分析绿色创新的三个主要利益相关者——地方政府、企业和消费者之间的关系，构建“地方政府—企业”“企业—消费者”两组动态博弈模型，利用雅可比矩阵的稳定性判断影响博弈方策略选择的几个参数及其之间的关系，以期建立各利益相关者的均衡机制，为实现绿色创新及相关利益者的和谐统一提供理论依据和决策支持。

4.1 博弈论相关内容

4.1.1 博弈概述

博弈论是描述和研究参与者之间策略相互依存和相互作用的一种决策理论，原本是数学运筹中的一个分支，运用了种种数学工具，来研究众多参与者之间的竞争和合作关系。

博弈模型的构建一般包括以下几个基本要素：（1）博弈方（决策主体）。博弈存在的必要条件是至少有两名参与者（组织或个体等）；博弈一方的选择受其他博弈方的影响，各方选择相互作用、互相影响。（2）博弈方有自己能够选择的策略。策略就是计策，是博弈方所选择的手段和方法，是博弈参与者直接针对某个具体问题所采取的应对方式，参与者在采取行动前不仅要考虑自身的利益和目的，也要考虑其他参与者的行为决策对自身造成的影响。各个博弈参与者的策略选择可形成策略组合，每个参与者的策略选择范围成为策略空间。（3）参与博弈的收益或效用。博弈方要有参与博弈的收益，利益是博弈方参与博弈的前提，博弈方的每一个策略选择都对应相应的利益得失，可以是经济利益或非经济利益（效用）等。(4) 博弈方拥有一定量的信息。信息量是参与博弈的一个重要因袭，掌握信息的多少和质量对博弈结果有决定作用[188,189]。

4.1.2 序贯博弈

序贯博弈是一种完全信息下的动态博弈，指参与者选择策略有时间先后的博弈形式，它是一种较为典型的动态博弈。各博弈方行动有先后顺序是序贯博弈的最显著的特点。通常采用博弈树和逆向推导法来找出最优策略。

博弈树是用来描述序贯博弈的几何技术（见图 4.1），这种树形图形被称为博弈的“扩展式”，博弈树一般由结点、枝和最终的结果支付组成，结点是指博弈先后顺序经过的博弈方，包含行动结、初始结和终点结，行动结是指每个阶段的博弈方；初始结是指博弈首先开始的点（博弈方）；终点结是指每个博弈行动最后的结点。枝是指每个行动结上可以选择的行动。结果与支付是指参与人沿着导致某一特定行动序列的树枝进行所得到最后支付，支付表中的顺序按照行动顺序排列。

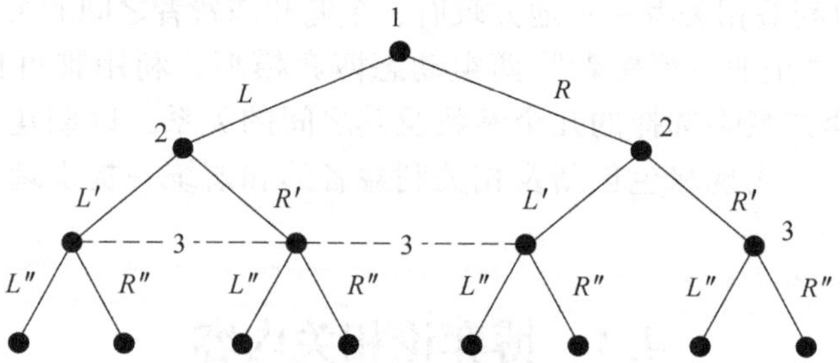

图 4.1 博弈树

逆推归纳法定义为：从动态博弈的最后一个阶段博弈方的行为开始分析，逐步倒推回前一个阶段相应博弈方的行为选择，一直到第一个阶段的分析方法，主要思路是：从最后一步寻找对于这一步结点的博弈方的最优支付，将不是最优的“树枝”放弃，继续向前寻找前一步结点（博弈方）的最优支付，将前一步不是最优的“树枝”放弃，最终回到第一步初始点延伸的“树枝”，和最先开始行动的博弈方对比，确定最好的支付是哪根“树枝”，最后将所有保留的每一步最优的路径连接起来。

对于序贯博弈而言，后行动者可以观察到先前行动者已经采取的策略或行动，以此为基础，后行动者需要对未来可能结果和支付进行权衡，进而做出当前的行动选择或者策略选择。

4.1.3 演化博弈

经典博弈理论是20世纪80年代以来的经济学快速发展和影响最大的分支。在短短的几十年中，经典博弈理论发生了翻天覆地的变化，取得了巨大的成功，但同时也逐渐暴露出一些棘手的问题。其中，对经典博弈理论发展的最大、最严重的威胁是它的完全理性，即人的理性行为是前提条件。目前，“完全理性”的假设是合作博弈和非合作博弈理论假设的前提。最大化自身利益为最大目标是完全理性要求参与人在任何情况下都必须考虑到的，同时还要求他们即使在任何复杂的博弈环境中具有完美的判断和预测能力；不仅要求他们自己有完美的理性，同时还要求相互信任对方的合理的理性，有理性的常识，具有学习改变事情的能力。但是这种近乎苛刻的完全理性的假设与现实情况严重不符，因为它要求所有人不能犯任何错误，不能冲动和不理性，并在此基础上还要相信对方也是完全理性的个体。事实上，所有参与人在个人选择中肯定会犯错误，集体决策同样也会犯错误。换句话讲，所有参与人在大多数复杂的决策情况下的表现都无法满足这种近乎完美的理性要求[182]。

对完全理性的质疑和困惑，使演化博弈论迅速发展并壮大起来。与经典博弈理论相比较，演化博弈理论假设所有参与人都是有限理性的，对信息变化做出迅速的最优反应是每个经济系统中参与人不能完全具备的，它刻画出人们逐渐调整自己走向最优的一个动态过程。具体地讲，演化博弈理论在以下几个方面更与事实相符合：

（1）演化博弈论思想的根源是达尔文的生物进化论以及拉马克的遗传基因理论，以有限理性为前提，认为参与人对世界的认知状态是有限的，各个参与人的知识水平也是有限的。一般地，参与人并不能完全最大化自己的利益，幼稚是他们的一般共性，即参与人不相信他们现在的行为会影响对手未来的选择，参与人是根据对手如何行动的博弈历史来决策自己目前的行动方案，同时也通过对历史的观察和学习来提高参与人对成功和不成功策略的认识。

（2）演化博弈理论研究对象是参与人种群。对于单个的种群，主要是研究该群体内部个体之间行为的相互影响；种群与个体之间的行为影响以及不同种群的个体之间的相互影响是多种群的研究对象。演化博弈理论是从系统论出发，把种群行为的逐步调整过程看成是一个动态系统，个体通过学习、模仿等动态调整过程来作出决策，其均衡的结果是要依赖于博弈的初始状态，当外部环境发生改化时，博弈的演化路径会受到影响。

（3）演化博弈理论的基本概念是演化稳定策略，这个概念虽然是静态的描述，但是却能动态描述系统发展到一定程度的稳定性，参与人行为的稳定性用它可以预测，从而能够有效地对整个系统经济宏观调控。

(4) 演化博弈论是从有限理性出发，强调动态过程的变迁，认为参与人的行为是通过不断学习、模仿动态调整的才能达到均衡，或者即使调整系统也无法达到均衡的，总是处在一个向均衡接近的过程。当系统有多个均衡时，究竟达到哪一个均衡依赖于演化的初始状态和演化动态调整方程。而且与经典博弈理论总是从负面描述不同，演化博弈理论中的有限理性，都是从正面给出博弈人如何学习，如何决策，演化博弈分析的关键是如何确定博弈人的学习机制和决策过程，如何根据具体情况来刻画博弈人的学习和决策过程[182]。

受认知能力的限制，有限理性的个体通常会根据习惯、常规和经验进行某种活动，人类不可能像传统博弈论所描述的那样通过复杂计算获得最佳反应战略。但是人类可以通过不断学习和比较来选择策略，从本质上说，人类的学习和生物进化相似。因此，John Maynard Smith 于 1973 年将进化论的思想引入到博弈论中，形成了演化博弈论。

演化博弈将博弈理论分析和动态演化过程分析结合起来，在方法论上，不同于博弈论将重点放在静态均衡和比较静态均衡上，演化博弈强调的是一种动态的均衡。如今，经济学家们运用演化博弈论分析社会习惯、规范、制度或体制形成的影响因素以及解释其形成过程，也取得了令人瞩目的成绩。演化博弈论目前成为演化经济学的一个重要分析手段，并逐渐发展成一个经济学的一个新的领域[189]。

种群是演化博弈论的研究对象，演化博弈不是分析单个行为个体，而是分析种群结构行为和结构的变迁，“进化稳定策略”和“复制动态”是演化博弈的两个重要概念。演化稳定策略又称为进化稳定策略（ESS），当一个系统处于进化稳定均衡的吸引域范围之内时，它就能够抵抗来自外部的小冲击，其定义为：

如果策略 s^* 是进化稳定策略（ESS），当且仅当：

(1) s^* 构成一个纳什均衡，即对于任意的 s，都有 $u(s^*, s^*) \geqslant u(s^*, s)$；

(2) 如果 $s^* \neq s$，满足 $u(s^*, s^*) = u(s^*, s)$，则必有 $u(s^*, s^*) > u(s, s)$。

也就是说，突变者在自然选择的压力下，只能在演化稳定策略和退出系统两者之中做出选择，与传统的纳什均衡相比，ESS 的概念要更加严格一些，因为所有的进化稳定策略（ESS）必定是纳什均衡。

在一个种群中，复制动态是用来描述某一特定的策略被采纳的频率的动态微分方程，主要假定为给定的策略类型的单复制率正比于适应度之差，用以下微分方程给出：

$$\frac{1}{x_k}\frac{dx_k}{dt} = [u(k, s) - u(s, s)], \quad k = 1, \cdots, n \tag{4.1}$$

式中，k 为不同的策略；x_k 为种群中采用策略 k 的比例；$u(k, s)$ 表示采用策略 k 时的适应度；$u(s, s)$ 表示的是平均适应度。

本章将结合博弈论中的序贯博弈和演化博弈的思想，从相关利益主体实施绿色创新的动力、意愿方面对创新主体的行为决策过程进行博弈分析。

4.2 地方政府—创新企业的博弈分析

4.2.1 模型假设

模型假设如下：

（1）作为社会利益包括公众利益的代表者——地方政府（简称“政府”）对企业的策略选择有两个：监督和不监督。企业实施绿色创新的概率为 x，政府监督的概率为 y。在有限理性和不完全信息条件下，选择监督一定有补贴，不监督就没有补贴。企业应对政府有两个策略选择：实施绿色创新和不实施绿色创新（即按照传统方式生产）。

（2）D_1、D_2 分别是企业实施和不实施绿色创新的直接经济效益；A 为政府对企业实施绿色创新的补贴；L 为企业实施绿色创新时社会获得的长期效益即经济社会环境效益（随时间递增）；S 为企业不实施绿色创新时社会得到的短期效益（主要是经济效益，随时间递减）；K 为政府监督成本；F 为政府监督企业并给予补贴的情形下，企业不实施绿色创新，污染物超标排放或损害公众利益事件发生时，政府给予企业相应的罚款。

（3）为充分说明问题，引入社会舆论监督机制，政府监督条件下，企业实施绿色创新得到宣传会获得良好声誉，由此带来的附加经济效益记为 R_0，参考文献［191］，引入声誉机制，认为政府不实施监督的情况下，声誉效益损失为 P_1。

4.2.2 模型构建

根据以上模型假设，得到政府与企业的博弈矩阵（见表 4.1），博弈树如图 4.2 所示。

表 4.1 政府与企业的博弈矩阵

策略		企业	
		实施（x）	不实施（$1-x$）
地方政府	监督（补贴）y	$L-A-K$, D_1+A+R_0	$S+F-A-K$, $D_2+A-F-R_0$
	不监督（不补贴）$1-y$	$L-P_1$, D_1	$S-P_1$, D_2

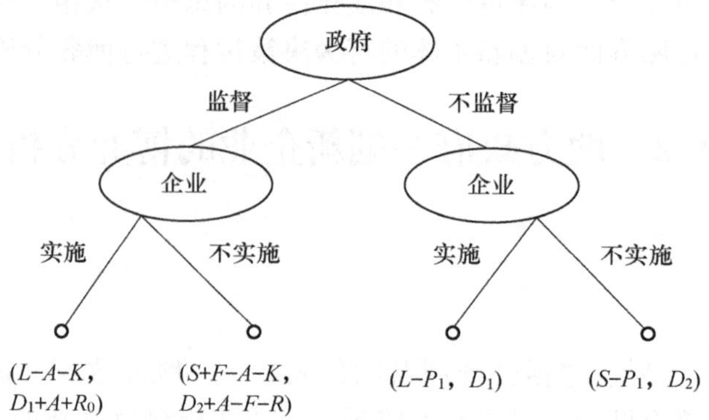

图 4.2 地方政府—创新企业模型博弈树

4.2.3 博弈模型的复制动态方程及局部平衡点

政府实行监督与不监督的期望收益 U_{y1}、U_{y2} 及政府的平均期望收益 $\overline{U}_y$ 分别为：

$$\begin{aligned}U_{y1} &= x(L-A-K)+(1-x)(S+F-A-K)\\U_{y2} &= x(L-P_1)+(1-x)(S-P_1)\\\overline{U}_y &= yU_{y1}+(1-y)U_{y2}\end{aligned}\tag{4.2}$$

企业实施与不实施绿色创新的期望收益 U_{x1}、U_{x2} 及企业的平均期望收益 $\overline{U}_x$ 分别为：

$$\begin{aligned}U_{x1} &= y(D_1+A+R_0)+(1-y)D_1\\U_{x2} &= y(D_2+A-F-R_0)+(1-y)D_2\\\overline{U}_x &= xU_{x1}+(1-x)U_{x2}\end{aligned}\tag{4.3}$$

由方程式（4.2）和式（4.3）可分别得出企业采用实施绿色创新策略、政府采用监督时的复制动态方程为：

$$F(y)=\frac{\mathrm{d}y}{\mathrm{d}t}=y(U_{y1}-\overline{U}_y)=y(1-y)(-Fx+F+P_1-A-K)\tag{4.4}$$

$$F(x)=\frac{\mathrm{d}x}{\mathrm{d}t}=x(U_{x1}-\overline{U}_x)=x(1-x)[y(2R_0+F)+D_1-D_2]\tag{4.5}$$

欲使博弈主体有进化稳定策略，必须同时满足：

$$\begin{cases}F(x)=\dfrac{\mathrm{d}x}{\mathrm{d}t}=0\\F(y)=\dfrac{\mathrm{d}y}{\mathrm{d}t}=0\end{cases}\tag{4.6}$$

求解以上微分方程分别得到以下解：

$$x = 0,\ x = 1,\ y^* = \frac{D_2 - D_1}{2R_0 + F}$$

$$y = 0,\ y = 1,\ x^* = \frac{F + P_1 - A - K}{F}$$

因此，政府与企业组成的博弈矩阵的局部均衡点有 5 个，即

$$O(0,\ 0)、A(0,\ 1)、B(1,\ 0)、C(1,\ 1)、$$

$$D\left(x^* = \frac{F + P_1 - A - K}{F},\ y^* = \frac{D_2 - D_1}{2R_0 + F}\right)$$

4.2.4 均衡点分析及稳定性讨论

根据 Friedman[190] 提出的方法，微分方程系统描述的是群体动态，其均衡点稳定性可由该系统的雅可比（Jacobi）矩阵的局部稳定性分析得到，由式（4.4）和式（4.5），可得该系统的 Jacobi 矩阵（Matrix）对应的行列式（determinant $\boldsymbol{J}$）及其迹（trace）分别为：

$$\mathrm{Det}\boldsymbol{J} = \begin{vmatrix} \frac{\partial F(x)}{\partial x} & \frac{\partial F(x)}{\partial y} \\ \frac{\partial F(y)}{\partial x} & \frac{\partial F(y)}{\partial y} \end{vmatrix} = \frac{\partial F(x)}{\partial x} \times \frac{\partial F(y)}{\partial y} - \frac{\partial F(x)}{\partial y} \times \frac{\partial F(y)}{\partial x}$$
$$= (1 - 2x)[y(2R_0 + F) + D_1 - D_2](1 - 2y)(-Fx + F + P_1 - A - K) - x(1 - x)(2R_0 + F)y(1 - y)(-F) \tag{4.7}$$

$$\mathrm{Tr}\boldsymbol{J} = \frac{\partial F(x)}{\partial x} + \frac{\partial F(y)}{\partial y} = (1 - 2x)[y(2R_0 + F_1) + D_1 - D_2] + (1 - 2y)(-F_1x + F_1 + P_1 - A - K) \tag{4.8}$$

上述 5 个均衡点对应的 Det$\boldsymbol{J}$ 和 Tr$\boldsymbol{J}$ 的结果见表 4.2，根据系统稳定性的判定条件，即按照 Friedman[190] 研究结果，均衡点对应的 Det$\boldsymbol{J}$ 的符号大于 0，Tr$\boldsymbol{J}$ 的符号小于 0 时，才具有进化稳定策略（ESS）。

对 5 个局部平衡点进行稳定性讨论。不失一般性，本研究假定博弈矩阵中涉及的参数均大于 0。

表 4.2 地方政府—创新企业系统雅可比矩阵 Det$\boldsymbol{J}$、Tr$\boldsymbol{J}$ 结果

均衡点	Det$\boldsymbol{J}$	Tr$\boldsymbol{J}$
O (0, 0)	$(D_1-D_2)(F+P_1-A-K)$	$D_1-D_2+F+P_1-A-K$
A (0, 1)	$(2R_0+F+D_1-D_2)(A+K-P_1)$	$2R_0+F+D_1-D_2+A+K-P_1$

续表 4.2

均衡点	Det$J$	TrJ
B（1，0）	$(D_2-D_1)(P_1-A-K)$	$D_2-D_1+P_1-A-K$
C（1，1）	$(2R_0+F+D_1-D_2)(P_1-A-K)$	$A+K-P_1+D_2-D_1-F_1-2R_0$
D（x^*，y^*）	$\dfrac{(A+K-F-P_1)(2R_0+F+D_1-D_2)(A+K-P_1)(D_2-D_1)}{F(2R_0+F)}$	0

企业在实施绿色创新时，因为有技术和市场环境的不确定性，以及绿色创新的研究开发成本较高，会使企业失去实施传统生产方式的部分经济效益，短期内直接经济效益可能小于传统生产方式的经济效益即 $D_1<D_2$。如果 $P_1-A-K>0$，恒有 $F+P_1-A-K>0$，同理当 $F+P_1-A-K<0$，恒有 $P_1-A-K<0$。如果 $P_1-A-K<0$，则 $F+P_1-A-K$ 的符号不确定。故当 $P_1-A-K>0$ 时，只需讨论 $2R_0+F_1+D_1-D_2$ 是否大于 0。在此条件下，共需讨论 4 种情况，结果见表 4.3。

表 4.3 政府—企业系统的局部稳定分析结果

条　件	均衡点	Det$J$（符号）	TrJ（符号）	结　果
$F+P_1-A-K<0$ $2R_0+F+D_1-D_2>0$	O（0，0）	+	−	稳定（ESS）
	A（0，1）	+	+	不稳定
	B（1，0）	−	+/−	不稳定
	C（1，1）	−	+/−	不稳定
	D（x^*，y^*）	+	0	鞍点
$F+P_1-A-K<0$ $2R_0+F_1+D_1-D_2<0$	O（0，0）	+	−	稳定（ESS）
	A（0，1）	−	+/−	不稳定
	B（1，0）	−	+/−	不稳定
	C（1，1）	+	+	不稳定
	D（x^*，y^*）	−	0	鞍点
$2R_0+F+D_1-D_2<0$ $P_1-A-K>0$	O（0，0）	−	+/−	不稳定
	A（0，1）	+	−	稳定（ESS）
	B（1，0）	+	+	不稳定
	C（1，1）	−	+/−	不稳定
	D（x^*，y^*）	−	0	鞍点

续表 4.3

条 件	均衡点	Det$J$（符号）	TrJ（符号）	结 果
$2R_0+F+D_1-D_2>0$ $P_1-A-K>0$	O (0, 0)	−	+/−	不稳定
	A (0, 1)	−	+/−	不稳定
	B (1, 0)	+	+	不稳定
	C (1, 1)	+	−	稳定（ESS）
	D (x^*, y^*)	+	0	鞍点

（1）当 $F+P_1-A-K<0$，$2R_0+F+D_1-D_2>0$ 或 $2R_0+F+D_1-D_2<0$，政府对企业虽进行监督具有补贴（K），但是企业不实施绿色创新时处罚力度（F）小，或不增强社会舆论的监督力量，使得政府和企业的声誉受损（P_1），使得二者之和小于补贴与监督成本之和，系统将收敛于（不监督，不实施），即 $O(0, 0)$ 点。当 $F+P_1-A-K<0$ 时，无论 $2R_0+F+D_1-D_2$ 是否大于0，系统都只有（0，0）一种进化稳定策略。这种情况下，企业会仍然按照传统方式进行生产，以牺牲环境为代价，换取目前的经济利益（D_2），对企业和产业的可持续发展是很不利的。

（2）当 $2R_0+F+D_1-D_2<0$，且 $P_1-A-K>0$，罚款力度(F)小，企业实施绿色创新时，因为政府的表彰宣传力度不大，造成企业收获社会的声誉效益（R_0）不高；政府在社会舆论的严格监督下，使得不监督造成的声誉损失增大（P_1），因此双方的策略选择倾向于（监督，不实施）。但是这种情况与现实情况是不符的，政府作为社会利益的代表者，保证自身的有效运转，当补贴超过一定额度时，政府不会无限补贴下去，最终使系统由（监督，不实施）向（不监督，不实施）演化。因此，要使系统向（实施，补贴）演化，必须加大对按照传统方式生产造成污染物超标排放或损害公众利益事件的企业的处罚力度（F）。

（3）当 $2R_0+F+D_1-D_2>0$，且 $P_1-A-K>0$ 时，政府在社会舆论的严格监督下，对企业不进行监督，由此造成较大的声誉效益损失（P_1），为此，政府除对实施绿色创新的企业进行补贴外，还要增加对按照传统方式生产企业的罚款力度（F），同时增加对绿色创新企业的表彰宣传力度，使实施绿色创新的企业获得较多的声誉效益（R_0），由以上分析可以看出，要促使企业实施绿色创新，除了政府加强监督、进行补贴外，还要对绿色创新企业加大表彰宣传力度，使企业得到一定的荣誉。另外，对仍然按照传统方式生产，发生污染物排放超标或发生损害公众利益事件时，要加大罚款力度。系统演化相位图如图 4.3 所示。

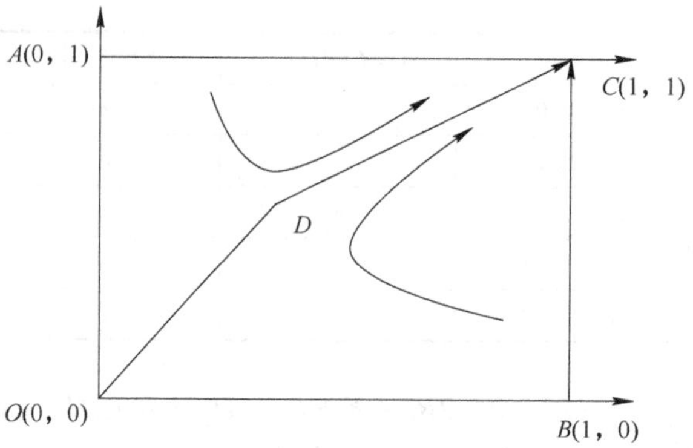

图 4.3 复制动态相位图

4.3 创新企业—消费者的博弈分析

4.3.1 模型假设

企业和消费者作为绿色创新的主要相关利益主体，两者之间的关系较为复杂，两者既有冲突又有协作的一面，企业主要追求经济效益，其次是社会效益，最后才是环境效益；随着绿色产业的快速发展，消费者作为企业实施绿色创新的监督群体，自然要求经济和环境效益并重。由于绿色创新是一个系统工程，消费者主动参与和购买绿色产品是十分重要的。然而，事实上，相对于消费者主动扮演“生态保护者”的角色，人们更多关注的是消费者参与绿色创新发展所获得的效用和价值，把消费者支持或不支持绿色创新混为一谈，从而淡化了消费者作为生态保护者这一重要的角色行为。为此，本章在对模型进行假设时，特别强调了消费者为购买绿色产品，为保护环境付出的成本 P，且 P 大于购买非绿色产品的成本 P_2。

其他假设如下：

（1）企业面向消费者有两个策略选择：应用绿色技术或工艺生产绿色产品与使用非绿色工艺或技术生产非绿色产品。生产绿色产品的概率为 α；消费者购买绿色产品的概率为 β，即应对创新企业的策略有两个：购买绿色产品与不购买绿色产品（即购买非绿色产品）。

（2）企业生产绿色产品的综合效益为 M_1，付出的成本记为 C_1，生产绿色产品时政府会给予相应的补贴 T；消费者购买绿色产品所获得的综合效用为 N_1，付出的成本为 P_1；企业生产非绿色产品的综合效益为 M_2，付出的成本为 C_2；消费者购买非绿色产品的效用为 N_2，付出的成本为 P_2。

(3) 当企业生产非绿色产品时，消费者购买绿色产品，企业因失去机会造成的效益损失记为 F_0。

4.3.2 模型构建

根据以上模型假设，构建出企业—消费者的博弈矩阵，见表 4.4，两者的博弈树如图 4.4 所示。

表 4.4 企业与消费者的博弈矩阵

策略		消费者	
		购买绿色产品 (β)	不购买绿色产品 ($1-\beta$)
企业	生产绿色产品 (α)	M_1+T-C_1, N_1-P_1	$T-C_1$, 0
	生产非绿色产品 ($1-\alpha$)	$-C_2-F_0$, 0	M_2-C_2, N_2-P_2

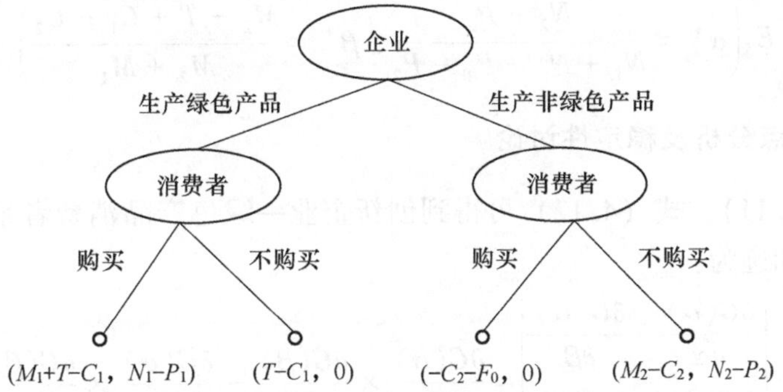

图 4.4 创新企业—绿色产品消费者模型博弈树

4.3.3 博弈模型的复制动态方程及局部平衡点

企业采取生产绿色产品及生产非绿色产品的期望收益 $U_{\alpha1}$、$U_{\alpha2}$及平均期望收益 $\overline{U}_\alpha$ 分别为：

$$\begin{aligned} U_{\alpha1} &= \beta(M_1 + T - C_1) + (1 - \beta)(T - C_1) \\ U_{\alpha2} &= \beta(-C_2) + (1 - \beta)(M_2 - C_2) \\ \overline{U}_\alpha &= \alpha U_{\alpha1} + (1 - \alpha)U_{\alpha2} \end{aligned} \tag{4.9}$$

消费者采取购买绿色产品、不购买绿色产品时的期望收益 $U_{\beta1}$、$U_{\beta2}$及平均期望收益 $\overline{U}_\beta$ 分别为：

$$\begin{aligned} U_{\beta1} &= \alpha(N_1 - P_1) \\ U_{\beta2} &= (1 - \alpha)(N_2 - P_2) \\ \overline{U}_\beta &= \beta U_{\beta1} + (1 - \beta)U_{\beta2} \end{aligned} \tag{4.10}$$

由以上两组等式可分别得出企业采取生产绿色产品，消费者购买的复制动态方程分别为：

$$G(\alpha)=\frac{\mathrm{d}\alpha}{\mathrm{d}t}=\alpha(U_{\alpha1}-\overline{U}_{\alpha})=\alpha(1-\alpha)[\beta(M_2+M_1)+T-C_1+C_2-M_2] \tag{4.11}$$

$$G(\beta)=\frac{\mathrm{d}\beta}{\mathrm{d}t}=\beta(U_{\beta1}-\overline{U}_{\beta})=\beta(1-\beta)[\alpha(N_1+N_2-P_1-P_2)+P_2-N_2] \tag{4.12}$$

令 $G(\alpha)=\frac{\mathrm{d}\alpha}{\mathrm{d}t}=0$，$G(\beta)=\frac{\mathrm{d}\beta}{\mathrm{d}t}=0$ 同时成立，求解得到企业与消费者组成的动态博弈矩阵的局部平衡点为：

$$E_1(0,\ 0)、E_2(0,\ 1)、E_3(1,\ 0)、E_4(1,\ 1)、$$
$$E_5\left(\alpha^*=\frac{N_2-P_2}{N_1+N_2-P_1-P_2},\ \beta^*=\frac{M_2-T+C_1-C_2}{M_2+M_1}\right)$$

4.3.4 均衡点分析及稳定性讨论

由式（4.11）、式（4.12）可得到创新企业—绿色产品消费者系统雅可比矩阵的行列式和迹为：

$$\begin{aligned}\mathrm{Det}\boldsymbol{J}&=\begin{vmatrix}\frac{\partial G(\alpha)}{\partial\alpha} & \frac{\partial G(\alpha)}{\partial\beta}\\ \frac{\partial G(\beta)}{\partial\alpha} & \frac{\partial G(\beta)}{\partial\beta}\end{vmatrix}=\frac{\partial G(\alpha)}{\partial\alpha}\times\frac{\partial G(\beta)}{\partial\beta}-\frac{\partial G(\alpha)}{\partial\beta}\times\frac{\partial G(\beta)}{\partial\alpha}\\&=(1-2\alpha)[\beta(M_1+M_2)+T-M_2+C_2-C_1](1-2\beta)\times\\&\quad[\alpha(N_1+N_2-P_1-P_2)+P_2-N_2]-\alpha(1-\alpha)(M_1+M_2)\times\\&\quad\beta(1-\beta)(N_1+N_2-P_1-P_2)\end{aligned} \tag{4.13}$$

$$\begin{aligned}\mathrm{Tr}\boldsymbol{J}=\frac{\partial G(\alpha)}{\partial\alpha}+\frac{\partial G(\beta)}{\partial\beta}&=(1-2\alpha)[\beta(M_1+M_2)+T-M_2+C_2-C_1]+\\&\quad(1-2\beta)[\alpha(N_1+N_2-P_1-P_2)+P_2-N_2]\end{aligned} \tag{4.14}$$

上述 5 个局部平衡点对应的雅可比矩阵行列式和迹见表 4.5。

表 4.5 企业—消费者系统雅可比矩阵 Det*J*、Tr*J* 结果

均衡点	Det*J*	Tr*J*
E_1（0, 0）	$(T+C_2-C_1-M_2)(P_2-N_2)$	$(T+C_2-C_1-M_2+N_2-P_2)$

续表 4.5

均衡点	Det$J$	TrJ
E_2 (0, 1)	$(M_1+T+C_2-C_1)(P_2-N_2)$	$M_1+T+C_2-C_1+N_2-P_2$
E_3 (1, 0)	$(M_2-T+C_1-C_2)(N_1-P_1)$	$M_2-T+C_1-C_2+N_1-P_1$
E_4 (1, 1)	$(M_1+T+C_2-C_1)(N_1-P_1)$	$-(M_1+T+C_2-C_1+N_1-P_1)$
E_5 (α^*, β^*)	$\frac{(T-M_2+C_2-C_1)(M+T+C_2-C_1)(P_2-N_2)(M_1+T+C_2-C_1)}{(M_1+M_2)(N_1+N_2-P_1-P_2)}$	0

然后，根据稳定性的判定条件，利用局部稳定分析法对上述 5 个均衡点进行稳定性讨论。为不失一般性，本研究假定企业与消费者的博弈矩阵中涉及的参数均大于 0。4 个判定条件下的局部稳定分析结果见表 4.6。

表 4.6 企业—消费者博弈系统的局部稳定分析结果

条 件	均衡点	Det$J$ (符号)	TrJ (符号)	结 果
$N_2-P_2<0$ $M_1+T+C_2-C_1>0$	E_1 (0, 0)	+	−	稳定 (ESS)
	E_2 (0, 1)	+	+	不稳定
	E_3 (1, 0)	−	+/−	不稳定
	E_4 (1, 1)	−	+/−	不稳定
	E_5 (α^*, β^*)	−	0	鞍点
$N_2-P_2<0$ $M_1+T+C_2-C_1<0$	E_1 (0, 0)	+	−	稳定 (ESS)
	E_2 (0, 1)	−	+/−	不稳定
	E_3 (1, 0)	−	+/−	不稳定
	E_4 (1, 1)	+	+	不稳定
	E_5 (α^*, β^*)	+	0	鞍点
$N_2-P_2>0$ $M_1+T+C_2-C_1>0$ $N_1-P_1<0$	E_1 (0, 0)	−	+/−	不稳定
	E_2 (0, 1)	+	−	稳定 (ESS)
	E_3 (1, 0)	−	+/−	不稳定
	E_4 (1, 1)	+	+	不稳定
	E_5 (α^*, β^*)	−	0	鞍点
$M_1+T+C_2-C_1>0$ $N_1-P_1>0$	E_1 (0, 0)	−	+/−	不稳定
	E_2 (0, 1)	−	+/−	不稳定
	E_3 (1, 0)	+	+	不稳定
	E_4 (1, 1)	+	−	稳定 (ESS)
	E_5 (α^*, β^*)	−	0	鞍点

(1) 当 $P_2-N_2<0$，社会净效益为负，且 $M_1+T+C_2-C_1>0$ 或 $M_1+F_0+T+C_2-C_1<0$ 时，当消费者购买非绿色产品（即传统产品）的效用 N_2 小于企业支付的成本 P_2，无论 $T+C_2-C_1-M_2$ 是否大于 0，系统均向着（0，0），即（生产非绿色产品，不购买）的策略演化。这是当地政府最不愿看到的，企业为迎合消费者的需求获得更多的经济利益，无论当地政府是否给予补贴以及企业按照传统方式生产的成本是否小于绿色创新的成本，企业都会不愿进行绿色创新，这对自身和整个产业的可持续发展都是不利的。因此政府除了给绿色创新企业一定的补贴外，还要增加补贴后污染物排放超标或损害公众利益事件企业的罚款力度，以促使企业实施绿色创新战略。

(2) 当 $P_2-N_2>0$，$M_1+T+C_2-C_1<0$，且 $N_1-P_1<0$ 时，政府对补贴后继续按照传统方式生产，发生污染物排放超标或损害公众利益事件的企业进行处罚（F_0），企业进行绿色创新与按照传统方式进行生产的成本之差大于获得经济效益和补贴，且此时，消费者购买绿色产品获得的效用小于支付的成本，在这种情况下，因为政府补贴不足，所以企业选择按照传统方式生产，系统将收敛于（生产非绿色产品，购买绿色产品），但这只是一种理想的状态，在现实条件下很难实现，消费者购买绿色产品，为保护生态环境，失去了一定的机会成本，自然要求更多的效用作为补充，且消费者作为绿色创新的重要推动力量，必然要求企业再让渡出一部分有形的经济价值或无形的服务等，使系统由 E_2（生产非绿色产品，购买）向 E_4（生产绿色产品，购买）演化。

(3) 根据 Friedman 提出的方法，在上述 5 个均衡点中要使（1，1）即（绿色创新，购买绿色产品）成为进化稳定策略，需要同时满足：

$$\begin{aligned} M_1 + T + C_2 &< 0 \\ N_1 - P_1 &> 0 \end{aligned} \tag{4.15}$$

政府加强对实施绿色创新企业的补贴力度（T），当补贴力度和企业实施绿色创新所获的效益之和大于绿色创新和按照传统方式生产的成本之差时，企业会选择绿色创新。同时企业应竭力改善绿色产品的品质，提高产品的附加值，使消费者获得更多的效用，从而使其大于所支付的成本，最终使系统向（生产绿色产品，购买绿色产品）的策略演化，复制相位图如图 4.5 所示。

总之，在绿色转型的过程中，除了前面讨论的“政府—企业”博弈的机制外，企业应当努力开展科技创新，减少生产成本，提高经济效益，同时，对购买绿色产品的消费者加强售后服务，要向消费者宣传使用绿色产品的长远利益和社会环境效益，形成自觉使用绿色产品的良好社会风气。

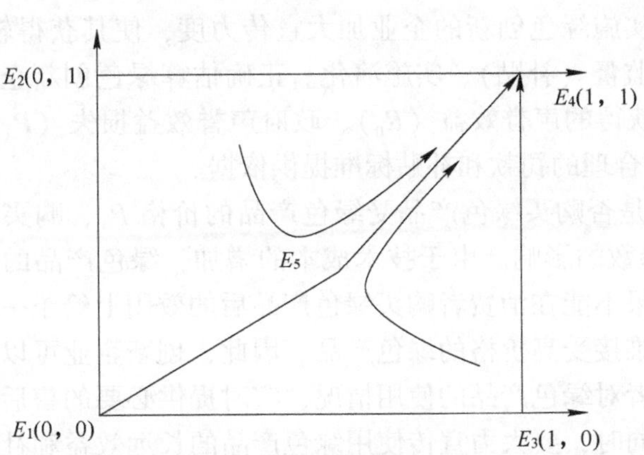

图 4.5 复制相位图

4.4 结论与建议

绿色创新是实现产业结构转型、绿色经济及可持续发展的重要途径，探求利益相关者之间的关系，是实现绿色创新过程中最值得关注和研究的热点。本章从博弈理论视角出发，建立了政府—企业、企业—消费者两组动态博弈模型，对演化策略的稳定进行了分析和讨论，由此得出以下结论：

(1) 当企业选择按照传统方式生产时，消费者出于环保考虑会选择购买绿色产品，此时，企业会因无法及时响应消费者的需求丧失部分经济效益，但企业选择绿色创新时会减少一部分效益，且生产绿色产品的成本通常高于非绿色产品，政府应对其进行适当的补贴，对于企业得到补贴而不生产绿色产品，导致“三废”排放超标或公共安全事故加大政府处罚力度，以此来鼓励企业开发绿色技术，使该系统向生产绿色产品、购买绿色产品演化。

(2) 政府部门对企业不监督或监督力度不够，按照传统方式生产的企业有机可乘，会严重挫伤绿色创新企业的积极性，使系统向（不补贴，不实施）演化，因此必须对导致“三废”排放超标或公共安全事故加大政府处罚力度，同时引入社会舆论机制监督政府和企业，使政府在不监督的情况下损失声誉效益，使按照传统方式生产的企业失去信誉，以此激励当地政府和企业积极开展绿色创新，生产绿色产品。

(3) 企业是否实施绿色创新主要受政府补贴、“三废”排放超标或损害公共安全事件发生时的处罚力度、声誉效益三个参数的影响。实施绿色创新的企业为保护环境放弃了一部分经济效益，政府应给予实施绿色创新的企业适度补贴。政府加大对按照传统方式生产时污染物排放超标或损害公众利益事件的处罚力度。

此外，政府应对实施绿色创新的企业加大宣传力度，使其获得较多的声誉效益，促使系统最终向监督（补贴）、实施演化。正确估算绿色创新企业损失的经济效益（D_2-D_1）和获得的声誉效益（R_0）、政府声誉效益损失（P_1）和政府监督成本（K），为确定合理的罚款和补贴标准提供依据。

（4）消费者是否购买绿色产品受绿色产品的价格 P_1、购买绿色产品所获得的效用 N_1 两个参数的影响。由于技术成本的增加，绿色产品的价格通常高于传统产品，企业如果不能在消费者购买绿色产品后的效用上给予一定的补偿，消费者在短时间内很难接受高价格的绿色产品。因此，创新企业可以通过互联网等多种渠道追踪消费者对绿色产品的使用情况，实时提供必要的售后服务，增加绿色产品的附加值，同时，要大力宣传使用绿色产品的长远效益和社会环境效益，以促使更多消费者购买绿色产品，促进系统向生产绿色产品、购买绿色产品演化。

总之，一方面，要引入社会舆论机制，表彰宣传绿色创新企业，加大对传统方式生产时污染物排放超标或损害公众利益事件的处罚力度，政府通过适当补贴倡导企业实施绿色创新；另一方面，企业在生产过程中，加强科技攻关，减少成本，增加利润；出售绿色产品之后，应通过多种渠道增加产品的附加值，从而增加消费者使用绿色产品的效用值，促使消费者购买绿色产品，可最终实现博弈三方利益共赢及企业的绿色转型。

4.5 本章小结

良好的制度安排会对绿色创新的顺利实施起到激励作用。绿色创新是诸多利益主体（各利益相关者）的共同参与下完成的。深入探求各主体的复杂内部利益关系有利于更好地对绿色创新进行制度设计，本章在分析绿色创新的 3 个主要利益相关者——地方政府、企业、消费者之间的关系的基础上，构建“地方政府—企业”“企业—消费者”两组动态博弈模型，利用雅可比矩阵的稳定性判断影响博弈方策略选择的几个参数及参数之间的关系，认为政府补贴、良好的社会舆论机制、对污染物排放超标或损害公众利益事件的处罚力度和消费者的绿色需求是实现博弈三方共赢的关键。

5 绿色创新绩效及其影响因素的实证分析——以江西省为例

5.1 江西省绿色创新发展现状分析

5.1.1 江西省绿色创新的投入产出现状

研发人员和经费投入是技术创新活动的有力保障，是企业自主创新能力的反映。从图 5.1 可以看出，江西省的研发内部经费投入（包含企业、科研机构和高等院校等）呈现逐年递增的趋势，2008 年全省的研发经费内部投入仅为 630269 万元，2016 年上升到 2073100 万元，翻了两番，平均每年增长 25%，这些表明江西省的创新投入水平在逐渐提高。

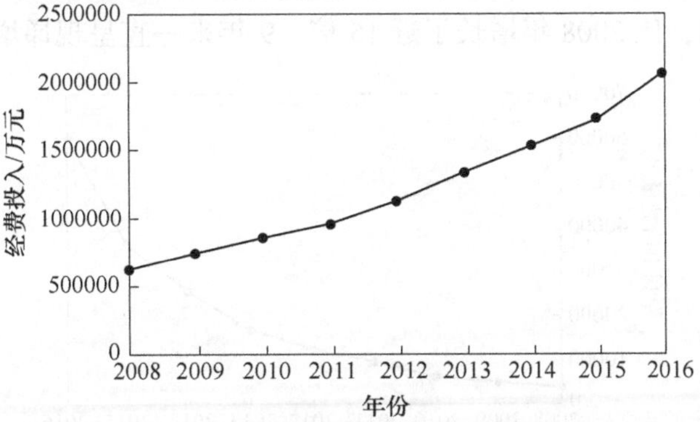

图 5.1 江西省 2008~2016 年研发经费投入变化

研发投入强度用研发经费投入占 GDP 的比重来表示，是反映地区研发投入水平的重要指标，从横向对比来看（见图 5.2），2016 年江西省的研发投入强度为 1.13%，低于中部平均水平的 1.45%，在中部六省中排名第五，仅高于山西省的 1.03%，远远低于全国平均水平的 2.11%，国际上普遍认为研发投入强度占 5%以上，企业才有竞争力，投入强度在 1%以内的企业则难以生存。研发投入强度太低会影响企业对核心和前瞻技术的自主研发水平，因此，研发投入水平低是制约江西省开展绿色创新活动的主要原因。此外，2016 年研发经费投入超过 10 亿元的南昌、景德镇、鹰潭、赣州 4 个城市，其他 7 个城市都不足 10 亿元，研发经费投入最高的是江西省省会南昌市，达到59亿多元，而最少的萍乡市仅为2亿多元，相差20多倍，地区经费投入严重不均衡，在当前技术创新对当地经济社会发展的推动作用日趋增大的趋势下，创新能力较强的地区和其他地区的差距会越来越大，区域经济发展不平衡的现象会越来越突出。

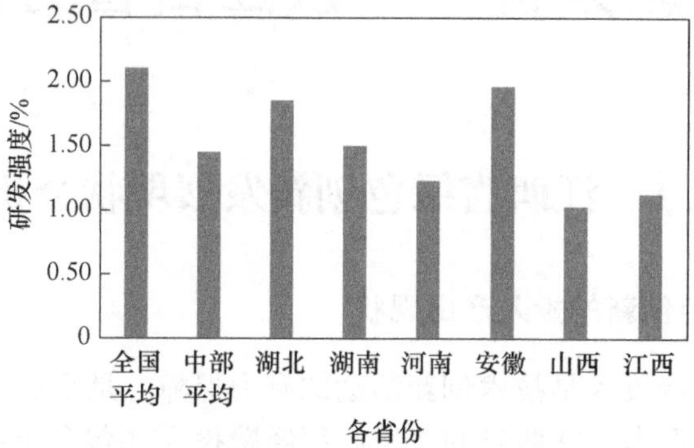

图5.2 2016年中部六省研发投入强度排名

专利申请量与科技活动紧密相关，是反映科技活动产出水平的主要指标，如图5.3所示，江西省2008年的专利申请数量仅为3746例，2016年的专利申请数量达到60494例，比2008年增长了近15倍，9年来一直呈现递增的趋势。

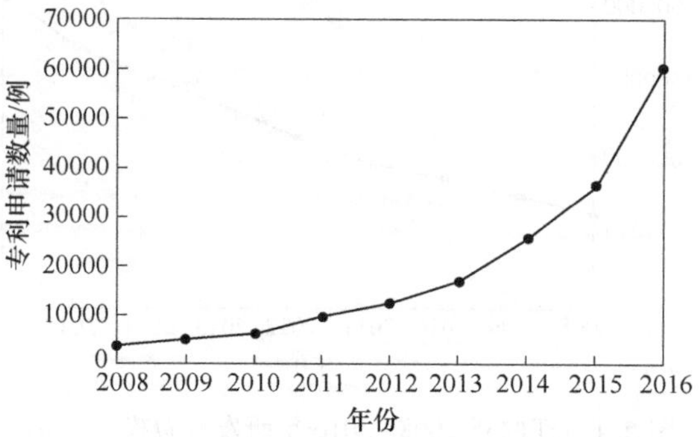

图5.3 江西省2008~2016年专利申请数变化

然而，以规模以上工业企业（指主营业务收入在2000万元以上的工业企业，下同）专利申请数为衡量指标，从横向对比来看，江西省2014年规模以上工业企业专利申请数仅为6824例，然而，2014中部六省平均规模以上工业企业的专利申请数为17175例，远远大于江西省的专利申请量。江西省的专利申请数仅位于山西省之前，在整个中部地区排名第五，当年全国规模以上工业企业的专利申请平均数量为20340例，江西省在全国处于下游位置，说明江西省的创新产出效率严重不足。与全国平均水平仍有加大差距，未来应充分挖掘研发人才、经费使用的巨大潜力。

单位工业增加值能耗是衡量资源消耗效率的指标，反映了经济活动对资源环境的消耗程度，同时也反映了绿色技术的应用情况。从图5.4可以看出，从2008~2016年，江西省单位工业增加值能耗呈现大幅度下降趋势，2008年江西省单位工业增加值能耗为2.054，2016年能耗降至0.65，平均每年降低15个百分点。

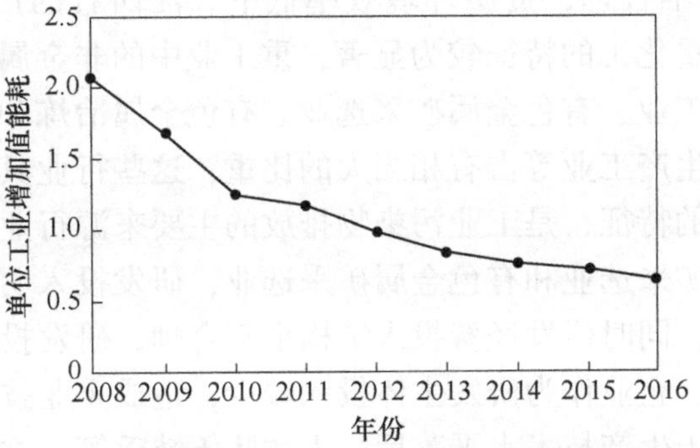

图5.4 2008~2016年江西省单位工业增加值能耗

从与中部地区、全国的横向对比来看（见图5.5），2014年中部地区单位工业增加值能耗为0.95，全国能耗平均水平为1.86，江西省低于中部地区和全国的平均水平，在中部六省中位居第三，表明江西省技术升级和产业结构改造是以绿色创新为先导，逐渐实现经济增长向集约内涵式转变。

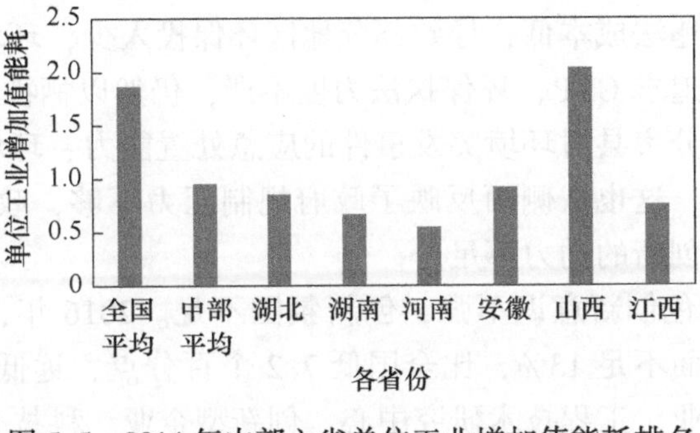

图5.5 2014年中部六省单位工业增加值能耗排名

5.1.2 江西省绿色创新存在的问题及原因分析

江西省绿色创新存在的问题及原因分析如下：

（1）创新投入不足，创新产出水平较低，整体创新效率低下。创新投入带来较高的产出会实现整体创新效率的提升。江西省很多企业没有成为技术创新的主体，几乎没有技术创新活动，企业自身也很少有研发投入。而从前文数据分析来看，和中部地区及全国平均水平相比，江西省的创新投入和产出水平都偏低，绿色创新的投入除了来自企业这一创新主体外，还有一大部分来自政府，政府的科技投入对于引导和扶持企业的绿色创新活动具有重要意义，政府投入不足会严重影响企业的绿色创新。2016 年江西省政府科技投入占 GDP 比重的 1.13%，低于全国平均水平 2.11%。说明江西省政府对于绿色创新的科技投入仍然不足。

（2）工业结构不合理，资源环境效率低下。江西省的产业结构不尽合理，目前，工业结构中重化工的特征较为显著，重工业中的非金属矿物制品业、黑色金属冶炼和压延加工业、有色金属矿采选业、有色金属冶炼和压延加工业、化学工业、电力热力的生产工业等占有相当大的比重，这些行业具有高污染、高能耗和高度资源依赖性的特征，是工业污染物排放的主要来源行业。江西矿产资源各行业，尤其非金属矿采选业和有色金属矿采选业，研发投入明显不足，直接导致产业结构调整缓慢，同时研发经费投入结构也不合理，研发投入相当大一部分来自于政府财政拨款，企业作为研发主体投入较少，造成企业技术研发及自主创新的积极性不高，由于生产技术水平落后、人才队伍缺乏等，这些行业的能耗高于周边省份及全国的平均水平，导致整体的资源环境效率低下。

（3）环境规制压力不够，政策引导力度不足。江西省为促进节能环保产业的发展，相继出台了多部环保法律法规，规定了新的产品技术标准和工业三方排放标准，出台了绿色税收、环境收费等政策措施，排放标准的提高对企业进行绿色技术创新施加压力，在一定程度上促进了本身绿色产业的发展，有些地方政府对环境保护的重要性认识不足，环境保护监督不到位，对违法事故处罚力度不够，守法成本高、违法成本低，导致部分地区环保投入少，环境检测监管能力较弱，地方政府单纯追求 GDP，环保执法力度不严，仍然以牺牲环境为代价换取经济发展。江西省部分市县对环境突发事件的应急处置能力、环境统计和教育能力基本处于空白状态，这也从侧面反映了政府规制压力不够，政策引导力度不足，致使部分地区绿色创新的动力不足。

（4）企业的绿色创新意识不强，创新氛围不足。2016 年，江西省大中型企业办科技机构覆盖面不足 13%，比全国低 7.2 个百分点，远低于全国平均水平。此外，高新技术企业、工程技术研究中心、创新型企业、科技企业孵化器等科技创新平台较少。企业自主创新能力的提高是企业人力、物力、财力多种因素相互作用的结果，企业内部高层次人才缺乏，企业无技术发展机构企业，对建立科技机构的积极性不够，反映了企业的创新意识不强，创新积极性不高。为营造良好的创新氛围，政府除了从税收激励、金融扶持、政府采购、项目安排等方面创造良好的政策环境外，企业自身也要强化自主创新体系建设。建立企业的工程技术研究中心，构建创新型企业、高新技术企业等创新平台，促进自主创新能力的逐渐提升。

5.2 基于 AHP-DEA 方法的绿色创新绩效系统评价

区域绿色创新绩效是区域经济-社会-环境复合系统协调可持续发展水平的有效度量，有效评价绿色创新绩效水平是客观把握经济与环境协调发展水平的需要。本节通过构建绿色创新绩效评价指标体系，综合 AHP-DEA 建立绿色创新绩效的综合评价模型，对江西省 11 个城市的绿色创新绩效进行了综合评价，并分析了影响各城市绿色创新绩效水平差异的因素。

5.2.1 方法介绍

层次分析法（analytic hierarchy process，AHP）是美国运筹学家、匹兹堡大学 T. L. Saaty 教授在 20 世纪 70 年代初期提出的，是指将一个复杂的多目标、多标准问题作为一个系统，将目标分解为多个目标或准则，进而分解为多指标（或准则、约束）的若干层次，根据对一定客观现实的两两比较把专家意见和分析者的客观判断结果直接而有效地结合起来，将一层次元素两两比较的重要性进行模糊定量化，从而算出层次单排序和总排序，得出多目标（多指标）、多方案的优劣的方法。

层次分析法具有计算结果简洁实用、所需定量数据信息较少、能系统地分析研究对象等优点，计算虽然结合了定性和定量两个方面，但偏定性较多，不能为决策者提供新方案，对于定量要求较高的决策问题，单一使用 AHP 不太精准。

因子分析法是从研究变量内部相关的依赖关系的角度出发，把一些具有错综复杂相关关系的变量归结为少数几个综合因子的一种统计分析方法。因子分析法的基本思路是先将观测变量进行分类，然后将相关程度较高、联系紧密的观测变量分在同一类中，这样一来，不同类变量之间的相关性则较低，那么每一类变量实际上就代表了一个基本结构，即公共因子。对于所研究的问题就是试图用最少个数的不可测的所谓公共因子的线性函数与特殊因子之和来描述原来观测的每一分量。

对于因子分析法而言，当面对的数据项目较多时，分组分析数据会使分析过程较为繁琐，因子分析法可以用少数几个因子去描述许多指标或因素之间的联系，即将相关比较密切的几个变量归在同一类中，每一类变量就成为一个因子，以较少的几个因子反映原资料的大部分信息，并且可以突出重点问题。

但是因子分析法对数据量和成分有较高要求，需要先满足 KMO 值的要求才能决定是否可以进行因子分析。

数据包络分析法（DEA）是一种对多投入及多产出的多个决策单元进行效率评价的方法，即直接评价投入是否有效率，灵敏度和可靠性较高，不需要主观赋值，可避免人为因素造成结果偏颇，因此，效率评价中得到广泛应用。但 DEA 方法无法反映者的偏好，且每个决策单元都选择对自己有利的权重，这样会产生大量的弱有效单元，使区分度变差。

为了兼顾主观和客观因素，本研究将 AHP 和 DEA 法结合起来，可以充分发挥各自的优势，使评价更完善、更科学。

5.2.2 评价方法选取

5.2.2.1 数据包络分析法

数据包络分析法（DEA）是由知名运筹学者 Charnes 和 Cooper 1978 年提出，适合于分析多输入、多输出情形下的投入产出效率，常用模型有规模收益不变的 CCR 模型和规模收益可变的 BCC 模型。其基本思路是把每一个被评价单位作为一个决策单元（DMU），再由众多决策单元（DMU）构成评价群体，根据 DMU 的投入产出比率的综合分析来判断决策单元是否为 DEA 有效[192]，其规划数学模型为：

$$\min\left[\theta - \varepsilon\left(\sum_{i=1}^{m} s_i^- + \sum_{r=1}^{s} s_i^+\right)\right]$$

$$\text{s. t}\begin{cases}\sum_{j=1}^{n} \boldsymbol{X}_{ij}\lambda_j + s_i^- = \theta_j \boldsymbol{X}_{i0},\ i = 1,\ 2,\ \cdots,\ m \\ \sum_{j=1}^{n} \boldsymbol{Y}_{rj}\lambda_j - s_i^+ = \boldsymbol{Y}_{r0},\ r = 1,\ 2,\ \cdots,\ s \\ \delta \sum \lambda_j = \delta \\ \lambda_j \geqslant 0,\ j = 1,\ 2,\ \cdots,\ n \\ s_i^- \geqslant 0,\ s_i^+ \geqslant 0 \end{cases} \tag{5.1}$$

式中，$\boldsymbol{X}_{ij} = (x_{1j},\ \cdots,\ n_{ij},\ \cdots,\ x_{mj})$；$\boldsymbol{Y}_{rj} = (y_{1j},\ \cdots,\ y_{rj},\ \cdots,\ y_{sj})$； x_{ij} 表示第 j 个决策单元的第 i 项投入；y_{rj} 表示第 j 个决策单元的第 r 项产出对目标单元进行效率评估，其原投入和原产出的向量分别为 $\boldsymbol{X}_{i0} = (x_{10},\ \cdots,\ x_{i0},\ \cdots,\ x_{m0})$，$\boldsymbol{Y}_{r0} = (y_{10},\ \cdots,\ y_{r0},\ \cdots,\ y_{s0})$；$s_i^-$、$s_i^+$ 为松弛变量，分别表示可减少的投入量和可增加的产出量；ε 表示投入或产出向量均为正且保证松弛变量不影响目标函数的非阿基米德无穷小量。

当假定前沿面是平面时，$\delta = 0$，可以求解 CCR 模型，得到目标决策单元的效率值 θ，当假定前沿面是凸超平面时，$\delta = 1$，可以求解 BCC 模型，得到目标决策单元的纯技术效率 θ，该值越接近 1，表明 DEA 有效程度越高。

相对于 CCR 模型，BCC 模型能同时对规模和技术有效性进行总体评估[193]，因此，本节选择 BCC 模型对中国区域工业生态效率进行评价。其线性规划如下：

$$\min\theta_j^{\mathrm{BCC}}$$

$$\text{s.t}\begin{cases}\sum_{j=1}^{n}\boldsymbol{X}_{ij}\lambda_j+s_i^-=\theta_j\boldsymbol{X}_{i0},\ i=1,\ 2,\ \cdots,\ m\\\sum_{j=1}^{n}\boldsymbol{Y}_{rj}\lambda_j-s_i^+=\boldsymbol{Y}_{r0},\ r=1,\ 2,\ \cdots,\ s\\\sum\lambda_j=1\\\lambda_j\geqslant 0,\ j=1,\ 2,\ \cdots,\ n\\s_i^-\geqslant 0,\ s_i^+\geqslant 0\end{cases}\tag{5.2}$$

式中，θ_j 表示江西省 11 个地级市的绿色创新的相对综合效率；x_{ij} 在本节中被认为第 j 个城市的绿色创新投入指标 i；y_{rj} 表示第 j 城市的绿色创新产出指标 i；λ_j 为第 j 个决策单元的权重，当 $\theta_j=1$ 时，意味着第 j 个城市的绿色创新绩效为 DEA 相对有效，在原产出 $\boldsymbol{Y}_{r0}$ 不变的情况下，投入 $\boldsymbol{X}_{i0}$ 已达到相对最优水平；当 $0<\theta_j<1$，被认为第 j 个城市的绿色创新绩效为 DEA 无效，表明该城市的绿色创新存在投入冗余或产出不足，表示可以将投入 $\boldsymbol{X}_{i0}$ 降至一定的比例来保证原产出 $\boldsymbol{Y}_{r0}$，意味着在给定的投入水平下，第 j 个城市的绿色创新效率值还有 $1-\theta_j$ 的提升空间。

5.2.2.2 *层次分析法*

传统的层次分析法（AHP）可以成功处理决策评价问题，由于主观评价存在不确定性与模糊性，这些在比较矩阵数据中很难反映[194]。于是，学者们开始在传统的层次分析法中引入模糊数据，从而将主观不确定性的信息更好反映在数据评价过程之中[195]。已有的研究涉及客户质量管理需求评价、软件质量评价、政府研发项目选择评价、科技创新人才生态系统评价等。其运算步骤如下：

（1）确定指标的相对重要程度。传统的层次分析法需要建立两两判断矩阵，对各个影响因素的重要性程度进行相互比较，以此确定因素的相对重要性程度，前提是两两判断矩阵需要通过一致性检验。

（2）建立三角模糊矩阵。三角函数是凸函数，比较容易解释，可以将比较矩阵的单一数值拓展到一个模糊的区间，具体公式如下：

$$\boldsymbol{u}_{ij}=(N_{ij},\ M_{ij},\ U_{ij}),\ N_{ij}\leqslant M_{ij}\leqslant U_{ij}\tag{5.3}$$

$$N_{ij}=\min(E_{ijk})\tag{5.4}$$

$$M_{ij}=\sqrt[n]{\prod_{k=1}^{n}E_{ijk}}\tag{5.5}$$

$$U_{ij}=\max E_{ijk}\tag{5.6}$$

式中，E_{ijk} 为第 k 个专家对于第 i 个指标和第 j 个指标的重要性程度的比较评价。

建立模糊两两比较矩阵。根据创新本身的特点，引入置信区间 α，α 的取值在 0 到 1 之间，当趋向于 0 时，表明评价者的不确定程度越高；当趋近于 1 时，表明评价者的不确定程度越低。利用式（5.5）建立三角形两两比较矩阵。

$$\boldsymbol{a}_{ij} = [(M_{ij} - N_{ij}) \cdot \alpha + N_{ij},\ U_{ij} - (U_{ij} - M_{ij}) \cdot \alpha]$$
$$\forall \alpha \in [0,\ 1] \tag{5.7}$$

（3）去模糊化。为对模糊凸函数进行线性化处理，引入乐观系数μ，乐观系数反映评价者对风险的容忍程度，评价者的乐观偏好性越高，该值也越大。得到最终反映各个指标重要程度的比较矩阵，具体公式如下：

$$\alpha_{ij}^{\alpha\mu} = [\mu L_{ij}^{\alpha}(1-\mu)\mu_{ij}^{\alpha}],\ 0 \leqslant \mu \leqslant 1 \tag{5.8}$$

（4）计算特征根与特征矩阵。根据式（5.8）去模糊化之后的特征矩阵，计算特征根与特征矩阵，对特征向量进行标准化以得到指标权重。

$$[(\alpha_{ij}^{\alpha})^{\mu} - \lambda_{\max}]W = 0 \tag{5.9}$$

5.2.2.3 运用绿色创新绩效 AHP-DEA 评价模型评价的基本步骤

AHP 能充分反映决策者的偏好，将决策经验定量化，但本质上仍属于半定性、半定量的方法。DEA 不需要预先深入了解数据结构和估计参数，但无法反映决策者的偏好。为兼顾主观和客观因素，将 AHP 和 DEA 结合起来，可以充分发挥各自的优势，使评价更完善、更科学。基本步骤如下：

（1）通过构建绿色创新绩效的指标体系，建立绿色创新绩效评价系统递阶层次结构，分析评价绿色创新绩效各因素之间的关系，进而建立递阶层次结构体系。

（2）用上述的 AHP 计算各个因素相对于总目标的权重。

（3）把每一个被评价单位作为一个决策单元（DMU），再由众多决策单元（DMU）构成评价集合（$DMU_i(i=1,\ 2,\ \cdots,\ n)$），用 DEA 求出各决策单元的绩效值。

（4）利用第 2 步计算出的权重，得到总体的优先级向量 $q_j = \sum_{i=1}^{n} h_{ij}B_j$ 并比较 q_j 的大小，即可得到个方案的优劣排序。

本节以江西省为例，将 AHP 和 DEA 结合在一起，测度江西省 11 个地级市的绿色创新绩效，并探索影响各地区绿色创新绩效差异的因素和机理。

5.3 实证分析

5.3.1 绿色创新绩效指标的构建

已有文献大部分强调了绿色创新的经济绩效和环境绩效（包含资源绩效），此外，虽然较多文献的题目是绿色工艺（技术）创新绩效，但实际内容是关于研发（创新）绩效和环境绩效两部分，绿色创新虽是一种新的创新模式，与一般意义的创新存在许多相同之处，社会绩效更为重要。鉴于此，本书将绿色创新绩效分为经济绩效、创新绩效、社会绩效和生态绩效（包含环境绩效和资源绩效两个部分）四个部分，在遵循系统性、科学性和数据可得性的原则下构建绿色创新绩效的指标体系，具体见表5.1。

表5.1 绿色创新绩效的指标体系

目标层	准则层	指标层
绿色创新绩效评价体系 O	经济绩效 F_1	总资产贡献率 x_1 资产负债率 x_2 工业成本费用利润率 x_3 环保产业产值 x_4 环保投资总额占 GDP 的比重 x_5
	创新绩效 F_2	研发经费投入 x_6 研发人员折合全时当量 x_7 新产品开发经费支出 x_8 引进国外技术经费支出 x_9 电子控制设备原价 x_{10} 专利授权数 x_{11} 新产品产值 x_{12}
	社会绩效 F_3	全员劳动生产率的增长率 x_{13} 新增就业岗位数 x_{14} 年末就业人数 x_{15} 规模以上工业纳税额 x_{16} 互联网宽带用户数 x_{17} 电子信息产业工业增加值 x_{18}
	生态绩效 F_4	二氧化碳排放强度 x_{19} 工业二氧化硫排放量 x_{20} 工业废水排放量 x_{21} 工业固体废弃物排放量 x_{22} 能源消费总量 x_{23} 万元工业增加值能耗 x_{24} 固体废弃物综合利用率 x_{25} 三废综合利用产品产值 x_{26} 工业废水排放达标率 x_{27}

5.3.2 利用模糊 AHP 评价江西省绿色创新绩效系统

（1）构建绿色创新递阶层次结构模型。根据模糊层次分析法原理，建立江西省 11 个地级市区域绿色创新绩效的递阶层次结构模型，具体结构如图 5.6 所示。

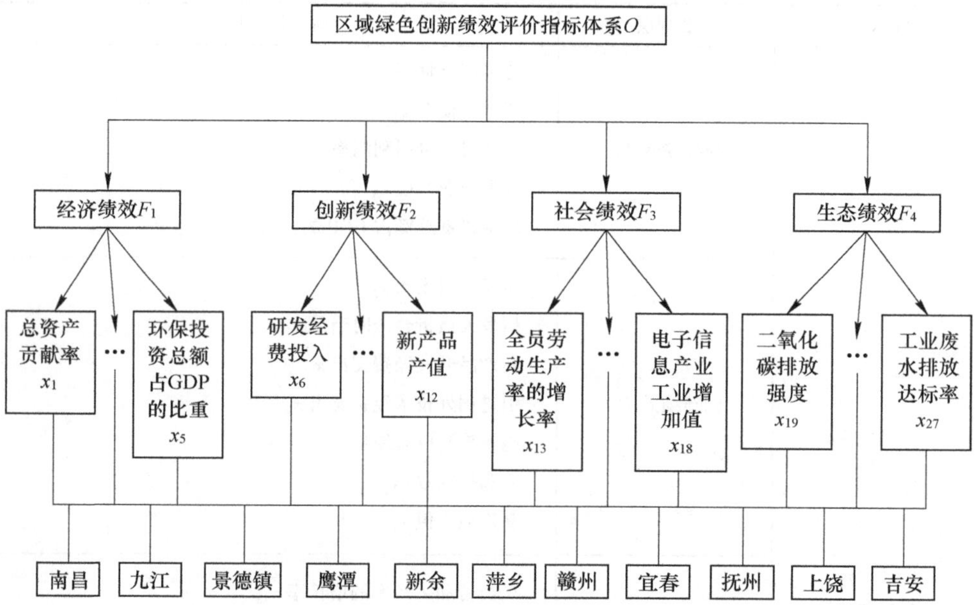

图 5.6 江西省 11 个地级市绿色创新绩效层次模型

（2）计算组合权重并做一致性检验。根据绿色创新的这一命题的特点，在咨询专家意见的基础上，置信系数和乐观系数分别选取 0.5，各代表中等模糊程度和风险偏好中性，综合专家的评价分值，最终得到判断矩阵，并计算相应的权重和一致性检验，结果见表 5.2。

表 5.2 组合权向量计算表

绿色创新绩效系统	经济绩效 F_1	创新绩效 F_2	社会绩效 F_3	生态绩效 F_4	W
经济绩效 F_1	1	0.785	1.225	0.876	0.958
创新绩效 F_2	1.414	1	2.056	1.121	1.344
社会绩效 F_3	0.778	0.443	1	0.678	0.695
生态绩效 F_4	1.209	0.922	1.576	1	1.151

计算出最大特征值 $\lambda_{max}=4.141$ 对应的特征向量［0.249，0.317，0.165，0.272］，通过此方法一次算对比矩阵，计算结果全部通过一次性检验。

（3）计算出各个指标的合成权重，并做层次总排序，结果见表5.3。

表5.3 绿色创新绩效的指标体系

目标层	准则层	单排序权重	指标层	合成权重	总排序
绿色创新绩效评价体系 O	经济绩效 F_1	0.249	总资产贡献率 x_1	0.034	14
			资产负债率 x_2	0.005	27
			工业成本费用利润率 x_3	0.008	24
			环保产业产值 x_4	0.074	3
			环保投资总额占 GDP 的比重 x_5	0.057	6
	创新绩效 F_2	0.317	研发经费投入 x_6	0.104	1
			研发人员折合全时当量 x_7	0.051	10
			新产品开发经费支出 x_8	0.027	17
			引进国外技术经费支出 x_9	0.019	19
			电子控制设备原价 x_{10}	0.011	22
			专利授权数 x_{11}	0.063	5
			新产品产值 x_{12}	0.030	15
			全员劳动生产率的增长率 x_{13}	0.007	25
			新增就业岗位数 x_{14}	0.055	8
			年末就业人数 x_{15}	0.016	20
	社会绩效 F_3	0.165	规模以上工业纳税额 x_{16}	0.010	23
			互联网宽带用户数 x_{17}	0.006	26
			电子信息产业工业增加值 x_{18}	0.013	21
			二氧化碳排放强度 x_{19}	0.047	11
			工业二氧化硫排放量 x_{20}	0.071	4
			工业废水排放量 x_{21}	0.052	9
			工业固体废弃物排放量 x_{22}	0.037	13
	生态绩效 F_4	0.272	能源消费总量 x_{23}	0.042	12
			万元工业增加值能耗 x_{24}	0.092	2
			固体废弃物综合利用率 x_{25}	0.025	18
			三废综合利用产品产值 x_{26}	0.056	7
			工业废水排放达标率 x_{27}	0.028	16

5.3.3 绿色创新绩效的评价结果

决策单元 DMU 的数量大于输入和输出指标的总和时，DEA 才会表现出良好的计算结果，因此，为满足这一要求，按照指标组合权重的排序大小，最终选择

4 个输入指标和 4 个输出指标进入 DEA 计算。

输入指标：环保投资总额占 GDP 的比重 x_5、研发经费投入 x_6、工业二氧化硫排放量 x_{20}、万元工业增加值能耗 x_{24}。

输出指标：环保产业产值 x_4、专利授权数 x_{11}、新增就业岗位数 x_{14}、三废综合利用产品产值 x_{26}。

现有文献关于环境污染物排放的处理方法通常有两种，一种是将污染物排放作为投入指标，代表的是未支付的投入，与资本和劳动投入一起引入生产函数，如 Mohtadi[196]、Ramanathan[197]、Lu[198] 等人发表的文章；另一种是把环境污染看作非期望产出，和期望产出一起引入生产过程，利用方向性距离函数来对其进行分析，比如 Chung[199]、涂正革[200]。本书采取第一种做法，即把环境污染（二氧化硫排放量）作为投入指标，因为在给定的其他要素投入的前提下，自然环境的消耗可以认为是作为社会资本服务的形式增加经济活动单位的产出水平。

计算使用的原始数据大部分来源于《中国环境年鉴》《江西统计年鉴》《江西省环境年报》《江西省环境公报》、各地级市统计年鉴和各地级市统计网站，其他少部分由相关文献资料整理得到。

将上述指标值输入 DEAP2.1 软件进行计算，最终得到的 DEA 计算结果见表 5.4。

表 5.4 江西省 11 个地级市 1999~2016 年的绿色创新综合效率值

城市	1999 年	2000 年	2001 年	2002 年	2003 年	2004 年	2005 年	2006 年	2007 年
南昌	0.706	0.733	0.739	0.743	0.745	0.743	0.723	0.748	0.757
景德镇	0.628	0.642	0.651	0.656	0.639	0.647	0.654	0.643	0.666
赣州	0.376	0.381	0.396	0.404	0.412	0.435	0.421	0.404	0.422
九江	0.406	0.429	0.453	0.494	0.536	0.583	0.575	0.566	0.608
萍乡	0.431	0.425	0.409	0.413	0.425	0.451	0.409	0.389	0.408
新余	0.378	0.385	0.374	0.383	0.371	0.363	0.347	0.384	0.411
鹰潭	0.405	0.407	0.391	0.394	0.382	0.379	0.368	0.397	0.420
吉安	0.265	0.280	0.292	0.310	0.325	0.332	0.344	0.400	0.425
宜春	0.226	0.239	0.255	0.273	0.268	0.293	0.289	0.362	0.379
抚州	0.239	0.246	0.258	0.264	0.27	0.283	0.316	0.304	0.372
上饶	0.220	0.238	0.252	0.266	0.285	0.334	0.367	0.386	0.387
平均	0.389	0.400	0.406	0.418	0.423	0.440	0.438	0.453	0.480

城市	2008 年	2009 年	2010 年	2011 年	2012 年	2013 年	2014 年	2015 年	2016 年
南昌	0.732	0.787	0.828	1.000	0.891	0.903	1.000	0.985	1.000
景德镇	0.717	0.746	0.751	0.793	0.876	1.000	0.934	0.944	0.967

续表 5.4

城市	2008 年	2009 年	2010 年	2011 年	2012 年	2013 年	2014 年	2015 年	2016 年
赣州	0.438	0.444	0.482	0.491	0.516	0.547	0.576	0.637	0.662
九江	0.632	0.675	0.691	0.704	0.755	0.842	0.821	0.855	0.898
萍乡	0.412	0.436	0.467	0.476	0.508	0.534	0.545	0.561	0.582
新余	0.548	0.581	0.642	0.673	0.714	0.741	0.753	0.762	0.793
鹰潭	0.501	0.559	0.601	0.619	0.638	0.675	0.701	0.717	0.743
吉安	0.449	0.480	0.517	0.532	0.568	0.613	0.624	0.643	0.587
宜春	0.392	0.412	0.441	0.473	0.498	0.553	0.562	0.587	0.603
抚州	0.389	0.414	0.439	0.446	0.476	0.518	0.534	0.564	0.591
上饶	0.375	0.424	0.454	0.471	0.483	0.527	0.543	0.562	0.594
平均	0.508	0.542	0.574	0.607	0.629	0.678	0.690	0.711	0.735

从表 5.4 可以看出，江西省 11 个地级市的绿色创新综合效率值呈现出较大的差异性，除了南昌市和景德镇在个别年份的绿色创新综合效率 DEA 达到 1 以外，其他城市的绿色创新绩效值均为 DEA 效率不高，说明江西产业发展距离绿色转型还有较大差距，大部分城市的绿色创新绩效存在较大的改善空间。

从江西省的平均水平来看（见图 5.7），2006 年前，江西省的绿色创新综合效率值变化不大，呈现缓慢的上升趋势，绿色创新综合效率由 1999 年的 0.389 提高到 2006 年的 0.453，平均每年净增长率为 0.85%，基本上处于节能减排、清洁生产技术创新阶段；2006 年以后，绿色创新综合效率开始迅速上升，由 2006 年的 0.453 提高到 2016 年的 0.735，平均每年净增长率为 2.7%，增长率是前一阶段的 3.2 倍。

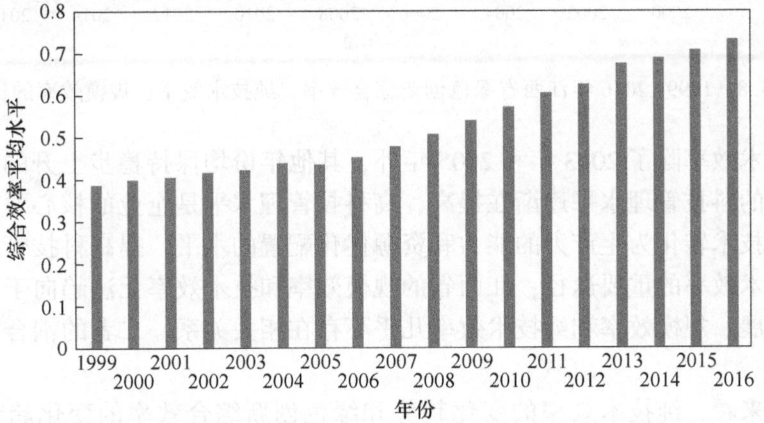

图 5.7 江西省 1999~2016 年绿色创新综合效率的平均水平

从江西省 11 个城市的绿色创新综合效率水平来看（见表 5.4），2005 年以前各城市的差异较为明显，除了宜春、抚州和上饶较为接近外，其他城市有明显的等级层次。2005~2008 年，随着新型工业化水平的提高和各地经济的快速发展，各地区开始注重污染治理修复、清洁生产和绿色技术创新，各城市的绿色创新绩效差距较上一阶段明显减小。2009 年以后，随着鄱阳湖生态经济区的成立，一些城市开始进行绿色产品创新，传统产业节能降耗、转型升级，开始实现“绿色化”的稳定增长局面，绿色创新绩效得到进一步提高，各城市的差距进一步减小。

从分解的技术效率来看（见图 5.8），1999~2016 年，江西省的规模效率和纯技术效率均处于效率不高状态，说明江西省长期处于绿色创新资源投入浪费、创新资源利用效率低下的状态。规模效率呈现出明显的递减趋势，在投入方面，由于工业二氧化硫排放量和万元工业增加值能耗较高，而研发经费投入和环保投资相对较少，造成了投入规模结构不合理，进而使规模效率呈现递减的状态，即每增加一单位的投入，其产出增加值将小于一个单位。

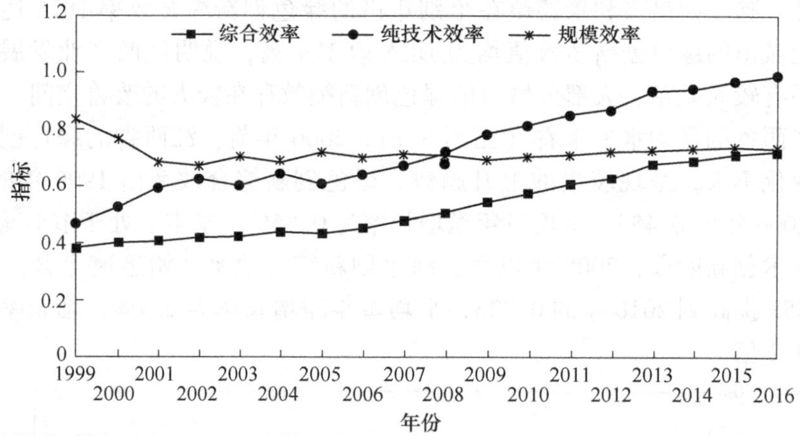

图 5.8　1999~2016 年江西省绿色创新综合效率、纯技术效率、规模效率的比较

纯技术效率除了 2003 年和 2005 年外，其他年份均保持稳步上升的趋势，说明江西省的科技管理水平逐渐在提高，高科技管理水平是企业的核心要素，决定了把科学技术转化为生产力的能力和资源优化配置的水平，提高科技管理水平是提高纯技术效率的重要途径；江西省的规模效率和技术效率无法趋向于一个有效的方向发展。规模效率和纯技术效率几乎不存在相关关系，二者的耦合协调水平较差。

总体来看，纯技术效率的变化趋势和绿色创新综合效率的变化趋势趋于一致，综合效率的变化主要取决于技术效率的变化，与规模效率的相关性相对较弱。绿色创新的科技管理水平落后和资源投入规模结构不合理是导致绿色创新投入和产出非有效配置的主要原因。

由表5.4和图5.8可知，通过分析18年的平均综合效率水平，江西省11个地级市的绿色创新综合效率的差异较为明显，南昌、景德镇、九江的绿色创新综合效率值在11个城市中处于领先地位，平均绿色创新综合效率值在0.61~0.80之间，处于第一梯队，总体上处于绿色产品创新阶段。新余、鹰潭、萍乡、赣州4个城市的绿色创新综合效率水平处于0.45~0.50之间，与以上3个城市存在一定的差距，将其归入第二梯队，总体上处于由清洁生产向绿色产品创新的过渡阶段。吉安、宜春、抚州、上饶4个城市的绿色创新综合效率的平均值处于0.36~0.42之间，低于前两类梯度的城市，故将其归为第三梯队，总体上处于清洁生产技术阶段。

从各个城市1999~2016年分解的技术效率平均水平来看（见图5.9），江西省11个地级市均处于综合效率、纯技术效率和规模效率无效状态，说明11个城市的科技管理水平低下、资源投入的规模结构不尽合理，规模效率高于纯技术效率的城市分别有南昌、萍乡、鹰潭、吉安、抚州，说明这5个城市的规模效率相对于纯技术效率而言有更大的提升空间，景德镇、赣州、九江、新余、宜春和上饶的绿色创新纯技术效率值高于规模效率，说明这6个城市的规模效率相对于技术效率而言有较大的提升空间。

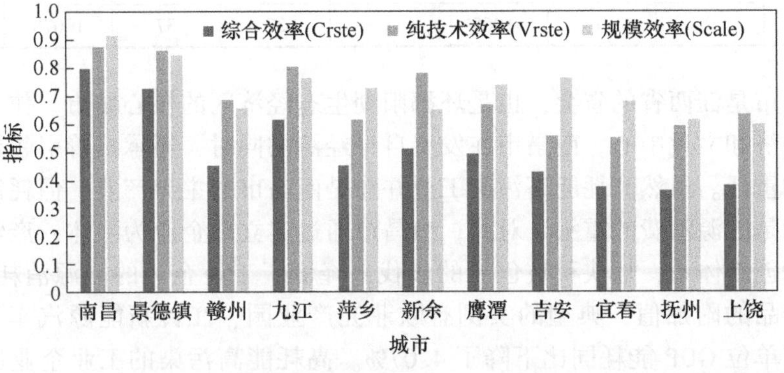

图5.9 江西省11个地级市1999~2016年绿色创新综合效率、纯技术效率和规模效率的平均水平比较

以2014年为例，对10个非DEA有效城市的投入冗余和产出不足进行分析（见表5.5），11个地级市中除了南昌市，其他城市均处于非DEA有效，即在现有投入下产出不足，或是在现有产出下投入冗余。绝大部分DEA非有效城市在工业二氧化硫排放量和万元工业增加值方面存在较大的冗余，且萍乡在二氧化硫排放量方面存在的冗余高达10820吨；九江、吉安、宜春在环保投资占GDP的

比重方面存在冗余；景德镇、赣州、新余、鹰潭在研发经费投入方面存在冗余，鹰潭市的研发经费投入冗余高达1206万元。在产出方面，绝大部分DEA非有效城市在环保产业产值、专利授权数方面存在严重不足，以萍乡、上饶、吉安、宜春最为突出；在新增就业岗位数方面，萍乡、吉安、上饶存在严重产出不足；景德镇、赣州、萍乡、吉安、抚州在三废综合利用产品产值方面存在不足，其中，以抚州和景德镇最为突出，分别高达3671万元、2234万元。

表5.5 江西省2014年非DEA有效城市的投入冗余与产出不足

DMU	投入冗余				产出不足			
	x_5	x_6	x_{20}	x_{24}	x_4	x_{11}	x_{14}	x_{26}
景德镇	0	693	0	0.08	14	0	0	2234
赣州	0	546	4528	0	17	0	0	473
九江	0.06	0	8762	0	18	0	0	0
萍乡	0	0	10820	0.14	25	28	12278	587
新余	0	758	6433	0.16	0	31	0	0
鹰潭	0	1206	1376	0.06	5	15	0	0
吉安	0.21	0	1346	0	19	34	13506	368
宜春	0.14	0	7675	0.05	23	44	0	0
抚州	0	0	0	0.09	24	0	0	3671
上饶	0	0	1065	0	32	37	10078	0

南昌市是江西省的省会，也是环鄱阳湖生态经济区的核心城市。作为全省的政治、经济和文化中心，南昌市在发展自身经济的同时，还承担着引领江西省经济增长的重任。虽然高耗能高污染工业并非是南昌市的主导产业，但耗能高的重工业仍然是能源消费的重头，对此，南昌市通过建立以企业为主体，产学研为载体的技术创新体系，加快科技创新的步伐，降低了工业企业的能源消耗的同时，提高了产品的附加值，典型的实例有欧菲光产业园、江铃新能源汽车等，2014年南昌市单位GDP能耗同比下降了4.07%。高耗能高污染的工业企业虽然占有一定比例，但相对于其他行业来说占比较小，这对于南昌市寻求绿色产业发展来说是一个独特的优势。太阳能光伏、绿色照明、新能源汽车等低碳工业产业已逐渐成为南昌市的新兴绿色产业，这是南昌绿色创新效率位居第一的主要原因，近年来，南昌更加注重传统产业的节能降耗和转型升级，未来南昌市应在改进绿色创新科技管理水平的基础上，进一步增加科技投入，提高本市的绿色创新绩效水平。

景德镇市是闻名世界的瓷都，陶瓷产业是其支柱产业，也是典型的资源型城市和江西省重要的工业基地。然而，伴随着日益枯竭的瓷土资源以及1995年左右大型国有瓷厂化整为零的改制，使得以陶瓷作为支柱产业的景德镇陷入了困境。景德镇曾经是2009年国务院公布的第二批全国资源枯竭型城市之一。这对景德镇的未来发展警示很大，景德镇经济转型势在必行。在改革开放以前，景德镇工业格局较为单一，即陶瓷和军工，两大产业追求单一的数量增长，忽略了资源节约和循环利用的内涵式增长，造成一定的资源过度消耗和环境污染。目前，景德镇的经济发展虽然同样具有两大产业：一是陶瓷旅游，二是绿色工业，但不同于改革开放前，景德镇更注重绿色环保，把资源综合利用作为产业发展的重要一部分，位于景德镇市南郊的景德镇市焦化工业集团有限责任公司便是努力打造绿色工业的公司之一。该集团以煤化工为主进行多元发展，年产焦炭250多万吨，煤气4亿多立方米，其资源综合利用率在全国独立焦化企业中位居前列。未来景德镇应注重同时提高绿色创新的纯技术效率和规模效率，在保证提高绿色创新科技投入水平的同时，改善投入结构和提高资源的优化配置水平。

九江市的绿色创新绩效水平位居第三，这与本市的产业结构有很大关系。石油化工、冶金建材等曾是九江的主导产业，随着本市生态旅游业的蓬勃发展，开始逐步削弱其他高污染产业的主导地位，同时也减轻了本市工业发展的包袱。例如，位于九江市的永修县吴城镇，素有“世界湿地、候鸟王国”的美誉，永修县以吴城镇丰富的生态资源作为依托和突破口，全面打造生态旅游，并积极发展生态工业和生态农业等生态产业，实现全镇乃至全县的绿色转型升级，也带动了全县经济的快速发展。从表5.4可以看出，2004年以后，九江和南昌、景德镇相比，绿色创新绩效较2004年以前逐渐趋于相近水平。

就平均水平而言，新余、鹰潭、萍乡、赣州4个城市的绿色创新绩效水平较为接近，但与以上三个城市存在一定的差距，将其归入第二梯队。

作为新兴的工业城市——新余市，2004年，全市工业煤炭消耗总量是256.03万吨，工业废气排放总量达3220103万立方米，其中生产工艺过程中的废气排放量为1750428万立方米，燃烧过程中排放的废气是146975万立方米。工业二氧化硫、工业烟尘、工业粉尘排放达标率分别是98.69%、79.08%与87.08%。工业生产中主要污染物为二氧化硫、工业粉尘和工业烟尘；主要的污染源企业为新余钢铁集团有限公司、新余发电厂有限责任公司、分宜海螺水泥有限责任公司，工业废气污染排放分别占全市的39.95%、37.14%、6.08%，累计达83.17%。新余市的能源结构主要以煤炭为主，工业以钢铁、火力发电和水泥建材等高能耗、高污染产业为主，生产过程中的粉尘、烟尘和有毒气体的大量排放，是导致新余市降尘和总悬浮颗粒物历年居高不下进而导致绿色创新绩效低下的主要原因。2008年以后，随着鄱阳湖生态经济区建设步伐的加快，为了建设生态新余，新余市除要求市各有关部门和单位开展各种治污专项行动外，还与全市辖区及新钢公司等单位层层签订了水污染物、二氧化硫总量削减目标责任书，要求全市辖区与新钢公司等按照责任书，按照要求逐步完成主要污染物的减排目标。根据要求，新余钢铁集团有限公司被要求在2010年底前，CO的排放总量控制在3500吨以内，二氧化硫总量排放控制在2万吨以内。要求新钢公司建立环境质量目标、水污染物和二氧化硫排放总量削减的完成考核机制以确保治污目标的实现。近几年，新余市加大产业供给侧改革，遵循绿色经济和低碳环保的理念，在发展能源、材料、钢铁三大传统主导产业的同时，大力发展光电信息、现代装备制造业、新能源产业和垃圾发电等新兴产业，推动绿色生产方式的形成和发展，在此基础上，全力构建高技术含量、低能耗和低污染的产业结构。促进绿色产业的快速发展，把发展绿色产业作为经济发展新的增长点，实现生态系统、经济系统的良性循环。新余市正在全力打造生态园区，采取“政府主导、部门配合、多方筹资、市场运作”的模式，对园区的厂房与道路进行绿化，打造一流的生态工业园区。因此，2008年以后，新余的绿色创新效率增加速度明显大于其他城市，未来新余市应注重产业结构调整，提高资源的利用效率，提升绿色创新绩效。

鹰潭市一直以来具有雄厚的工业基础。铜产业既是鹰潭的优势产业，也是支柱产业，在全国有较高的知名度。2006年，鹰潭的工业化率为4.14，仅次于南昌、景德镇，在6个城市中排名第三，随着工业化城镇化水平的逐渐深入，环境污染问题也日益凸显，2008年鹰潭的人均废气排放量是抚州的7倍，南昌的4倍。2008年以后，作为环鄱阳湖城市群之一，鹰潭市坚持淘汰落后产能的经济发展方式，调整优化产业结构，促进产业转型升级，控制高耗能及产能过剩产业的过度发展，限制和淘汰高能耗和高污染的落后生产工艺和装备，以前述的贵溪冶炼厂为榜样，全面发展循环经济。2011年以来，鹰潭共淘汰铜冶炼落后产能50余万吨，拆除大量的电炉、反射炉等落后设备，对落后产能和装备的淘汰力度在全国铜冶炼行业中位居前列。此外，鹰潭市为促使铜产业朝着高端化的方向发展，以调整铜产品结构作为切入点，在适度提高铜冶炼能力的前提下，逐步降低粗铜产品加工业在总体铜产品加工业中的比重，推动铜产业全面升级。由此实现了“三个转变”：一是由铜原料基地向铜材料基地转变；二是由铜材料基地向铜精深加工基地转变；三是由铜精深加工基地向涉铜终端产品生产基地转变。由此以来，鹰潭的绿色创新效率逐步得到提高，与第一梯度城市的绿色创新效率差距逐步缩小，未来鹰潭市不能一味增加投入，而忽略了投入结构和资源的优化配置，应在提升企业科技管理效率的前提下增加创新资源投入，以此提升本市的绿色创新绩效。

钢铁、煤炭、电力等高耗能行业一直是萍乡市的主导产业，对资源的长期依赖逐渐造成资源枯竭、绿色效率低下，2007年以前绿色创新绩效增速缓慢，甚至到2001年、2006年出现明显的下降趋势，2007年以后，绿色创新绩效值开始逐步上升，萍乡市从2007年开始实施资源型城市转型发展战略，通过严格监督重点企业（年能耗在5000吨标准煤）的节能降耗工作，当年全市万元生产总值能耗同比下降达5%。与此同时，萍乡还通过加快淘汰过剩产能，实现产业结构的优化调整。2011~2013年，萍乡市淘汰过剩产能项目达117个，共计淘汰过剩产能水泥299.9万吨、电解铝10万吨、铁冶炼74万吨、焦炭110万吨、玻璃284万箱、造纸92万吨、酒精16.3万吨、电力5万千瓦时、印染16410米、铅蓄电池212万千伏安。采掘业及原材料加工业比率逐年递降，矿山企业由2007年的500多个减少到目前的300多个。2012年，三次产业比例由2007年的9.1∶61.1∶29.8降到7.2∶60.8∶32.0。煤炭（煤化工）、冶金、机械、建材、陶瓷等传统优势产业得到全面的改造与提升。新能源、新材料、生物医药、先进装备制造业等新兴产业在近几年得到快速发展，科技创新能力逐渐增强，综合创新能力在江西省的11个地级市中排名逐渐靠前，高新技术企业完成增加值占全市规模以上工业增加值的34.5%，科技对经济的贡献率达53%。萍乡逐渐在改变以煤炭为主的能源结构体系，当前全市非煤产业所占比重已达到70%，未来萍乡市应进一步淘汰落后产能的项目，增加绿色科技投入，减少工业三废排放，以提升绿色创新绩效。

数十年的稀土开采为赣州市带来经济发展的同时，也带了严重的环境污染问题。起初，赣州采用末端治理技术，走先污染后治理的老路，造成稀土业的收益缓慢，绿色创新效率低下，为顺应国家的生态文明战略的要求，赣州市开始逐步开发全新的稀土开采工艺，实施清洁生产战略，绿色创新绩效有了逐步改善。例如，赣县大力发展循环经济，引导企业走“资源—产品—再生资源—再生产品”的循环经济模式，不断鼓励企业研发和引进新技术、新设备提升资源综合利用水平，目前已经形成了较为完善的绿色产业链和较为成熟的循环经济模式，全县已有27家企业实现全面改造和转型升级，可在很大程度上减少了二氧化硫、氮氧化物和烟粉尘等污染物的排放。此外，赣州市还以产业科技园区为核心，搭建循环经济发展平台，通过园区内企业之间纵向、横向链接，促进资源的循环利用、再生利用，资源综合利用型企业正在不断地发展壮大。目前，赣县对钨和稀土废料回收利用的产业链已具备一定的规模，还有一批特色循环产业体系正在初步形成，如“甜叶菊渣——生物沼气发电”“粉煤灰——新型建材”等。“三废”综合利用年产值高达30亿元。未来赣州市应该在稀土产业开发上，应进一步引入循环经济的理念，实施清洁生产，注重废弃物的循环利用，改善绿色创新绩效。

吉安、宜春、抚州、上饶四个城市的绿色创新绩效值的平均值低于前两类梯度的城市，故将其归为第三梯队。这4个城市的绿色创新绩效水平接近，16年来平均值介于0.35~0.41之间，明显低于第一梯队的0.60~0.79，略低于第二梯队的0.43~0.49，2008年以前跟其他7个城市的差距，尤其是第一梯队城市的差距较为显著，2008年后，随着鄱阳湖生态经济区的成立，4个城市作为鄱阳湖生态经济区的一部分，开始实施生态文明战略，发展绿色经济，培育绿色产业，利用独特的旅游资源的优势发展生态旅游，绿色创新绩效取得明显的成效，因此，2008 年后，与第一和第二梯队城市的差距逐渐缩小，未来 4 个城市除了加大绿色创新的科技投入水平外，还要注重提高绿色技术成果的转化效率，提高绿色创新绩效，进一步缩小与第一、二梯队城市之间的差距。

总之，应深入挖掘江西省 11 个地级市的绿色经济发展潜力，加大绿色科技创新力度，提高绿色产业的竞争力，同时应发挥鄱阳湖生态经济区目前进行的昌九一体化的带动作用，以昌九“双核”辐射周边城市，加快周边城市的绿色化进程和区域绿色经济合作，以发展低碳经济、循环经济和绿色经济来引领和支撑江西省未来的产业结构体系，全面促进江西省的绿色发展和产业转型升级。

5.3.4 江西省绿色创新绩效差异的影响因素分析

Tobit 模型是美国 James Tobin 提出的，是一种受限因变量模型，又称为审查回归模型，是解决因变量受限的常用方法。Tobit 模型的基本形式如下：

$$y_i^* = x_i'\beta + \sigma u_i,\ i = 1,\ 2,\ \cdots,\ N \tag{5.10}$$

$$y = \begin{cases} y_i^*, & 0 < y_i^* \leqslant 1 \\ 0, & -\infty < y_i^* \leqslant 1 \\ 1, & 1 < y_i^* \leqslant +\infty \end{cases} \tag{5.11}$$

式中，y^* 是样本数据第 i 组观察值的受限因变量；x_i 为解释变量；β 为未知参数向量。

式（5.11）描述了所观测到的变量 y 与 y^* 潜在被解释变量之间的关系。

在受限因变量模型中，因期望误差不为 0，所以用最小二乘法估算会存在偏差，因此 Tobit 模型在采用参数估计时使用的是极大似然估计，其极大似然函数为：

$$L = \prod_{y_i=0}(1 - F_i)\prod_{y_i>0} - \frac{1}{\sqrt{2\pi}}\mathrm{e} - \frac{1}{2\sigma^2}(y_i - \beta x_i)^2 \tag{5.12}$$

$$F_i = \int_{-\infty}^{\beta x_i/\sigma} \frac{1}{\sqrt{2\pi}}\mathrm{e} - \frac{t^2}{2}\mathrm{d}t \tag{5.13}$$

式中，F_i 为区间上的正态分布，对应有效决策单元概率相乘和无效决策单元概率相乘，本书中利用 DEA 测度出来的效率值的区间为［0，1］，因此数据属于受限制的变量，选用 Tobit 模型是合理的。

李巧华和唐明凤[104]、Frondel 和 Horbach[106]、马富萍[113]、李婉红[115]认为环境规制是企业进行绿色创新的主要驱动力，相对于政府规制，Demirel 和 Kesidou[99]、董颖和石磊[100]、杨燕和邵云飞[101]、张钢和张小军[102]等人认为来自消费者的市场需求和来自竞争客户的压力是绿色创新的主要动力，韩晶[162]认为第三产业占 GDP 的比重越高，绿色创新效率越高，两者是明显的正相关关系，即产业结构为促进区域绿色创新绩效的提升有积极作用。徐建中和曲小瑜[176]认为 FDI（外商直接投资）会通过提升区域的绿色创新能力，进而提升绿色创新绩效。根据已有文献、数据的可得性及江西省的实际情况，本研究选择环境规制（GOV）、外资引进（FDI）、产业结构（IND）、市场竞争（MC）、市场需求（MD）五个影响因素为自变量，各地区的绿色创新绩效值（绿色创新综合效率）作为因变量，建立以下 Tobit 回归模型：

$$GI_{it} = \beta_0 + \beta_1 GOV_{it} + \beta_2 FDI_{it} + \beta_3 IND_{it} + \beta_4 MC_{it} + \beta_5 MD_{it} + \varepsilon \tag{5.14}$$

式中，β_0 为截距项；β_1、β_2、β_3、β_4、β_5 分别为各自变量的回归系数；i 代表各个城市，$i=1, 2, \cdots, 11$；t 为观测年度，$t=1999, 2000, \cdots, 2013$；$\varepsilon$ 为残差项；GI 代表绿色创新绩效，AHP-DEA 计算得出；GOV 代表环境规制，用污染治理投资额来表示；FDI 代表外资引进，代表经济开放程度，用全社会固定资产投资资金来源中利用外资来表示，FDI 的技术水平一般会高于国内企业，一般来讲，它们的进入对提升江西省的绿色创新效率有促进作用；IND 表示产业结构，用第三产业产值占 GDP 的比重来表示，因为第三产业中的生产性服务业对于绿色创新有积极意义；MC 表示市场竞争，用主营业务利润率来测度市场竞争的激烈程度；MD 表示市场需求，用地区人均收入水平来衡量市场需求，市场竞争环境和市场需求均会对绿色创新绩效产生积极影响。

利用 Eviews5.0 软件，通过面板 Tobit 回归分析发现（见表 5.6）：

（1）环境规制（GOV）对绿色创新绩效的影响系数为-0.08132，未通过显著性水平检验。这与研究预设不太一致，表明环境规制并没有对江西省的绿色创新绩效产生有效的作用，原因可能由于地方政府受经济利益的驱使，不惜以牺牲环境来换取 GDP 的增长，对治污排污政策的执行力度不够，监督缺位，对于破坏环境的现象惩罚不力，造成有些企业无视法律法规，偷排、增排现象屡屡发生。虽然环境规制不少，还没有对江西省的绿色创新绩效产生显著的正向作用。

（2）外商直接投资（FDI）对绿色创新绩效的影响系数为 0.020489，通过了显著性水平检验，说明 FDI 投资水平高的地区，绿色创新效率较高，FDI 与绿色创新绩效间存在明显的正向关系，对于 FDI 是否对绿色创新绩效有显著影响，一直存在两种相反的结论[161,170,174]。本书的研究结论与徐建中和曲小瑜[176]一致。得出 FDI 对绿色创新绩效有用正向影响这一结论，跟江西省政府引入外资企业时，改变了传统的不加区别的引入方式，对入驻的企业进行合理引导和设立的相应的门槛，有效规避 FDI 的负面效应。外商资本可对当地产生有效的技术扩散效应，促进绿色技术水平的提高，从而推动绿色创新的发展，此外，FDI 人力、物力、财力等资源的大量流入，可对区域绿色制造、研发和营销能力产生极大的影响，进而提高了区域绿色创新能力，弥补企业自主创新能力的不足，也可在某种程度上改变市场结构，进一步激化市场竞争，产生一定的竞争和示范效应，迫使越来越多的企业进入到自主或模仿创新的行列中，进而提高了地区的绿色创新绩效。

(3) 产业结构（IND）对绿色创新绩效的影响系数为 0.034126，且通过了显著性水平检验，说明第三产业占当地 GDP 比重越高，绿色创新绩效越高，产业结构和地区绿色创新绩效之间存在显著的正相关关系，原因是第三产业中生产性服务业可为绿色创新绩效的提升提供有力的支撑，能够为地区技术水平的提高增添动力和活力，江西省会城市—南昌市，服务业较为发达，南昌的绿色创新绩效也因此处于前列。

(4) 市场竞争（MC）对绿色创新绩效的影响系数为 0.020574，且通过了显著性水平检验，说明市场竞争的激烈程度对绿色创新绩效的提升有积极的推动作用。在激烈的市场竞争中，企业会利用提供绿色产品和开发绿色生产技术和提供绿色服务来获得比同行对手更多的比较优势，进而改善了企业的绿色创新绩效，提升企业的竞争力。

(5) 市场需求（MD）对绿色创新绩效的影响系数为 0.002313，未通过显著性水平检验，说明人均收入水平和绿色创新绩效之间并未存在明显的推动作用，因为江西省属于欠发达地区，目前还处于追求数量式的经济增长的阶段，民众对绿色产品消费愿望不强烈，从数量式增长到内涵式增长的转变还需要相当一段时间，这造成了目前的人均收入水平对绿色创新绩效的提升没有显著的促进作用。

表 5.6 江西省各地级市绿色创新绩效影响因素的 Tobit 回归结果

变量	系数	标准误	t 统计量	P 值
常数项	1.290524 ***	0.176523	7.310801	0.000
GOV	−0.081321	0.117185	−0.693917	0.4887
FDI	0.020489 *	0.008921	2.2967314	0.0212
IND	0.034126 **	0.009576	3.5636725	0.0039
MC	0.020574 ***	0.004382	4.6950671	0.0000
MD	0.002313	0.015214	0.1520342	0.8798

注：* 代表 10% 显著水平下具有统计显著性；** 代表 5% 显著水平下具有统计显著性；*** 代表 1% 显著水平下具有统计显著性。

5.4 结论与政策建议

5.4.1 主要结论

本书运用 AHP-DEA-TOBIT 对江西省各设区市的绿色绩效水平进行了测度

评价及影响因素分析，得到的研究结论如下：

（1）就江西省而言，2005年以前，绿色创新综合效率增速缓慢. 2005～2008年，随着新型工业化水平的提高和各地经济的快速发展，各地区开始注重污染治理修复、清洁生产、传统产业节能降耗，绿色创新综合效率增速加快。2009年以后，随着鄱阳湖生态经济区的成立，大力发展生态经济、循环经济、低碳经济，产业开始转型升级，形成“绿色化”的稳定增长局面，绿色创新绩效的增长幅度较上一阶段明显提高。

（2）从分解的技术效率来看，总体上，江西省的规模效率呈现明显的递减趋势，纯技术效率除了个别年份外，其他年份基本保持稳步上升的趋势，但规模效率和纯技术效率都处于无效状态；二者耦合协调水平较差，基本不存在相关关系；从纯技术效率、综合效率和规模效率的相关关系来看，前两者的变化趋势基本一致，绿色创新综合效率的变化主要取决于技术效率的变化，与规模效率相关性较弱。分城市而言，11个地级市18年间综合效率、纯技术效率和规模效率基本处于无效状态，且各城市分异严重，部分城市规模效率高于纯技术效率，部分城市则相反。

（3）江西省11个地级市的绿色创新综合效率值呈现出较大的差异性，除了南昌市和景德镇在2013、2014年和2016年的绿色创新综合效率DEA达到1以外，其他城市的绿色创新综合效率均为DEA无效。就平均综合效率水平来看，江西省11个设区市存在严重的空间分异，南昌、景德镇、九江处于第一梯队；新余、鹰潭、萍乡、赣州处于第二梯队；其余城市处于第三梯队，且与前两梯队存在明显差距。

（4）利用面板TOBIT对绿色创新绩效影响因素的分析表明：产业结构、FDI、市场竞争是促进绿色创新的正向影响因素，其余因素的作用则不显著。

5.4.2 政策建议

在当前倡导清洁生产、生态经济和循环经济，实现绿色发展的大背景下，以绿色创新为动力，积极推进绿色经济建设已经成为区域可持续发展的战略选择，江西省积极响应国家的绿色战略的需求，绿色创新绩效取得了明显成效，但与其他发达地区以及中部其他省份相比，还存在明显的差距，而且各个地级市之间的绿色创新发展不平衡，根据以上研究结论，结合江西省的实际情形，提出如下政策建议：

（1）坚定不移地贯彻“创新发展、协调发展、绿色发展、开放发展、共享发展”的理念，迈出“发展升级、小康提速、绿色崛起、实干兴赣”的坚实步伐。发展不充分，经济发展处于欠发达地位，是江西绿色创新绩效不显著的根本原因。坚持发展是第一要务，“发展必须是遵循经济规律的科学发展，必须是遵循自然规律的可持续发展，必须是遵循社会规律的包容性发展”。发展基点放在创新上，培育发展新动力，优化劳动力、资本、土地、技术、管理等要素配置，激发创新创业活力，推动大众创业、万众创新，释放新需求，创造新供给，推动新技术、新产业、新业态蓬勃发展；构建发展新体制，加快形成有利于创新发展的市场环境、产权制度、投融资体制、分配制度、人才培养引进使用机制，提高政府效能，激发市场活力和社会创造力；必须坚持可持续发展。

（2）充分利用绿色优势，树立绿色品牌，坚持绿色发展，树立建设美丽中国建设的江西样板。江西省有先天的生态环境优势，生态环境容量大，生态子系统较为健康，这为江西省的绿色发展奠定了良好的基础，也增加了绿色转型的紧迫性，江西应充分利用这一绿色优势，树立绿色品牌，进而促进产业的绿色化转型。市场约束是影响江西绿色产业发展的主要因素，江西应该实施市场驱动战略，营造市场销售平台，不断打造绿色品牌，提高品牌知名度和影响力，提升企业的竞争优势和经济绩效，进而吸引企业生产和设计绿色产品，促进全省绿色创新绩效的提升。现阶段的市场需求因素，尤其是国内顾客的绿色需求，还不足以构成江西绿色创新的直接驱动，尽管如此，随着国际贸易的不断深入，国外顾客对绿色产品的需求也会直接影响国内顾客的需求趋势，有望成为绿色创新的强大动力。扩大绿色市场需求的途径有：

1）引导和促进消费者建立绿色消费方式，增强文明消费意识。随着人们生活水平的不断提高，越来越多的消费者逐渐认识到绿色消费关系到消费者自身及社会的长远利益，尽管如此，由于消费者的文化知识水平所限，追求短期利益成为影响绿色产品生产和销售的一大障碍。因此，有必要加强消费者的绿色消费意识，引导消费者建立绿色消费方式，地方政府借助网络媒体进行大力宣传绿色消费观念，让消费者从心理层面充分认识到绿色消费对自身及生态环境的作用。同时，还要逐渐普及有关绿色产品的购买和使用方面的知识，帮助消费者快速识别出含有环境标准的绿色产品，将假冒伪劣产品拒之门外，维护自身的合法权益，由此形成的绿色消费风尚会促使企业生产绿色产品和提供绿色服务。

2）企业应积极实施绿色营销战略，树立绿色形象，借此提高自身的竞争优势。首先，企业应将低碳环保的理念渗透到原材料购入、产品研发、设计和生产制造及包装运输的各个环节，潜心研究绿色产品和技术的研发设计，实施清洁生产工艺，采用可降解或可循环利用的包装材料，使“绿色”的概念贯穿在企业绿色营销活动的全过程中；其次，选择具有绿色环保意识的产品制造商、绿色中间商和代理人，建立绿色产品的销售渠道，可通过建立绿色产品连锁店、大型销售中心等来选择合适的绿色合作伙伴；最后，企业应开展多种多样的绿色攻关活动来树立绿色形象，如通过公开演讲、提供环保基金和环保赞助等，以此来提高人们的绿色消费意识，为绿色产品的销售带来动力。

3）政府应发挥自身的宏观调控作用，为加强绿色消费营造良好的市场环境。首先，必须加强市场管理，整顿市场秩序，严厉打击假冒伪劣和各种不法行为，净化市场，严厉惩罚非法使用或冒用绿色标签的生产制造商，整顿市场秩序，以保护绿色消费者的权益；其次，政府应把绿色产品检测这一环节摆在突出的地位，增加绿色产品检测的人力和资金投入，确保绿色产品的检测在透明环境中进行，最大限度地满足消费者的绿色产品检测需求；最后，政府应借助社会力量，成立绿色消费者协会，明确协会的职责和权利，协会应对侵害消费者合法权益的行为进行揭露和批评，以增强人们的绿色消费信心。

(3) 加快调整产业结构，增加现代服务业的比重。江西省的产业结构不尽合理，目前，工业结构中重工业化的特征较为显著，第三产业发展滞后。重工业中的非金属矿物制品业、黑色金属和有色金属的采选和冶炼加工业、电力热力工业等占有相当大的比重，这些行业具有高污染、高能耗和高度资源依赖性的特征，是工业污染物排放的主要来源行业，这些行业由于生产技术水平落后、人才队伍缺乏等，产品能耗高于周边省份及全国的平均水平，对于此类行业，未来江西省除了加大环境规制力度，促使企业大力发展循环经济，推动企业利用绿色创新实现污染控制和绿色转型外，还应提供必要的政策支持，如采取成立绿色发展基金，用于绿色基础设施建设、绿色创新、绿色设计及产业的绿色化改造，实行财政贴息的办法，引导污染企业自主研发清洁生产技术，加快支持传统产业的技术改造升级，使工业结构由劳动密集型逐步向资本密集型、技术密集型和知识密集型转变。江西省应利用长三角和珠三角的腹地优势，结合区域自然禀赋，重点布局好具有良好发展前景的战略性新兴产业，在承接东部产业转移的同时，做好产业升级工作。并积极发展具有较高附加值的现代服务业，增加现代服务业的比重，由此调整现有的产业结构，助推产业绿色转型，进而促进绿色创新绩效的有效提升。就江西省目前的实际经济发展水平来看，服务业固定资产投资在全社会固定资产投资中所占比重约为40%，服务业增加值占全省GDP比重约为35%，与全国对应平均值的56%和46%差距较大，与发达省份更是相差甚远。虽然江西省现代服务业发展相对滞后，但也具备增速明显加快、比重明显提高、贡献明显加大、集聚度明显提升、竞争力明显增强的趋势。当前，应认真判断新形势、新特征、新规律，结合江西现代服务业发展的具体内容和实践，大力推进现代服务业绿色发展。具体包括：

1）坚持低碳循环、集约节约的原则，大力发展绿色服务业，从以发展传统服务业为主转变为以发展现代服务业为主，从以发展低端服务业为主转变为以发展中高端服务业为主，从以发展粗放型服务业为主转变为以发展集约型服务业为主，从以发展人工型服务业为主转变为以发展智能型服务业为主。

2）通过发展高端服务业，促进传统产业转型升级、绿色发展。特别是要围绕有色、钢铁、纺织、食品等传统产业，重点发展金融服务、现代物流、信息服务、科技服务等服务业。

（4）强化企业在绿色创新过程中的主体地位和企业的社会责任意识，通过产学研合作来提升企业的自主创新能力。企业在整个绿色创新体系中处于主体地位，是绿色创新的核心行为决策者，企业的发展成败最终还是取决于企业自身，政府应该从单一的输血式向造血式转变，强化企业在绿色创新中的主体地位，具体途径有：

1）政府应该创造有利于企业绿色科技创新的政策环境，减少对企业的直接干预，使企业在创新活动中最大程度地发挥自身的主观能动性，鼓励企业独立或以产学研的形式申报重大科技攻关项目，发挥企业在绿色创新行为决策中的主体作用。

2）企业应根据自身的客观条件，构建适合于江西省实际情形的绿色创新战略体系，通过绿色技术创新、绿色管理体制和运营机制创新、供给侧结构性调整等措施，加强自身的绿色创新行为决策能力，凸显创新主体的地位。

3）企业应充分利用内外部创新资源，以此构建自身的核心动态能力，为绿色创新提供源源不断的驱动力，在绿色新产品研发、科技成果转化中的竞争优势不断增强，由此，企业在绿色创新体系中的主体作用也得到进一步发挥。

4）企业应当主动将资源节约、可持续发展的理念渗透到企业文化中，强化自身的社会责任意识，进一步提升企业在创造良好生态效益和社会效益中的作用，这样可为企业带来良好声誉的同时，也进一步巩固企业在绿色科技创新的主体地位。

自主创新能力是企业的核心竞争力，企业可通过产学研合作来提升自身的创新能力，产学研合作可以实现合作方的资源共享和能力的优势互补，分担绿色创新的成本，能够在一定程度上减少因创新风险带来的损失，是提升企业的自主创新能力的重要手段。江西省地处欠发达地区，许多企业与高校及科研院所的结合不够紧密，其合作基本上是以项目为导向，建立在委托-被委托的关系上。产学研合作机制的完善程度与周边发达省份相比还存在很大差距，导致技术积累程度低、科技成果的转化效率低下，且在合作的过程中，因产权界定不清晰、利益分配机制不完善造成合作方常常产生矛盾冲突，不利于拓展产学研合作的广度和深度。为了促进产学研合作对绿色创新的推动作用，政府和企业应从以下方面完善产学研合作机制。

1）产学研的合作具有动态性，企业处于绿色创新不同的发展时期和发展阶段，其绿色技术创新能力会相应地有所改变，也会呈现动态的变化特征，企业应根据自身所处的绿色创新的阶段和绿色创新水平来选择合适的合作伙伴，构筑自身的绿色创新能力，例如，当企业处于绿色创新的初期，即从传统工艺到清洁生产技术创新这一阶段时，企业对绿色创新的知识积累较少，知识体系相对薄弱，企业可与高校或科研院所在某一个项目上进行合作，随着合作程度的进一步深化，企业的知识体系也得到了加强和稳固，此时，可以选择研发实力相对雄厚的科研院所进行合作，并建立长期的合作关系。

2）在产学研合作的过程中，政府应发挥自身的组织协调作用，政府应尽力改善和产学研合作相关的基础设施，营造宽松的政策环境，鼓励更多的企业和科研院所积极参与到产学研合作项目中，为进一步完善产学研合作交流平台，促进科技成果的有效转化，政府应积极推动相关社会中介服务机构建设，发挥中介机构在产学研合作在各个环节的关键作用。此外，政府还应该完善和产学研合作相关的制度环境和市场环境，提高本地的信息化服务水平，为合作畅通提供便利条件。

(5) 增加资金和人才支持力度，为绿色创新提供足够的动力。政府应加大对绿色创新活动的投资力度。江西省绿色创新绩效低于全国甚至中部平均水平的主要原因之一就是江西省的绿色技术创新的投资力度较小，因绿色创新活动本身具有较高的风险性，单一通过强化企业的社会责任意识来促使企业投资绿色创新是远远不够的，政府应从社会利益出发，利用财政资本来引导和撬动企业的绿色技术创新行为，缓解企业绿色创新的资金压力。具体而言，政府可对从事绿色技术研发和绿色产品制造的企业提供专项资金，扶持其正在进行的绿色创新活动；政府通过实施信贷优惠政策，对生产绿色产品的企业从设计研发、生产制造再到销售的各个环节提供贷款优惠，如减免利息等，以扫清企业从事绿色活动的资金障碍，鼓励企业大胆开展绿色技术创新，进而促进企业的绿色转型；政府自身应践行绿色消费的理念，出台绿色采购相关的制度，政府可优先采购通过环境认证的低碳产品或技术，通过直接购买适合本部门的绿色产品或技术，可以借此引导其他公共部门的绿色采购意向，并在更多的公共事业单位得到推广应用，在提高生态效益和社会效益的同时，也间接为企业实施绿色创新提供了动力和支撑。人才是绿色产业创新的核心要素，相较发达省份，江西人才后备资源明显不足，《江西省 2018 届普通高校毕业生就业质量报告》显示，江西省 2018 届高校毕业生中江西生源共有 210268 人，占毕业生总人数的 66.12%。在已就业的毕业生中，仅有 47.74%选在省内就业，超半数选择省外就业，虽然近几年江西实施“人才新政”卓有成效，但人才流失形势依然严峻。留下来是第一步，留得住才是关键，对于南昌、九江、赣州等二三线城市来说，应结合当地经济状况、产业发展布局、城市定位特点，制定个性化、针对性的人才引进政策，而不是一味地去追求人才数量，要让人才充分感受到被尊重，从人才培养、使用、评价、激励、保障等多方面多管齐下，实现人才引进和留人的可持续性。

(6) 完善江西省的环境规制，加强环境保护的监管，科学选择和制定适合地区绿色转型的环境管制工具。环境规制在中国尤其是欠发达地区扮演着重要角色，对推动绿色技术创新、产业的绿色转型和优化升级有一定的积极作用。政府应采用多种手段展开环境规制，发挥各种环境规制工具的优势作用。虽然目前江西省出台的强制性环保法规较多，但取得的环保效果不显著，企业有法不依和政府执法不严从根本上制约了绿色创新的发展，政府应加大环保执法力度，提高执法的有效性。切实贯彻“河长制”等环境保护责任制，把环境质量作为地方政府官员业绩考核的重要内容之一。

绿色创新因环保溢出有较强的正外部性，地方政府除了强化污染排放标准、产品和技术标准、罚金、审计制度等强制性手段外，还需要市场激励性的环境规制政策（如生态补偿制度、征收排污税、排污权交易等）及政策刺激（如创新补贴、税收优惠等），已有大量研究表明：相对于命令控制型的环境规制工具，市场激励型的环保规制工具实施效果更优。因此，江西省应逐渐将环境规制手段从命令控制型为主转向以市场激励型为主，综合运用这两种规制工具，同时结合环境信息披露等相互沟通型的环保规制手段，根据不同的规制目标，灵活、有针对性地选择环境政策工具，最大限度发挥各类环境规制工具对企业实施清洁生产和循环经济的促进作用。江西省应加快制定清洁生产、能源节约和资源循环利用等方面的配套政策和法规，对于主动开展清洁生产和循环经济活动的企业应给予相应的政策激励，如税费减免和财政补贴等，对于偷排漏排污染物、有法不依的企业应加大环保法规的处罚管理力度。

（7）转变政府职能，完善市场竞争机制。政府应充分认识到市场竞争对江西省绿色创新绩效的促进作用，完善市场竞争机制，以此引导企业进行绿色创新。

1）政府应建立公平竞争的市场环境等，加强市场监管，维护市场秩序，推动绿色创新的顺利实施，同时，政府鼓励和引民营企业进行绿色创新，为了全面提升行业的竞争水平，应适当引入民营资本，加大对其的投资扶持力度，为非公有制企业的绿色发展提供更多的财政补贴和优惠措施，解决其绿色创新资金不足的问题。

2）为避免过度竞争，对于过度竞争的行业，政府应从培育行业龙头为导向，对某些重点行业进行适当的扶持，对此，政府还必须加强市场管理，整顿市场秩序，严厉打各种不法行为，鼓励和引导企业通过资本运作平台进行改制、重组或并购，适当提高市场集中度，为促进绿色创新绩效的提升提供良好的市场环境。

（8）推进更高层次开放经济，积极推进绿色发展战略。江西曾在历史上的“一带一路”中扮演非常活跃的角色，江西省生产的陶瓷、茶叶和丝绸是“一带一路”倡议的大宗货物。当前，国家实施新一轮高水平对外开放进行了顶层设计，提出要创新外商投资管理体制、建立促进走出去战略的新体制、构建外贸可持续发展新机制、优化对外开放区域布局、加快实施“一带一路”倡议等多方面任务。江西要积极参与新时期的“一带一路”建设，不仅要组织江西生产的绿色农产品、生态经济产品出口；而且要通过工程承包建设、设计、咨询，将江西发展生态经济和循环经济、“山江湖综合开发治理”的先进理念、技术和经验输出，在国际竞争中发挥更大作用。FDI 可以在一定程度上缓解东道国创新资金不足的问题，但也有学者认为 FDI 会促使污染产业从环境门槛高的地区转移到环境门槛相对较低的地区，带来环境负面影响，为了避免 FDI 的“污染避难所”效应，应合理利用 FDI，规避其负面效应，发挥 FDI 对江西省绿色创新绩效的积极作用，具体措施有：

1）加大 FDI 对环保投资力度，不断提高产业引入地的环境容量和生态承载力，完善引入地区的环境准入制度，提高“三高”产业进入门槛，为防范 FDI 引入带来的生态风险，应坚决杜绝绿色工艺水平低下、环境污染严重的外资企业。提升企业的社会环境保护意识，加强对企业环境管理，努力营造良好投资环境，吸引优质产业转移项目。

2）要将重点放在国际环保组织的援助、外国政府和国际金融组织的赠款和贷款上，应积极引导和扩大 FDI 的范围，比如，在环保设备和技术开发利用、城市环保基础设施上扩大投资。此外，应有效利用国际环保组织、国际金融组织和外国政府的援助、赠款和贷款，来提高我国的环保技术水平。

3）提高资金的使用效率，对于需要引进的绿色工艺和装备，应结合自身对技术的消化吸收能力，投入与之匹配的人力、物力资源，最大限度地发挥 FDI 的综合效益。

4）在利用外资时，要做好项目前期工作，转变 FDI 引资方式，从以“项目招商”为核心转向以“生态产业链”为平台引进外资企业，加强企业的技术创新能力，提高企业清洁生产实施效率，利用外商投资为江西省的环境保护与治理提供充足的资金来源和先进的技术设备，加快环保设备产业化，促进环保产业的结构调整，有效促进江西省环境和经济的协调发展。

5.5 本章小结

本书在文献研究的基础上，从环境绩效、创新绩效、经济绩效和社会绩效 4 个方面入手，以江西省 11 个地级市为例，利用模糊 AHP 法构建了绿色创新绩效水平的指标评价体系，通过层次总排序，最后确定了排在前列的 4 个投入指标和 4 个产出指标作为后续 DEA 计算的输入和输出变量，计算了江西省 11 个地级市的绿色创新绩效值，比较了江西省各地级市的绿色创新绩效的地区差异，然后用面板 Tobit 法对江西省各地级市绿色创新绩效差异的影响因素进行了实证分析。结果表明：FDI、产业结构和市场竞争对绿色创新绩效有显著的促进作用，环境规制和市场需求对绿色创新的作用不显著，最后提出了改进江西省绿色创新绩效的建议。

6 区域绿色创新系统成熟度指标体系的构建与评价

基于国内外学者的相关研究，本章在分析绿色创新动态演进过程及阶段性特征的基础上，提出“绿色创新成熟度”的概念，力图客观、综合反映区域绿色创新系统持续优化过程，进而对中部六省的绿色创新系统运行态势进行科学测度和评价。

6.1 绿色创新成熟度的内涵

“成熟度”一词最早用于软件能力的评价上，是对事物发展完善程度的描述和刻画，后来逐渐应用到人力资源、项目管理、金融和保险等领域。绿色创新是指创新主体以可持续发展为目标，投入一定的资源能力要素，且在外部环境因素的支持下，以发展绿色经济为导向，通过设计和开发更为环保的工艺和产品，改进管理机制来降低对环境的消极影响，最终实现产业的转型升级。根据第 3 章归纳出绿色创新的技术路径：传统工艺→清洁生产技术创新→绿色产品链创新→绿色业态创新 4 个阶段，体现了绿色创新系统不断完善、成熟的发展过程。在绿色创新系统演进的过程中，离不开绿色创新资源能力投入、产出效益、管理水平、政策支持四个层面的因素，绿色创新资源投入贯穿在“清洁生产技术（工艺）创新→绿色产品创新→绿色产业转型升级”的全过程，传统产业发展为绿色产业，每一步都离不开绿色技术（绿色产品和工艺）的研究开发及科学研究、产品开发和技术推广应用，因此，绿色创新资源投入是绿色创新的基础；企业管理制度是绿色转型的重要指导，政策支持是区域绿色创新活动的重要保证，二者影响区域绿色创新过程的各个环节；绿色创新产出效益，包含创新效益、经济效益和环境效益，是衡量区域绿色创新水平的关键指标，在很大程度上决定着区域绿色创新的层次；传统产业从清洁生产技术跃至绿色产品创新阶段的过程中，离不开绿色制造这一重要环节，而绿色产品的开拓和推广力度则是传统产业从绿色产品创新向绿色产业转型升级迈进关键。

由此，本章从绿色创新投入、创新效益产出、经济效益产出、绿色效益产出、绿色制造、绿色产品市场开拓、绿色管理、绿色政策环境支持 8 个方面来分析区域绿色创新系统的动态演进特征，各阶段特征如图 6.1 所示。

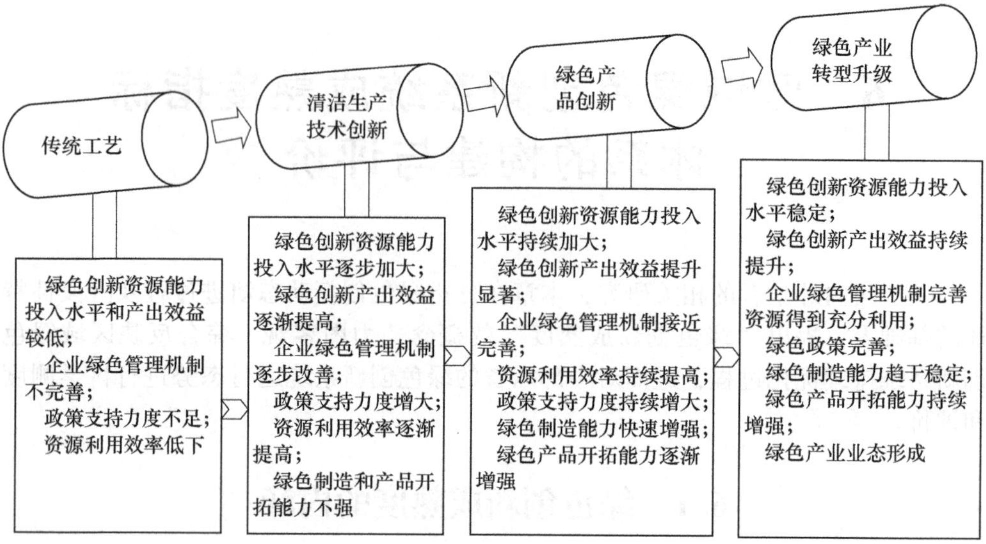

图 6.1 绿色创新成熟度阶段及内涵特征

6.2 研究方法与评价指标体系的构建

6.2.1 研究方法——熵权 TOPSIS 法

熵权 TOPSIS 法是熵权法和 TOPSIS 方法的组合。熵权是决策过程中利用评价指标的固有信息来客观体现该指标在指标体系中的重要程度，可以反映指标权重随时间变化状况，适合区域评价研究。TOPSIS 法（逼近理想解排序法），其核心思想是通过测度方案与最优解和最劣解的距离，得到各评价方案与理想解的相对贴近度，以此对评价方案进行优劣排序。

本研究利用熵权 TOPSIS 法进行评价的主要步骤如下：

（1）构造判断矩阵：$\boldsymbol{A}=(a_{ij})_{m\times n}$。

（2）对判断矩阵进行归一化处理，得到归一化矩阵 $\boldsymbol{B}$。

（3）根据熵的定义，确定出评价指标的熵 H_i：

$$H_i=-\frac{1}{\ln m}\left(\sum_{j=1}^{m}f_{ij}\ln f_{ij}\right)\text{，其中 } f_{ij}=b_{ij}\sum_{j=1}^{m}b_{ij}$$

（4）评价指标的熵权 W：

$$W=(w_i)_{1\times n}\text{，其中 } w_i=1-\frac{H_i}{n}-\sum_{i=1}^{n}H_i$$

（5）求出指标权重集 $\boldsymbol{R}=(r_{ij})_{m\times n}$。

$$\boldsymbol{R} = \boldsymbol{B} \times \boldsymbol{W}$$

（6）根据上述熵权法求出的权重集 $\boldsymbol{R}$，确定理想解 $\boldsymbol{Q}_+$ 和负理想解 $\boldsymbol{Q}_-$。其中 $\boldsymbol{Q}_+ = (r_1^+, r_2^+, \cdots, r_n^+)$，$\boldsymbol{Q}_- = (r_1^-, r_2^-, \cdots, r_n^-)$

（7）计算各方案与 $\boldsymbol{Q}_+$ 和 $\boldsymbol{Q}_-$ 的距离 S_i^+ 和 S_i^-：

$$S_i^+ = \sqrt{\sum_{j=1}^{n} (r_{ij} - r_j^+)^2}$$

$$S_i^- = \sqrt{\sum_{j=1}^{n} (r_{ij} - r_j^-)^2}$$

（8）计算各方案与理想解的相对接近度（即评价指数）。

$$C_i = S_i^+ / (S_i^+ + S_i^-)$$

式中，$C_i \in [0, 1]$，且某方案的 C_i 越大，该方案越优。

6.2.2 指标体系的构建及数据来源

在梳理相关文献的基础上，从区域绿色创新系统成熟度的内涵入手，遵循指标选取的系统性、全面性、可操作性和代表性的原则，从绿色创新投入、创新效益产出、经济效益产出、绿色效益产出、绿色制造、绿色产品市场开拓、绿色管理、绿色政策环境支持 8 个方面构建区域绿色创新系统成熟度测度指标体系，所构建的指标体系由 8 个一级指标和 29 个二级指标组成，具体内容见表 6.1。

表 6.1 区域绿色创新系统成熟度评价指标体系

	一级指标	二级指标	权 重
区域绿色创新系统成熟度	A_1 绿色创新资源投入度（0.1479）	B_1 研发人员折合全时当量（人·年）	0.0284
		B_2 博士毕业生占研发人员的比重（%）	0.0197
		B_3 研发经费投入	0.0307
		B_4 新产品开发经费支出占 GDP 的比重（%）	0.0241
		B_5 引进国外技术经费支出占 GDP 的比重（%）	0.0214
		B_6 政府科技投入占财政支出的比重（%）	0.0236
	A_2 创新效益产出度（0.0940）	B_7 专利申请数量（个）	0.0317
		B_8 发明专利拥有量（个）	0.0373
		B_9 国外三大检索收录我国的科技论文数 X8（万篇）	0.0250
	A_3 经济效益产出度（0.1364）	B_{10} 新产品销售收入占 GDP 的比重（%）	0.0412
		B_{11} 工业企业新产品开发项目数（个）	0.0233
		B_{12} 技术市场成交额占 GDP 的比重（%）	0.0365
		B_{13} 高新技术产业产值占 GDP 的比重（%）	0.0354

续表 6.1

	一级指标	二级指标	权　重
区域绿色创新系统成熟度	A_4 环境效益产出度（0.1308）	B_{14}工业二氧化硫排放总量（t）	0.0373
		B_{15}工业废水排放达标率（%）	0.0246
		B_{16}工业“三废”综合利用产值（万元）	0.0315
		B_{17}单位工业 GDP 能耗降低率（%）	0.0374
	A_5 绿色制造度（0.1346）	B_{18}制造业循环技术产值占总产值比重（%）	0.0448
		B_{19}制造业绿色技术产值占总产值比重（%）	0.0445
		B_{20}制造业低碳技术产值占制造业总产值比重（%）	0.0453
	A_6 绿色产品市场开拓度（0.1190）	B_{21}绿色产品产值占工业总产值比重的增长率（%）	0.0314
		B_{22}绿色产品占市场比重的增长率（%）	0.0271
		B_{23}绿色产品（工艺、服务）销售收入占产品（工艺、服务）销售收入总额比重（%）	0.0368
		B_{24}绿色产品（工艺、服务）出口创汇率（%）	0.0237
	A_7 绿色管理度（0.1165）	B_{25}重点企业绿色工艺管理体系的完备程度（分）	0.0624
		B_{26}重点企业绿色产品管理体系的完备程度（分）	0.0541
	A_8 绿色政策环境支持度（0.1208）	B_{27}环保产业发展规划编制的执行程度（分）	0.0351
		B_{28}高污染产业限入政策的执行程度（分）	0.0383
		B_{29}绿色政策保障体系的完备程度（分）	0.0474

以中部六省作为研究单元，时间跨度为 2007~2016 年，数据主要来源于《中国统计年鉴》、中部六省的统计年鉴、《中国科技活动统计年鉴》、《中国高技术产业统计年鉴》，其中，部分指标的数据还来源于《工业企业科技活动统计资料》、中国清洁发展机制网 CDM 项、《科技统计报告》等。采用的数据均出自官方数据库，具有较高的权威性和客观性。

根据上述区域绿色创新系统成熟度的内涵可知，区域绿色创新系统经历了传统工艺、清洁生产技术创新、绿色产品创新、绿色产业转型升级的四个阶段，结合中部六省绿色创新系统综合评价结果，得到的评价标准见表 6.2。

表 6.2　区域绿色创新系统评价标准

成熟度	<25	25~50	50~75	>75
评价标准	传统工艺阶段	清洁生产技术创新阶段	绿色产品创新阶段	绿色产业转型升级

6.3 中部六省绿色创新系统成熟度评价

根据表6.1列出的指标体系，采用熵权法计算得到各指标的权重，而后采用TOPSIS法分别对中部六省2007~2016年的绿色创新投入度、创新效益产出度、经济效益产出度、环境效益产出度、绿色制造度、绿色产品市场开拓度、绿色管理度、绿色政策环境支持度、成熟度综合水平进行测算，结果如图6.2~图6.10所示。

6.3.1 绿色创新投入度

中部六省绿色创新投入度如图6.2所示。由图可知，中部地区绿色创新资源投入水平整体呈现上升趋势，但投入水平不高，上升速度缓慢。2007~2010年，除湖北省遥遥领先于其他省份外，其余五省差距不大。2011年以后，六省差距开始逐渐加大，湖北省依然处于领先地位，但上升速度较为缓慢，安徽紧随其后，绿色创新投入度提升较快，这得益于该省的政策环境和区位优势，自2010年以来，安徽省率先出台《低碳技术规划纲要》《国家技术创新工程安徽省试点工作实施方案》等政策，鼓励科技创新、低碳创新。同时，安徽作为长三角的腹地，在承接产业转移的过程中，不断加大研发经费和人员投入，提升科技创新能力。湖南和河南两省绿色创新资源投入变化特征相似，投入水平接近，处于中游水平。山西和江西两省的绿色创新资源投入水平整体偏低，与其余省份差距明显，提升空间较大。

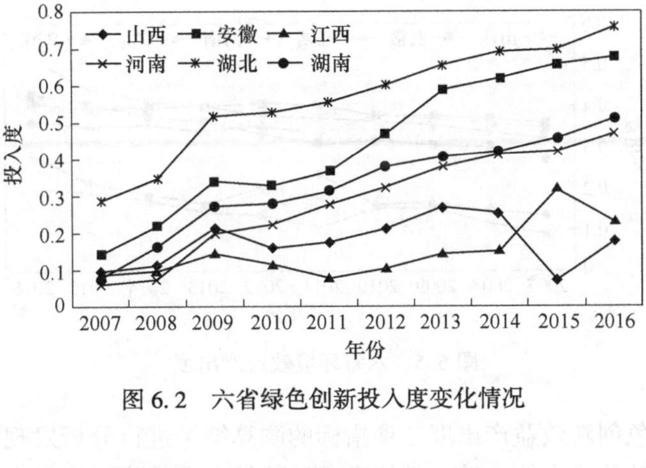

图6.2 六省绿色创新投入度变化情况

6.3.2 创新效益、经济效益、环境效益产出度

中部六省创新效益、经济效益、环境效益产出如图6.3~图6.5所示。由图

可知，各省绿色创新效益产出度变化特征较为相似，和环境效益产出度相比，六省创新效益产出度和经济效益产出度上升较为显著。

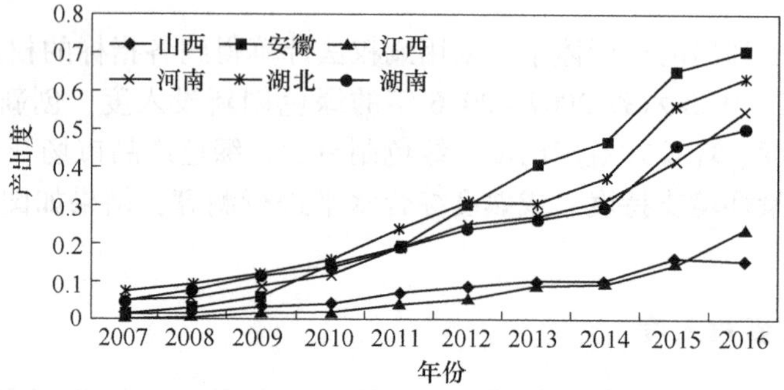

图 6.3 六省创新效益产出度

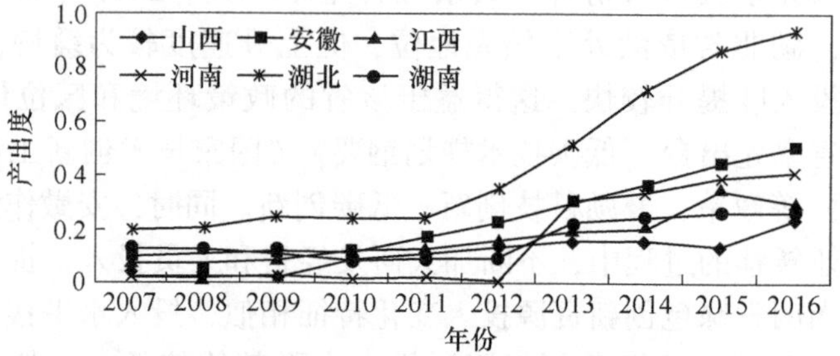

图 6.4 六省经济效益产出度

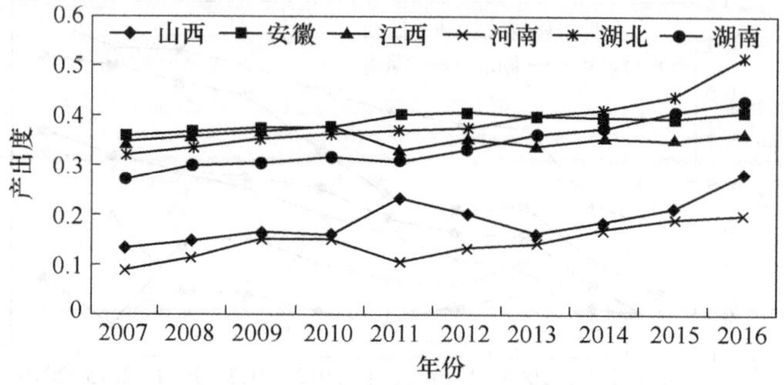

图 6.5 六省环境效益产出度

通过对绿色创新效益产出度三项指标的测算结果进行分析发现：六省的创新效益产出度波动趋势大体一致，整体呈现显著的上升趋势，表现出与绿色创新资源投入度相似的变化特征，2010 年以前六省差距不大，2011 年以后各省上升速度加快，差距也急剧扩大，较前一阶段，江西和山西二省和其他四省的差距明显加大，处于六省之末；在经济效益产出度这一关键指标上，2007~2012 年，除湖北省略高以外，其他省份差别不大，2013 年以后，湖北省的经济效益产出度经历了大幅度提升，开始遥遥领先于其他省份，与此同时，河南省也从 2012 年以前的末位跃至第三，较前一阶段，其余省份均呈现缓慢上升态势；在环境效益产出度这一指标上，除江西省在 2011 年以后出现下滑趋势外，其余五省均保持缓慢的上升态势，安徽、江西、湖北、湖南四省水平较为接近，山西和河南与上述四省差距较大，呈现明显的等级特征。

整体而言，湖北省在创新效益产出度、经济效益产出度、环境效益产出度三项指标上均位于前列，其中，创新效益产出度在 2013 年以后被紧随其后的安徽超越，退居第二；环境效益产出度的变化趋势与前者相反，2013 年之后开始超越安徽，跃居第一；经济效益产出度一直稳居第一，这与湖北省的高校和科研单位众多、单位研发人员及经费投入较高及重视科技成果的转化等因素紧密相关，以 2015 年为例，湖北省和安徽省的研发经费投入分别为 562 亿元、432 亿元，在反映创新效益的国内发明专利授权量这一关键指标上，湖北和安徽分为 7766 项、11180 项，说明湖北省的创新中间产出能力稍逊于安徽，但在技术市场成交额占 GDP 的比重这一反映经济效益的一个重要指标上，湖北和安徽分别为 0.028、0.0087，是安徽的 3 倍多，借以解释了湖北省对创新成果的转化能力较强。安徽省除了经济效益产出度明显低于湖北省外，创新效益产出度和环境效益产出度与湖北省不相上下，由于临近长三角地区，安徽省的经济得到快速发展，逐渐重视创新资源投入、创新项目的培育及创新成果的转化，从而提升了绿色创新效率。湖南省除了创新效益产出度上升较快外，其他两个指标虽有上升，但速度缓慢，且经济效益产出度在 2007~2010 年出现明显下滑的态势，整体上处于中游水平。河南省的创新效益产出度仅次于安徽、湖北，和湖南持平，变化特征也和前者基本一致，经济效益产出度在 2007~2012 年一直处于六省之末，2013 年开始迅猛上升，仅次于安徽，跃至第三，但在环境效益产出度上，一直处于末位，甚至低于传统能源大省的山西省，说明河南省的创新中间产出能力较强，但对创新成果的转化能力较弱。江西省除了创新效益指标值落后外，其他两项指标均接近湖南，说明江西省的创新中间产出能力不足，但重视科技成果的转化应用，创新成果转化能力在逐年加强。在三项指标中，山西省虽然整体呈现缓慢上升趋势，和绿色创新资源投入度相同，落后于其他省份，绿色创新效率低下。

6.3.3 绿色制造度

中部六省绿色制造度如图 6.6 所示。由图可知，中部地区绿色制造水平和绿色产品市场开拓力度不足，各省差异显著，呈现明显的等级特征。

从图 6.6 来看，中部六省的绿色制造度在 0.07~0.55 之间徘徊，整体绿色制

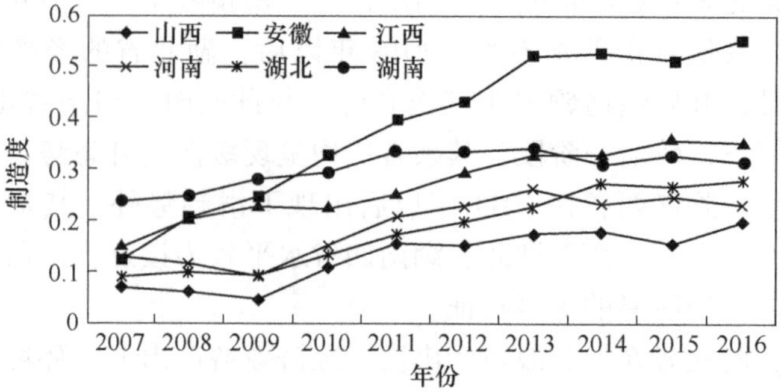

图 6.6 六省绿色制造度

造水平低下。分省区来看，安徽省在绿色制造方面一枝独秀，绿色制造水平良好，对六省的绿色制造水平具有明显的引领作用。湖南省相对于其他省份，2011 年以前，绿色制造能力较强，绿色制造水平较高，但在 2012 年后，绿色制造水平停滞不前，开始出现缓慢的下滑态势。江西省的绿色制造度整体呈现阶段式的缓慢上升趋势，2013 年以前，一直位居湖南之后，2014 年以后，开始反超湖南，跃至第二，近几年，太阳能光伏、绿色照明、新能源汽车等新兴绿色产业的兴起无疑是江西绿色制造水平提升的主要原因。湖北和河南的绿色制造度在 0.08～0.28 之间呈现横向交替波动的特征，相对于其他省份，虽然湖北和河南制造业，尤其是装备制造业产值较高，但制造业中循环和低碳技术的比重不高，造成整体绿色制造水平不高。山西绿色制造度虽有缓慢上升，但一直处于末位。

6.3.4 市场开拓度

从六省的绿色产品市场开拓度来看（见图 6.7），由于濒临珠三角的优势，加上绿色创新资源投入的不断增加，湖南省的绿色产品市场开拓能力较强，一直位于六省之首。安徽和湖北紧随其后，发展势头迅猛，个别年份的绿色产品开拓水平接近湖南。河南、江西和山西，由于区位优势不明显、外商投资有限及本省

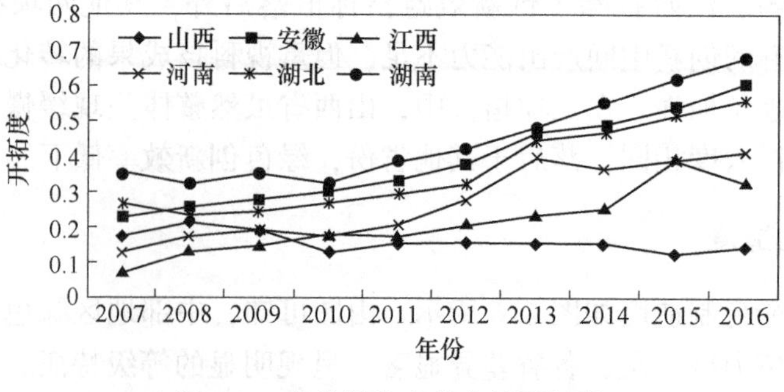

图 6.7 六省绿色产品市场开拓度

绿色创新资源投入不足等因素，绿色产品市场的开拓度不高，山西甚至呈现明显的下滑趋势。

6.3.5 绿色管理度和绿色政策支持度

中部六省绿色管理度和绿色政策支持度如图 6.8 和图 6.9 所示。由图可知，各省绿色管理度和绿色政策环境支持度的波动特征大体相似，对区域绿色创新的拉动作用有限。

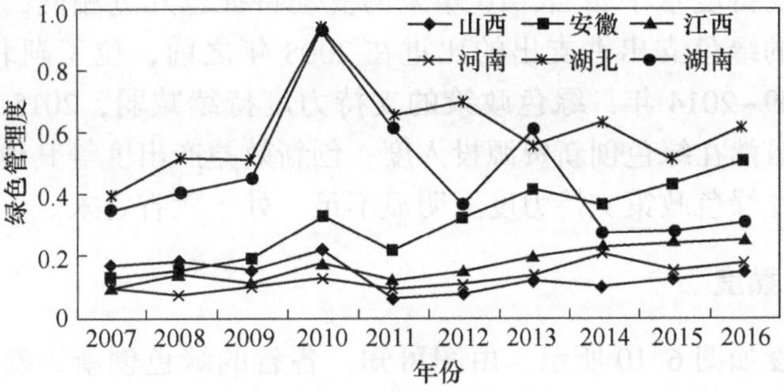

图 6.8 绿色管理度

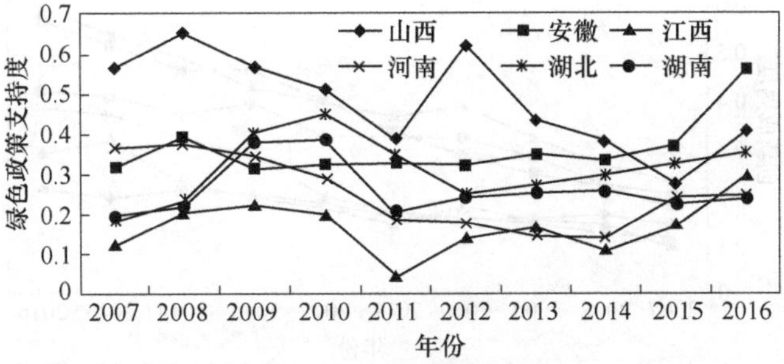

图 6.9 绿色政策支持度

从绿色管理度的测度结果来看（见图 6.8），在 2009 年以前，除湖北和湖南两省明显领先，处于第一梯度外，其他四省的绿色管理水平较为接近，在 0.09~0.22 之间徘徊，处于第二梯度。2010 年，中部六省的绿色管理水平同时出现第一个峰值，湖北和湖南在 2010 年经历了急速上升后，2011 年开始急剧下降，之后在个别年份虽有微增，但整体呈现下降趋势，湖南省虽然在 2013 年反弹略超过湖北，跃至六省第一，但很快在 2014 年被安徽超越，跌落到第三。安徽的绿色管理度虽在 2011 年有明显下降，但 2012 年以后提升较快，2014 年开始超过湖南，仅次于湖北，排名第二，晋升到第一梯度。山西、河南、江西三省的绿色管理水平接近，波动特征大致相似，处于第二梯度，和第一梯度差距明显。

从图 6.9 可见，除安徽外，其余五省的绿色政策支持度波动剧烈，波动特征大致相似。2014 年以前，山西省该指标一直处于六省之首位，财政支出中节能环保所占比重在中部六省排名中一直位于前列，之后在 2015 年虽有明显下降，但在 2016 年又迅速回升，体现了山西作为传统资源大省，政府重视节能生产和环境保护，促进经济发展的方式由粗放型向集约型转变，但在经济新常态的大背景下，在经济发展的转型期仍然面临巨大的挑战。安徽省的绿色政策支持水平除了 2016 年明显上升外，其他年份变化基本不大，政策支持力度良好。湖北和湖南的绿色政策支持度水平相当，10 年来的变动特征也几近相同，整体处于中游水平。河南省的绿色支出占支出的比重在 2008 年之前，位于湖北和湖南之前，排名第二，2009~2014 年，绿色政策的支持力度持续减弱，2015 年后开始明显上升。江西省虽然在绿色创新资源投入度、创新效益产出度等其他指标上明显优于山西省，但在绿色政策支持力度上明显不足，处于六省之末。

6.3.6 创新成熟度

创新成熟度如图 6.10 所示。由图可知，各省的绿色创新成熟度在交替波动中呈现阶段式上升态势，整体水平不高，绿色转型升级仍然面临较大压力。

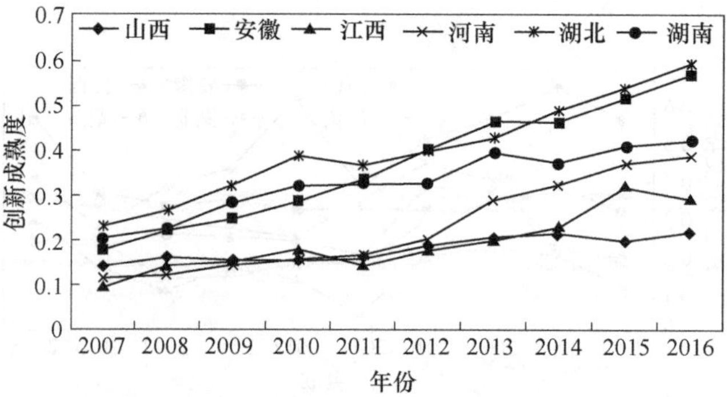

图 6.10 六省绿色创新成熟度的变化情况

分析图 6.10，中部六省的绿色创新成熟度在交替波动中呈现上升趋势，但整体水平不高，绿色创新成熟度的变化大致可以划分为三个阶段，2010 年以前，除山西省外，其余五省的绿色创新成熟度均呈现上升趋势，湖北、湖南和安徽的上升速度较快，且水平较为接近，江西和河南的上升幅度较小，二者差距不大，但与前面三省有明显的等级之分；2011~2013 年，除安徽和河南上升较快，其余四省中，湖北和山西虽有上升，但速度缓慢，湖南和江西分别在 2012 和 2011 年有不同程度的下降趋势；2014 年以后，较前两个阶段，六省的绿色创新成熟度增速明显加快，差距也逐渐扩大，六省的绿色创新成熟度水平的顺序依次为：湖北>安徽>湖南>河南>江西>山西。就绿色创新成熟度的分级标准来看（见表

6.2)，2016 年，中部地区绿色创新成熟度平均值为 0.41，整体处于清洁生产技术创新阶段，分省情况来看，湖北和安徽成熟度水平相对较高，但也仅处于绿色产品创新的中期阶段，湖南和河南处于清洁生产技术创新的中期阶段，江西处于清洁生产技术创新的初期阶段，山西处于绿色创新的初始期，江西和山西均未达到中部地区的平均水平。

6.4 结论与建议

6.4.1 结论

前述第 2 章总结出的绿色创新 4 个演进阶段基础上，本章借助成熟度的概念，从八个维度构建了区域绿色创新系统成熟度评价指标体系，之后对中部六省的绿色创新成熟度进行实证评价，得出如下结论：

中部六省的绿色创新成熟度与发达地区存在一定差距，整体水平不高，但在波动变化中呈现缓慢的上升趋势，绿色转型压力较大，创新效益和经济效益产出效果明显，但其他指标水平均有待提高。

分省而言，各省绿色创新成熟度的分项指标存在明显差异，湖北省绿色创新资源投入最高，但绿色产品市场开拓能力和绿色制造水平不够；安徽省的绿色创新成熟度和湖北接近，个别年份甚至超越湖北，创新产出效益显著，绿色制造水平较高，但绿色管理和政策支持力度不够；湖南省的绿色产品市场开拓度一直位于六省之首，但经济效益产出度、绿色政策支持度两项指标较为落后；河南省的绿色创新资源投入和产出水平一般，绿色管理和政策支持力度较弱，绿色创新成熟度综合水平居中；江西省环境效益产出水平较为显著，绿色制造水平提升较快，但其余指标均落后于上述四省；山西作为传统资源大省，政府重视节能生产和环境保护，绿色政策支持力度较大，绿色创新水平存在较大的提升空间。

6.4.2 建议

（1）针对某些省份绿色创新资源投入水平和创新效益产出水平不足的问题，企业作为绿色创新的主体，除了大力增强绿色研发经费投入及高水平技术人才的引进和培养外，还应通过主动拓展多元化融资渠道，加大绿色创新的投入规模，此外，政府应加大科技经费的投入力度，同时鼓励其他社会资本投入绿色创新活动，为企业营造良好的绿色创新环境。

（2）针对某些省份绿色创效益产出不足的问题，企业在保证绿色创新资源投入规模的同时，应发挥市场经济对创新的促进作用，逐渐形成完善的创新机制，整合各类创新资源，优化资源投入结构，合理配置绿色创新投入资源，提高创新资源的利用效率，加大绿色创新的中间产出（创新效益产出）及成果转化产出（经济效益产出和环境效益）能力。

（3）针对某些省份绿色制造水平不足的问题，应把绿色制造作为一项全面的系统工程，积极构建绿色制造体系，支持企业开发绿色产品，推行生态设计和绿色生产，提高循环技术、绿色技术在制造业产值中所占比重，推进资源再生利用的规模化和规范化发展，大力发展再制造产业，同时，引导企业不断完善采购制度和绿色标准，打造绿色供应链，发展绿色园区；针对某些省份绿色产品开拓能力度不高的问题，政府应积极提倡绿色消费的理念，引导绿色消费方式，同时助力企业积极拓展分销渠道，实施多元化绿色营销战略，在当前“一带一路”背景下，主动推进绿色贸易。

（4）针对某些省份绿色管理水平不高的问题，企业，尤其是高能耗企业，应从产品生命周期的角度，建立完善的绿色产品生命周期管理体系，从绿色产品研发设计、绿色采购、绿色生产、绿色制造和绿色营销等各个环节进行管控，实现绿色管理目标；针对湖北、湖南、河南和江西四省绿色政策支持力度不够的问题，政府应增加节能环保投资比重，强化高污染产业限入政策的执行力度，逐步出台绿色政策的保障体系，健全节能环保法规和标准体系，为产业绿色转型升级提供强有力的政策支撑。

（5）在当前“创新、协调、绿色、开放、共享”五大发展理念指导下，中部六省应避免地方保护主义，寻求清洁技术、绿色产品生产、绿色政策方面的区域合作，分享借鉴绿色创新的成功经验，加强优势互补，尽快建立有助于产业绿色转型的长效机制，共同促进中部地区绿色、协调和健康发展。

7　绿色创新战略对企业绩效的影响机理——基于动态能力的中介效应

随着工业经济的高速发展，环境污染已成为众多国家的主要威胁，为应对环境问题带来的挑战，各国正在积极寻找一个更加综合和平衡的策略以达到促进环境保护和经济增长的双重目的。在通往可持续发展的正确路径上，有学者认为绿色创新既能遵循环境目标又因组织合法性为企业带来更多的竞争优势，绿色创新因其双重正外部性（知识溢出和环保溢出），具有其他传统创新手段无法比拟的独特优势，是实现可持续发展的有效手段[201]，然而，另有观点认为绿色创新因增加企业生产成本从而削弱企业的竞争力[202]。对于绿色创新能否达到“双赢”的局面备受争议，因此，探索绿色创新如何影响企业绩效对于指导企业实践至关重要，学者关于绿色创新战略和企业绩效关系研究较多，但多是停留在前者对后者的直接影响[203,204]，研究绿色创新战略如何影响企业绩效即通过什么机制或路径影响企业绩效的较少。本章在梳理相关文献的基础上，提出绿色创新、绿色动态能力与企业绩效的概念模型，检验绿色动态能力在绿色创新和企业绩效之间的中介作用，以进一步明晰绿色创新对企业绩效的影响效应、作用机理和形成机制。

7.1　理论背景与研究假设

绿色创新战略界定为前瞻性的环境战略，它是以企业可持续发展为目标，通过在企业战略层面考虑环境问题，设计和开发更为环保的工艺和产品或改进管理方法来降低对环境的消极影响，维持企业的持续运营，Hart[205]指出企业在主动实施绿色创新战略的过程中，会产生物质、技术资产及人力资源和组织能力，Sharma 和 Vredenburg[206]进一步指出，积极主动的环保战略会给组织带来三个关键的能力即协调利益相关者的能力、高阶学习能力和组织持续创新的能力，这些组织能力是在不断变化的动态的环境中形成，企业为了应对外部环境变化，将绿色因素融入到企业的发展战略中，通过组织学习，将组织内外部绿色资源进行重新组合，重构和建立组织独特核心的资源和动态能力，核心的动态能力可以为企业赢得先发优势，使其突破原有路径依赖形成新的组织及战略惯例，为企业绩效的提升提供动力，从而实现经济增长与生态环境的和谐统一以及经济、环境和人类社会的可持续发展。本书综合 Teece[207]、Eisenhardt[208]对动态能力的定义及李先江[209]对绿色动态能力的进一步阐释，将绿色动态能力划分为绿色资源整合能力、绿色组织学习能力、绿色关系能力、环境适应能力四个部分。文献［210］将企业绩效划分为市场成功和财务绩效两部分。企业在开发和实施绿色产品、工艺和管理创新的过程中，需要对企业内外部资源和能力进行整合、配置并根据外部环境的变化不断做出调整，以消除政府、社会公众的环保压力及满足顾客对绿色产品和服务的需求，从而不断增强企业的动态能力，使企业获得持续竞争的优势和绩效的提升[209]。为此，本章提出三者的理论关系模型如图 7.1 所示。

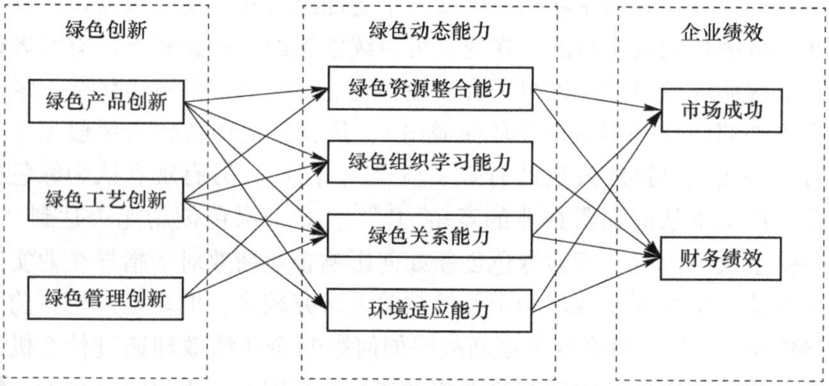

图 7.1 绿色创新、绿色动态能力和企业绩效三者关系的概念模型

7.1.1 绿色创新和绿色动态能力

7.1.1.1 绿色创新对绿色资源整合能力的影响

资源是创新的关键，创新也会给企业带来独特的资源优势。企业在开发绿色产品、新工艺的过程中，需要挖掘、识别、提取有利的创新资源，如企业与供应商、大学、科研院所建立绿色研发合作网络关系，创建绿色知识共享平台和知识转移机制，通过科技成果孵化器使绿色成果不断应用于实践中。这一过程中，需要对创新资源不断地进行更新与匹配，经过配置和再次利用，使之有利于绿色创新的产生[211]，从而也形成企业独特的动态能力——绿色资源整合能力。

（1）H1a：绿色产品创新对绿色资源整合能力有正向影响。

（2）H1b：绿色工艺创新对绿色资源整合能力有正向影响。

7.1.1.2 绿色创新对组织学习能力的影响

企业在寻求新产品、新工艺和新的管理体制和手段来实现环境目标，这一过程必将伴随组织的不断学习才能实现，在严格的环境规制及绿色市场需求的刺激下，企业会通过组织内部学习和培训促使绿色知识和信息的流通及分享，促进组内学习能力的提升；也可以通过搭建组建学习平台，即与供应商、高校科研单位甚至竞争对手建立合作网络，促进组间学习能力的形成[5,6]。绿色创新战略要求企业获得和导入新的技术，伴随着高水平的组织学习必然导致企业塑造有竞争价值的动态能力。

（1）H2a：绿色产品创新对绿色组织学习能力有正向影响。

（2）H2b：绿色工艺创新对绿色组织学习能力有正向影响。

（3）H2c：绿色管理创新对绿色组织学习能力有正向影响。

7.1.1.3 绿色创新对绿色关系能力的影响

绿色关系能力是指与多个利益相关者如供应商和销售商，特别是与非经济目标的环境利益相关者建立互相信任的合作关系的能力。实施绿色创新战略的企业将利益相关者纳入战略管理中，使企业不断倾听利益相关者的诉求和呼声，特别是当地社区、政府、公众及消费者的利益诉求[22]。通过生产绿色产品、改进落后、高耗能的工艺流程，引进高效的环境管理系统来消除负面影响，树立绿色形象，并依靠公共关系部门处理和改善与利益相关者的关系，使企业取得利益相关者的信任、合作以及亲密关系，这种协调利益相关者的关系能力逐步增强。

（1）H3a：绿色产品创新对绿色关系能力有正向影响。

（2）H3b：绿色工艺创新对绿色关系能力有正向影响。

（3）H3c：绿色管理创新对绿色关系能力有正向影响。

7.1.1.4 绿色创新对环境适应能力的影响

企业为了将新设计的绿色产品或新引进开发的绿色工艺等落实到操作层面上，需要协调和重构内外部资源来处理这种调整和变化，从而使操作层面更容易执行和落实，企业需要持续关注竞争对手以及市场、技术、政策的变化并且主动调整绿色资源，才有可能先于对手达成资源的重构与转变。企业进行绿色创新意味着创新企业迅速地对市场机会进行搜寻、甄辨、确认和修正的能力，即要求企业必须跨越组织与技术边界，对绿色新技术、市场环境持续地进行感知和审视，密切关注政策机会、技术革新态势、客户的潜在需求及竞争对手的变化。因此，企业在实践绿色创新的过程中，对动态环境的适应能力也逐渐增强。

（1）H4a：绿色产品创新对环境适应能力有正向影响。

（2）H4b：绿色工艺创新对环境适应能力有正向影响。

7.1.2 绿色动态能力和企业绩效

7.1.2.1 绿色资源整合能力与企业绩效

绿色创新是一个复杂的动态过程，需要不断收集、整合和内化不同来源和层次的资源，使其有利于创新的发生，在这一过程中，也产生了有价值的、不可替代的企业的核心动态能力——资源整合能力，绿色资源整合能力需要识别关键的创新资源并加以利用，然后转化成企业独特的组织资源，并不断升级重构企业的动态资源整合能力，来回应瞬息变化的市场需求，为企业营造持续的竞争优势，促进企业绩效的提升[213]。

（1）H5a：绿色资源整合能力对市场成功有正向影响。

（2）H5b：绿色资源整合能力对财务绩效有正向影响。

7.1.2.2 绿色学习能力与企业绩效

组织若要获得可持续的竞争优势，依赖于企业成功经营内部无形资产如人际技能、知识基础以及其他竞争对手无法提供的优势产品或服务，不少学者强调或验证了组织学习对公司财务绩效的正向影响[214]。组织学习主要分为组内学习和组间学习两种，通过与供应商、研究机构等建立组间合作网络，获取外部绿色知识来源，借助人力资源管理要素的作用，通过组内学习，使员工主动参与企业的环保实践中，充分利用外部知识来源，分享绿色知识，之后通过相关培训使获取到的绿色知识应用到环保创新中来，可重新创造新的知识，从而为组织财务绩效的产生提供不竭的知识动力。因此，本章假设：

H6a：绿色学习能力对财务绩效有正向影响。

7.1.2.3 绿色关系能力与企业绩效

企业实施前瞻性的环境战略能够通过设计有效的绿色管理机制来消除利益相关者的环保压力，通过正式或非正式渠道与供应商、经销商等建立有效的互惠友好关系，能够识别出潜在的关键的合作伙伴，这种关系能力能够为企业赢得更多的社会资源，提高利益相关者的满意度，不断满足顾客的市场需求，进而提高绿色产品的市场占有率，提升企业绩效。

（1）H7a：绿色关系能力对市场成功有正向影响。

（2）H7b：绿色关系能力对财务绩效有正向影响。

7.1.2.4 环境适应能力与企业绩效

企业实施绿色创新战略需要及时了解政府相关环保政策，以期为企业实践创新提供足够的政策支持；不断了解本行业绿色技术变化，及时引用和开发清洁生产设备，淘汰落后的高能耗的工艺；通过相关绿色网站互动，及时了解消费者的绿色需求以适应市场变化，绿色创新过程中，企业对外部动态环境的适应能力也逐步增强，企业对环境的适应能力越强，在面对无法预知的不确定的外部环境时，比起同行竞争对手反应会更加迅速，更能及时把握行业态势，从而建立独特的企业核心竞争优势，对企业绩效产生积极影响。

（1）H8a：环境适应能力对市场成功有正向影响。

（2）H8b：环境适应能力对财务绩效有正向影响。

7.1.3 绿色创新、动态能力和企业绩效

动态能力是企业竞争优势的来源，对企业绩效有重要的影响，企业在进行不同类型的绿色创新中，需要识别外部的资源，通过组织不断学习进行整合利用并加以开发，便会形成一种无形的力，不断地应对外部环境的变化，这种力就是动态能力。通过与不同创新类型（产品、工艺和管理）进行匹配，不仅为企业带来了新的战略资源，而且形成了一种内化的动态性整合能力，这种能力是竞争对手无法模仿、无法复制的，是企业获取持续竞争优势的动力，是改善企业绩效的主要因素[205,206,213]。企业在绿色创新过程中培育的绿色动态能力能使企业获得较低的运营成本，原材料得到有效利用，降低了污染物的排放，成本优势得以提高。此外，实施绿色创新的企业通过设计和开发绿色工艺，开发绿色产品利用有效的环境管理系统，能够获得政府、社会公众、消费者等利益相关者的高度评价，利益相关者的满意度得以提升，从而提高企业声誉，使企业在激烈的市场竞争中获取竞争优势。

（1）H9a：绿色动态能力在绿色产品创新和市场成功之间具有显著的中介作用。

（2）H9b：绿色动态能力在绿色工艺创新和市场成功之间具有显著的中介作用。

（3）H9c：绿色动态能力在绿色管理创新和市场成功之间具有显著的中介作用。

（4）H10a：绿色动态能力在绿色产品创新和财务绩效之间具有显著的中介作用。

（5）H10b：绿色动态能力在绿色工艺创新和财务绩效之间具有显著的中介作用。

（6）H10c：绿色动态能力在绿色管理创新和财务绩效之间具有显著的中介作用。

7.2 数据收集与变量测量

7.2.1 数据收集

本节是通过问卷调查的方式收集数据。调研时间集中于2014年9~11月。调查对象为位于中部地区的湖南、湖北、江西、安徽、河南、山西六省的制造企

业，中部地区曾是高能耗，高污染及低技术产业的集中地，在国际国内环保法规、市场需求及竞争压力的驱动下，中部六省开始关注产业结构调整和优化升级，淘汰部分高污染企业，在承接沿海产业转移中将重污染企业拒之门外，随着中部崛起战略的提出，各地政府逐步提出环保激励政策，如对采取清洁生产技术等环保创新战略的企业进行税费优惠或财政补贴，和命令控制手段的环保政策工具相结合，刺激企业进行绿色工艺和产品创新，从而改善了企业的环保绩效。制造业因其本身的生产特点，决定其应对环境问题承担主要责任，也正基于此，比起其他行业，制造业更倾向于主动实施环境创新战略。

本节研究的问卷发放主要依托六个省会城市211工程大学的MBA/EMBA培训班进行，由于本研究涉及的命题是绿色创新，较为特殊和敏感，普通员工对此了解不够充分，因此，调研对象主要是制造企业的中高层管理人员，如总经理、工程师或公司中级管理人员，学员在填写问卷时需要标注自己的职务（给出选项）及公司所属行业（给出制造企业类别供其选择），共发放问卷676份，收回438份，其中有效问卷372份，回收率为55%，剔除身份“其他”的问卷，剩余问卷233份。从企业所属的行业来看，26%为电力产业，17%为设备制造业，14%为金属冶炼加工业，12%为煤炭开采和加工业，8%为建筑行业，6%为化学原料和化工用品制造业，5%为烟草制造业，食品饮料制造业占5%，纺织业占4%，其他占3%。

7.2.2 变量测量

本节在结合国内外大量文献关于绿色创新，组织能力或动态能力及企业绩效的研究基础上，并根据本研究的研究目的和收据收集的局限性，对绿色创新、绿色动态能力和企业绩效三个潜变量涉及的观察变量指标进行设定。变量的测量题项及相关参考文献见表7.1。

表7.1 变量测量及相关参考文献

<table>
<tr><th>变量</th><th>维度</th><th>测量题项</th><th>参考文献</th></tr>
<tr><td rowspan="7">绿色创新</td><td rowspan="4">绿色产品创新</td><td>在生产产品中增加了绿色元素</td><td rowspan="4">Sarikis[215]
Lin[216]</td></tr>
<tr><td>生产了重复循环和利用产品</td></tr>
<tr><td>改进了生产绿色产品的生产技术</td></tr>
<tr><td>在产品生产中，避免使用违反环保法规的原材料</td></tr>
<tr><td rowspan="3">绿色工艺创新</td><td>我们引进和使用节能设备</td><td rowspan="3">Zhao[217]
Cai[218]</td></tr>
<tr><td>我们采用新的对环境影响程度小的生产工艺</td></tr>
<tr><td>我们的绿色技术能力得到改善</td></tr>
</table>

续表 7.1

变量	维度	测量题项	参考文献
绿色创新	绿色管理创新	生产中使用标准环境管理系统，如ISO9000	Sarikis[215]
		生产中使用环境安全和预防系统	
绿色动态能力	资源整合能力	企业对绿色资源的开发和拓展很满意	Makkonen 等人[219]；马鸿佳等人[220]
		企业实施绿色创新使得企业获取大量了外部资源	
		企业利用整合后的内外部资源，提高了工作效率和效能	
	组织学习能力	企业实现了绿色知识的内部共享	马鸿佳等人[220]；Makkonen 等人[219]
		企业内部的绿色沟通渠道畅通无阻	
		企业对新的环境知识进行加工和利用	
		企业经常和供应商、客户探讨环境问题的解决方案	
		企业创造了新的环境知识	
	关系能力	设计有效的绿色管理机制以处理利益相关者的环保压力	Morgan 等人[221]
		能够识别出潜在的绿色合作伙伴	
		能通过正式或非正式渠道与外部伙伴建立有效的绿色工作关系	
		不断开发和经营关键绿色合作伙伴的互惠友好关系	
	环境适应能力	及时了解和掌握政府相关绿色政策支持	李先江[209]
		及时了解行业绿色技术的变化并做好应对措施	
		及时了解消费者绿色需求以适应市场变化	
企业绩效	市场成功	公司形象得以提升	Llach 等人[210]
		顾客的满意度得以提高	
	财务绩效	在过去两年，公司的销售收入有所增长	焦豪[222]；Llach 等人[210]
		在过去两年，公司税前利润有所增长	
		在过去两年，公司市场占有率有所增加	

7.3 结果分析

在结构方程建模分析中，LISERAL 和 PLS 是广泛应用的两个结构方程软件，PLS 软件广泛适用于样本量低于 250 的情形，LISERAL 软件要求样本量最好是测量题项的 10 倍以上，本研究的测量题项为 29，样本量仅为 233，未满足 LISERL 要求的最小样本容量，且很难满足正态分布的要求，故本研究利用 SMARTPLS 软件，采用其提供的偏最小二乘法（PLS）对模型进行估计和路径分析，以此研究绿色创新、绿色动态能力和企业绩效之间的关系。

7.3.1 测量模型的信度和效度分析

测量模型的信度通常由 Cronbach 的 α 系数和组合信度（composite reliability）两个指标来反映，从表 7.2 可以看出，所有潜变量的 Cronbach 的 α 系数均大于 0.7，组合信度除绿色管理创新（0.686）略低于门槛值外，其他大于 0.7，说明本研究的构念信度表现较好。

表 7.2 测量模型的信度和效度检验

潜变量	观察变量	标准化因素载荷	Cronbach 的 α 系数	组合信度（composite reliability）	平均变异萃取（AVE）
绿色产品创新（PI）	PI1	0.782	0.854	0.87	0.627
	PI2	0.815			
	PI3	0.721			
	PI4	0.844			
绿色工艺创新（TI）	TI1	0.678	0.781	0.791	0.559
	TI2	0.759			
	TI3	0.801			
绿色管理创新（MI）	MI1	0.754	0.723	0.686	0.523
	MT2	0.691			
资源整合能力（IC）	IC1	0.691	0.762	0.78	0.543
	IC2	0.776			
	IC3	0.742			
组织学习能力（LC）	LC1	0.824	0.826	0.883	0.603
	LC2	0.816			
	LC3	0.754			
	LC4	0.787			
	LC5	0.691			

续表 7.2

潜变量	观察变量	标准化因素载荷	Cronbach 的 α 系数	组合信度（composite reliability）	平均变异萃取（AVE）
关系能力（RC）	RC1	0.709	0.734	0.804	0.508
	RC2	0.746			
	RC3	0.62			
	RC4	0.767			
环境适应能力（AC）	AC1	0.665	0.719	0.744	0.492
	AC2	0.726			
	AC3	0.712			
市场成功（MS）	MS1	0.883	0.820	0.828	0.707
	MS2	0.796			
财务绩效（FP）	FP1	0.725	0.778	0.766	0.525
	FP2	0.806			
	FP3	0.632			

效度指标通常包括聚敛效度和区分效度，聚敛效度由因素载荷系数和平均变异萃取量（AVE）来表示，见表 7.2，各个测量题项的标准化因素载荷处于 0.62~0.883 之间，且 AVE 均大于 0.5，表明潜变量的聚敛程度较为理想。表 7.3 表明任意一个潜变量的 AVE 均大于可能潜变量相关系数的平方，说明模型任意两个构念具有显著的区辩力，即区分效度十分理想。

表 7.3 潜变量之间的相关系数

变量	PI	TI	MI	IC	LC	RC	AC	MS	FP
PI	0.792								
TI	0.302	0.748							
MI	0.387	0.231	0.689						
IC	0.452	0.535	0.292	0.737					
LC	0.414	0.455	0.394	0.521	0.777				
RC	0.395	0.336	0.290	0.496	0.274	0.713			
AC	0.421	0.279	0.156	0.364	0.433	0.287	0.701		
MS	0.524	0.329	0.475	0.390	0.315	0.456	0.297	0.815	
FP	0.384	0.194	0.147	0.566	0.387	0.241	0.423	0.668	0.725

注：省略符号同表 7.2，对角线上的数字表示 AVE 的平方根。

7.3.2 结构模型分析

研究采用 SMARTPLS 2.0 软件验证本章提出的假设，PLS 软件主要通过 R^2 来反映其他潜变量对模型中内生潜变量的解释程度。本研究提出的模型分别解释了绿色资源整合能力 43.8%，绿色学习能力 47.4%，绿色关系能力 58.7%，环境适应能力 31.5%的方差，此外还解释了市场成功 49.1%，财务绩效 42.2%的方差，可以说明绿色创新对绿色动态能力以及绿色动态能力对企业绩效的解释程度较高。

从模型的路径估计结果来看（见图 7.2），绿色创新对绿色动态能力有正向影响，但绿色工艺创新对环境适应能力的影响作用为负值（-0.067）即 H4b 未通过验证，绿色动态能力对企业绩效具有正向影响，其全部理论假设通过验证。遵循温忠麟等人[223]的建议，使用 bootstrap 方法检验中介路径的显著性，bootstrap 方法不需要假设抽样的正态分布，如果模型间接效应 95%置信区间中不包含 0，即表明中介效应显著，本章关于中介效应的 bootstrap 分析结果来看，绿色动态能力在绿色产品创新与企业绩效之间具有显著的中介作用，H9a、H10a 均得到验证；基于绿色动态能力的中介作用，绿色工艺创新对财务绩效显著的正向影响，H10b 通过验证；基于绿色动态能力的中介作用，在绿色管理创新对市场成功显著的正向影响，H9c 通过验证；路径绿色工艺创新-绿色动态能力-市场成功，其中介效应的置信区间为（-0.007，0.120），包含 0，因此，假设 H9b 不成立；路径绿色管理创新-动态能力-财务绩效的中介效应置信区间同样包含 0（-0.043，0.106），相应地，H10c 未通过验证。

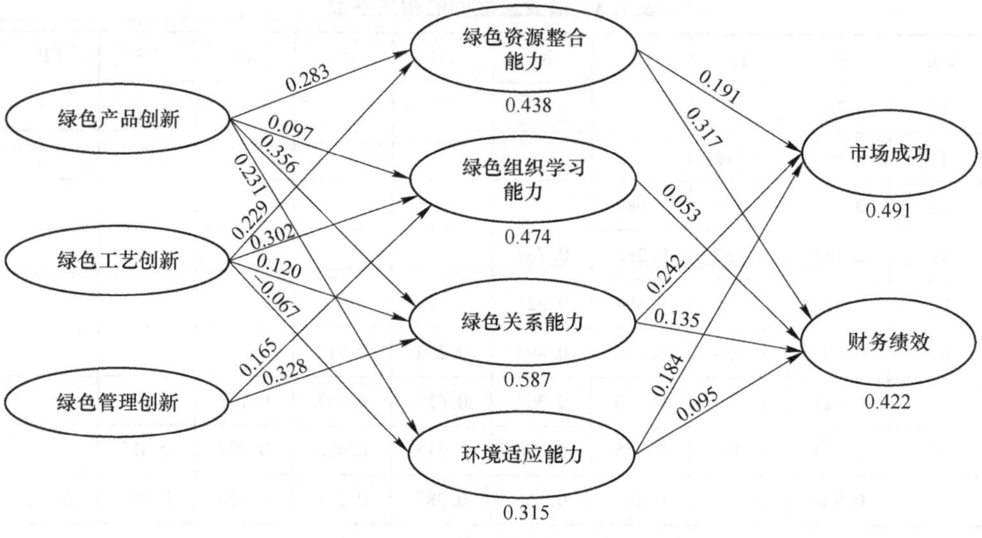

图 7.2 结构方程模型的路径估计结果

7.4 结果与建议

本研究基于动态能力的视角，以中部地区制造企业为例，运用结构方程模型，深入研究了绿色创新、绿色动态能力和企业绩效之间的关系，得出以下主要结论：

（1）绿色创新对绿色动态能力具有正向影响，研究结论支持了 Sharma 和 Vredenburg[206] 及 Hart[205] 等人的观点，该观点基于资源基础理论，认为前瞻性的环境战略有利于塑造企业独特动态能力，这些动态能力可以内化为企业最珍贵的策略资产，通过不断减少利益相关的压力和增强企业的学习和创新能力，为企业赢得成本和区别竞争优势，从而改善企业绩效。但其中假设 H4b 未通过验证，绿色工艺创新对环境适应能力存在一定的抑制作用，因为目前中国情境下实施绿色工艺创新的制造企业受人力、财力和物力所限，更多倾向于直接引进国外现成的工艺和设备，造成企业的自主研发能力和技术创新水平较低，当市场的绿色需求发生变化时，企业很难对市场环境的不确定作出快速反应，因此，现有水平的绿色工艺创新在一定程度上对环境适应能力有负向影响。

（2）绿色动态能力对企业绩效有正向影响，绿色产品创新能够减少资源使用，降低能耗，在取得良好环境绩效的同时，也提高了企业的绿色关系能力，资源整合能力，学习能力和环境适应能力，高水平的绿色动态能力为企业带来更多的政治、社会和市场资源，从而增强了企业的绿色形象，提高了利益相关者的满意度，为企业赢得良好的声誉和威望，促使企业在市场竞争中赢得先发优势，进而提高了企业绩效。Makkonen[219] 也实际验证了动态能力对企业绩效的有显著的促进作用，本节的研究结论进一步证实了两者的正向影响关系。

（3）绿色动态能力在绿色创新和企业绩效之间有显著的中介作用，表明实施绿色创新战略的企业可以通过提升绿色动态能力来提高企业绩效。基于绿色动态能力的中介作用，绿色工艺创新对企业财务绩效有显著的正向影响，H10b 成立，但绿色动态能力在绿色工艺创新和市场成功之间有显著的中介作用即 H9b 未通过验证，企业淘汰现有的落后的高能耗设备，引进或开发新的生产工艺，从短期来看，在绿色工艺创新过程中形成的动态能力无法促成市场成功，但从长期来看，其内化的动态能力可以提升企业的财务绩效，这也与杨静等人[204] 的研究结果一致；绿色管理创新通过绿色动态能力影响市场成功，H9c 成立，但 H10c 即绿色动态能力在绿色管理创新和财务绩效之间有显著的中介作用未通过验证，可能的解释是绿色管理创新主要通过建立环境管理系统（EMS）来塑造企业的绿色关系能力，进而促进市场成功，很难直接通过绿色动态能力直接影响财务绩效。

基于以上分析，本书认为本章得出的结论对绿色创新企业和政策制定者具有重要的现实指导意义，对于中部地区实施绿色创新战略的企业而言，要使绿色创新在本企业的经营绩效方面发挥更大的作用，其关键在于利用绿色创新增强本企业的动态能力，进而为企业获取更多有利的资源优势，最终促进市场成功和财务绩效的提升。

8 总结与展望

8.1 本书总结

本书从发展绿色经济的背景出发，在梳理和界定相关概念及文献综述研究的基础上，围绕绿色创新的机理这一研究命题，开展了国内外绿色创新机理的文献研究，结合生态文明建设理论、可持续发展理论及经济学和管理学的相关理论，通过案例研究，归纳出案例企业绿色创新的技术路径：传统工艺、清洁生产技术创新、绿色产品链创新和业态创新，提炼出绿色产品与技术的研究开发、和绿色产品生产相适应的企业组织结构创新、供给侧结构性改革三个关键环节。随后，本书沿着机理—制度设计—创新绩效的框架逐步展开，主要研究工作总结如下：

（1）首先对绿色创新相关的概念，如绿色经济、绿色产业、绿色发展和绿色产业创新进行界定及相互关系进行了辨析，认为发展绿色产业是实现绿色经济的前提和保证，而绿色创新正是绿色产业的动力和支撑，绿色产业创新是绿色创新的重要组成部分，是实现经济绿色转型的关键。其次，介绍了与绿色创新相关的理论，如生态文明建设理论、可持续发展理论、创新系统理论、创新经济学和环境经济学、资源基础理论等等，这些理论为本研究提供了很好的理论借鉴。绿色创新是生态文明建设和可持续发展的内在要求，创新系统理论说明了绿色创新是创新主体（如企业）和多种创新要素（制度环境等）共同作用的结果；管理学中的资源基础理论解释了资源能力是企业开展绿色创新的动力源泉；环境经济学中外部性问题是为企业实施绿色创新提供了一定的理论解释。最后，从制度环境、组织支持和资源能力三个方面展开绿色创新影响因素的文献综述，总结了国内外关于绿色创新运行机理及绿色创新绩效测度方面的研究。

（2）通过对三个案例研究，即江西某环保有限公司分布式生活污水集成装置生产与污水处理服务、江西某铜业集团发展循环经济、江西以生猪规模养殖引领的生态农业模式的调查分析、理论推演和访谈佐证，归纳出绿色创新的关键技术路径：传统工艺→清洁生产技术创新→绿色产品链创新→绿色产业业态创新，提炼出绿色产品与技术的研究开发、和绿色产品生产相适应的企业组织结构创新、供给侧结构性改革 3 个关键环节。

1）针对绿色创新的技术路径和三个关键环节建立相应的数学模型，并求出解析解，寻求绿色创新发展阶段转化的技术经济条件。绿色产品与技术研究开发贯穿在绿色创新发展的全过程，根据科技创新和新产品开发的特点，建立了一个绿色产品（技术）研究开发成本效益分析模型，通过模型求解，结果表明：为了减少技术创新结果的不确定性带来风险成本，企业应该通过增强自身的组织学习能力来提高技术创新的成功率，降低研究开发的投入；绿色创新需要拓展传统经济中资源的概念，整合一切资源，包括把废弃物变成资源、高度重视人力资源、社会资源（知识产权、他人创新经验、企业信誉等）；有些绿色产品（技术）开发对企业而言，可能成本过高、收益较小，如果这个产品（新技术）有较大的外部效益（社会、环境等效益），政府更应该对这一创新进行适当的财政补贴，激励企业开展科技创新。

2）绿色产品开发和新技术应用必须要有相应的企业组织结构和运行机制，以江西某环保公司为对象，构造了一个传统模式和专业化定型制造生产模式的数学模型，对两种生产方式求出最优解，进行比较，结果表明：专业化生产企业的生产效率比传统模式高，是一种适应绿色创新发展的生产模式；绿色产品生产企业可以通过创新企业的组织结构和运行体制来提高科技进步和管理效率及资金和劳动生产效率，通过契约形式建立有效的企业联盟来减少交易费用，进而促使绿色技术（产品）创新；实施绿色创新的企业和其他利益相关者（高等院校、科研院所及设备用户等）建立有效的联盟，也为企业争取更多的社会资源，不断满足顾客的市场需求，进而提高绿色产品的市场占有率，提升企业的绿色创新绩效。

3）供给侧结构性改革是绿色转型的重要途径之一。针对江西某环保公司利用“互联网+”从提供污水处理设备转变为提供污水处理服务的转型，构建数学模型对两种服务模式中企业和用户的支付费用进行了比较，结果表明：无论是对于企业还是用户而言，提供污水处理服务的支付成本均小于前者，意味着绿色企业必须不断了解本行业的绿色技术变化和消费者的需求，进行供给侧结构性改革，拓展业务范围、提供新的产品和服务；供给侧结构性改革还可以引导需求、扩大需求，随着需求品质的提高和需求量的增大，进一步促进企业发展。这三个模型虽然主要针对江西某环保公司建立的，只要适当进行结构调整，其经济学原理和方法对于其他企业、其他情景也是适合的。

(3) 为了对绿色创新进行更好的制度设计，本书从微观层面深入探析了绿色创新各利益主体的复杂内部利益关系，应用博弈模型，分析绿色创新的三个主要利益相关者——地方政府、企业、消费者之间的关系，构建“地方政府—企业”“企业—消费者”两组动态博弈模型，利用雅可比矩阵的稳定性判断影响博弈方策略选择的几个参数及参数之间的关系，结果表明：政府部门对企业不监督或监督力度不够，会严重挫伤绿色创新企业的积极性，使系统向（不实施，不监督）演化；企业是否实施绿色创新主要受声誉效益、对污染物排放超标或损害公共事件的处罚力度、政府补贴三个参数的影响；消费者是否购买绿色产品受绿色产品的价格、购买绿色产品所获得的效用两个参数的影响；当企业选择非绿色创新时，消费者处于环保考虑会选择购买绿色产品，此时，企业会因无法及时响应消费者的需求丧失部分经济效益；因企业选择绿色创新时会丧失一部分效用，且生产绿色产品的成本通常高于非绿色产品，政府应对其进行适当的补贴，鼓励企业开发绿色创新，使该系统向生产绿色产品、购买演化。

(4) 从宏观层面，以江西省11个地级市为例，利用模糊AHP法，从环境绩效、创新绩效、经济绩效和社会绩效四个方面构建了绿色创新绩效水平的指标评价体系，通过层次总排序，最后确定了排在前列的4个投入指标（环保投资总额占GDP的比重、研发经费投入、万元工业增加值能耗、工业二氧化硫排放量）和4个产出指标（环保产业产值、专利授权数、新增就业岗位数、三废综合利用产品产值）作为后续DEA计算的输入和输出变量，由此计算了江西省11个地级市的绿色创新绩效值，比较了江西省各地级市的绿色创新绩效的地区差异，然后用面板Tobit法对江西省各地级市绿色创新绩效差异的影响因素进行了实证分析。

从江西省的绿色创新效率平均水平来看，2006年前，江西省的绿色创新综合效率值变化不大，呈现缓慢的上升趋势，2006年以后，绿色创新综合效率开始迅速上升；从分解的技术效率来看，1999年到2014年，江西省的规模效率和纯技术效率均处于无效状态，规模效率呈现出明显的递减趋势；纯技术效率除了2003年和2005年外，其他年份均保持稳步上升的趋势，江西省的规模效率和纯技术效率几乎不存在相关关系，二者的耦合协调水平较差，纯技术效率的变化趋势和绿色创新综合效率的变化趋势趋于一致。

江西省11个地级市的绿色创新综合效率值呈现出较大的差异性，除了南昌市和景德镇市在2013年和2014年的绿色创新综合效率DEA达到1以外，其他城市的绿色创新绩效值均为DEA无效。从各个城市1999~2014年分解的技术效率平均水平来看，江西省11个地级市均处于综合效率、纯技术效率和规模效率无效状态，规模效率高于纯技术效率的城市分别有南昌、萍乡、鹰潭、吉安、抚州；景德镇、赣州、九江、新余、宜春和上饶的绿色创新纯技术效率值高于规模效率。南昌、景德镇、九江的绿色创新绩效值在11个城市中领先地位，平均绿色创新绩效值在0.61~0.80之间，处于第一梯队。新余、鹰潭、萍乡、赣州四个城市的绿色创新绩效水平处于0.45~0.50之间，与以上三个城市存在一定的差距，将其归入第二梯队。吉安、宜春、抚州、上饶四个城市的绿色创新绩效值的平均值处于0.36~0.42之间，低于前两类梯度的城市，故将其归为第三梯队。

绿色创新绩效的影响因素分析表明：FDI、产业结构和市场竞争对绿色创新绩效有显著的促进作用，环境规制和市场需求对绿色创新绩效的作用不显著。

(5) 在深入剖析区域创新演进阶段特征的基础上，借助成熟度的概念，从绿色创新投入度、创新效益产出度、经济效益产出度、绿色效益产出度、绿色制造度、绿色产品市场开拓度、绿色管理度、绿色政策环境支持度八个方面构建了区域绿色创新系统成熟度评价指标体系，采用熵权 TOPSIS 法对中部六省 2007~2016 年绿色创新成熟度综合水平进行测算，得出如下结论：从整体来看，中部六省的绿色创新成熟度在波动中呈现上升趋势，但整体水平不高，绿色转型升级仍然面临较大压力；创新效益和经济效益产出效果显著，但绿色创新资源投入力度不够，绿色制造度和绿色产品市场开拓度有待提高，绿色管理和绿色政策环境支持水平不足，对区域绿色创新的拉动作用有限。分省而言，各省绿色创新成熟度的分项指标存在明显差异，湖北省绿色创新资源投入最高，但绿色产品市场开拓能力和绿色制造水平不够；安徽省的绿色创新成熟度和湖北接近，个别年份甚至超越湖北，创新产出效益显著，绿色制造水平较高，但绿色管理和政策支持力度不够；湖南省的绿色产品市场开拓度一直位于六省之首，但经济效益产出度、绿色政策支持度两项指标较为落后；河南省的绿色创新资源投入和产出水平一般，绿色管理和政策支持力度较弱，绿色创新成熟度综合水平居中；江西省环境效益产出水平较为显著，绿色制造水平提升较快，但其余指标均落后于上述四省；山西作为传统资源大省，政府重视节能生产和环境保护，绿色政策支持力度较大，绿色创新水平存在较大的提升空间。

(6) 基于绿色动态能力的视角，构建绿色创新战略对企业绩效影响的概念模型并提出相关理论假设，基于中部六省制造企业的问卷调研数据，采用结构方程模型进行假设检验。研究结果表明，绿色创新对绿色动态能力的形成有正向影响，同时也验证了绿色动态能力对企业绩效（市场成功和财务绩效）的促进作用，但绿色工艺创新对环境适应能力有抑制作用。研究进一步发现，绿色动态能力在绿色产品创新和企业绩效之间有显著的中介作用，基于绿色动态能力的中介作用，绿色工艺创新对企业财务绩效有显著的正向影响，而对市场成功的正向影响不显著，相反，基于这种中介作用，绿色管理创新对市场成功有正向影响，对企业财务绩效无明显的促进作用。

8.2 创新之处

本书的创新之处主要有 4 个方面：

(1) 利用典型案例分析，总结绿色创新发展的技术路径和关键环节，通过构建绿色创新技术路径中的三个关键环节的数学模型，求出解析解，对不同阶段的转化的技术经济条件进行了分析，从微观层面揭示了企业绿色创新的路径、机制和着力点。

(2) 从制度层面入手，分析绿色创新的利益相关者，即政府和企业、企业和消费者的关系，构建了反映创新主体的行为决策过程的演化博弈模型，通过探析了绿色创新各利益主体的复杂内部利益关系，提出了当前促使绿色创新的关键参数条件及保障措施。

(3) 绿色创新绩效的评价指标体系中，增加了社会绩效部分，利用模糊AHP和DEA相结合的方法针对省域（江西）范围进行了评价，根据评价结果分析对江西绿色发展提出了有关对策建议。这些结果对于落实江西省提出的“发展升级、小康提速、绿色崛起、实干兴赣”战略具有一定参考价值。

(4) 借助成熟度的概念，在深入剖析区域创新演进阶段特征的基础上，从绿色创新投入度、创新效益产出度、经济效益产出度、绿色效益产出度、绿色制造度、绿色产品市场开拓度、绿色管理度、绿色政策环境支持度八个方面构建了区域绿色创新系统成熟度评价指标体系。

8.3 本书展望

随着工业化城镇化进程的不断加快，资源和环境问题逐渐成为经济发展的瓶颈。以绿色创新为动力，引领绿色发展成为解决资源和环境约束的有效途径，受益于现有文献的启发，针对绿色创新的现状和紧迫性，本书以绿色创新的机理为研究对象，通过探索性案例分析构建了绿色创新运行机理的数学模型，进而从制度层面，通过构建演化博弈模型对绿色创新的利益相关主体的决策行为进行分析，最后以江西省的11个地级市为例，实证分析了各市绿色创新绩效的差异及影响因素，得出了一些有意义的结论。然而，由于所研究对象的复杂性及作者个人能力等条件所限，尚有许多不足之处需要在今后的研究中进一步深化。

(1) 本书尝试将绿色创新的技术路径分为传统工艺—清洁生产技术创新—绿色产品创新—业态创新四个阶段，所选案例涵盖了工业、农业和环保产业，但这是初步的探索工作。绿色转型不仅是技术层面的问题，还包括社会、法律、行政、金融、制度、组织和文化等多方面，以及构建转型发展的新体制，形成有利于创新发展的市场环境、产权制度、投融资体制、分配制度、人才培养引进使用机制，深化行政管理体制改革等。由于时间和研究主题的限制，这些问题留作今后的研究课题。

(2) 本书构建了“地方政府—企业”“企业—消费者”两组博弈模型，探析了绿色创新各利益主体的复杂内部利益关系。事实上，各利益主体的收益情况会随时间呈现动态的变化，希望在今后的研究中，能刻画出各利益相关者的创新决策行为及收益的动态过程，以便得出更科学合理的结论。

(3) 在绿色创新绩效的影响因素变量选取上，本书是根据现有研究成果、江西省的实际状况和数据的可获取性来选择的，带有一定的主观性，因此可能忽略了其他影响江西省各市绿色创新绩效差异的因素。此外，影响因素变量和绿色创新绩效之间未必是简单的线性关系，可能存在中介变量等。后续研究应利用其他方法，如结构方程，来深入分析影响因素和绿色创新绩效之间以及各影响因素之间是否存在直接或间接的关系，以此深入了解绿色创新的机理。

参考文献

[1] 中国科学院可持续发展战略研究组.2010中国可持续发展战略报告——绿色发展与创新[M].北京：科学出版社，2010：31-34.

[2] 胡鞍钢，周绍杰.绿色发展：功能界定、机制分析与发展战略[J].中国人口·资源与环境，2014，24（1）：14-20.

[3] 马洪波.绿色发展的基本内涵及重大意义[J].攀登，2011，30（2）：67-70.

[4] 王玲玲，张艳国."绿色发展"内涵探微[J].社会主义研究，2012（5）：143-146.

[5] 吕福新.绿色发展的基本关系及模式——浙商和遂昌的实践[J].管理世界，2013，（11）：166-169.

[6] 大卫·皮尔斯.绿色经济的蓝图（4）——获得全球环境价值[M].徐少辉，冉圣宏，等译.北京：北京师范大学出版社，1997：23-27.

[7] Jacobs M. The limits to neoclassicism：towards an institutional environmental economics [J]. In Redclift, M., Benton, T., Social Theory and the Global Environment. New York：Routledge，1994：67-91.

[8] 廖福霖.绿色经济：可持续发展的微观基础和现实形式[J].林业经济，2001（5）：37-40.

[9] 邹进泰，熊维明.绿色经济[M].太原：山西经济出版社，2003：20-26.

[10] 刘思华，等.绿色经济导论[M].北京：同心出版社，2004：25-30.

[11] 吴晓青.加快发展绿色经济的几点思考[J].环境经济，2009，12：13-16.

[12] 周惠军，高迎春.绿色经济、循环经济、低碳经济三个概念的辨析[J].天津经济，2011（12）：5-7.

[13] 余春祥.绿色经济与云南绿色产业战略选择研究[D].武汉：华中科技大学，2003.

[14] 刘小清.绿色产业——迎着朝阳走来的新兴产业[J].商业研究，1999（9）：112-114.

[15] 林毓鹏.加快发展我国绿色产业[J].生态经济，2000（2）：44-46.

[16] 胡援东，揭益寿.大力发展绿色产业是中国产业结构战略性调整的必由之路[J].中外科技信息，2001（5）：8-13.

[17] 刘景林，隋舵.绿色产业：第四产业论[J].生产力研究，2002（6）：15-18.

[18] 刘焰，邹珊刚.现代绿色产业的类别特征分析[J].宏观经济研究，2002（7）：47-48.

[19] Hall Charles R, Hodges Alan W, Haydu John J. Eeonomic impacts of the green industry in the united states [J]. University of Tennessee，2002.

[20] 刘国涛，张金智，史配钊.论绿色产业的特征[J].中国环保产业，2003（12）：46-48.

[21] 曾建民.略论绿色产业的内涵与特征[J].江汉论坛，2003（11）：24-25.

[22] 郭晖.贵州绿色产业发展的思考[J].贵州农业科学，2004（3）：97-98.

[23] 刘平辉，熊国保，邹晓明.绿色产业规划与设计中的产业选择原则[J].企业经济，2004（6）：95-96.

[24] 李春才.略论绿色产业[J].江西财经大学学报，2004（5）：43-44.

[25] 鲁明中，张象枢.中国绿色经济研究[M].郑州：河南人民出版社，2005：114-116.

[26] 李宝林.环保产业生态产业与绿色产业[J].中国环保产业，2005（9）：23-25.

[27] 谢扬．绿色产业政策［J］．中国城市林业，2005（5）：27-30.

[28] 张桂黎，韩军青．发展绿色产业是西部可持续发展之本——对我国西部大开发中生态环境建设的思考［J］．山西师范大学学报，2007（3）：106-107.

[29] 史瑞建，杨志刚．发展绿色产业应处理好八种关系［J］．陕西综合经济，2007（4）：14-16.

[30] 陈健．我国绿色产业发展研究——以珠三角为例［D］．武汉：华中农业大学，2009.

[31] 张昌勇．我国绿色产业创新的理论研究与实证分析［D］．武汉：武汉理工大学，2011.

[32] 冯方祥．呼伦贝尔绿色产业发展研究［D］．北京：中国农业科学院，2013.

[33] Blattel-Mink B. Innovation Towards Sustainable Economy-the Integration of Economy and Ecology in Companies［J］. Sustainable Development，1998，6（2）：49-58.

[34] Driessen R，Hillebrand B. Adoption and diffiision of green innovations［C］//Nelissen W，Bartels G. Marketing for Sustainability：Towards Transactional Policy-Making. Amsterdam：Los Press，2002：343-356.

[35] Chen Y S，Lai S B，et al. The Influence of Green Innovation Performance on Corporate Advantage in Taiwan［J］. Journal of Business Ethics，2006，67（4）：331-339.

[36] 陈华斌．试论绿色创新及其激励机制［J］．软科学，1999（3）：43-44.

[37] 杨庆义．绿色创新是西部区域创新的战略选择［J］．重庆大学学报（社会科学版），2002，9（1）：35-37.

[38] 张小军．企业绿色创新战略的驱动因素及绩效影响研究［D］．杭州：浙江大学，2012.

[39] 刘薇．国内外绿色创新与发展研究动态综述［J］．中国环境管理干部学院学报，2012，22（5）：17-20.

[40] 李旭．绿色创新相关研究的梳理与展望［J］．研究与发展管理，2015，27（2）：1-11.

[41] Jan Van Geldrop，Cees Withagen. Natural Capital and Sustainability［J］. Ecological Economics，2000，42（32）：445-445.

[42] Werner Hediger. Sustainable Development and Social Welfare［J］. Ecological Economics，2000，15（30）：481-492.

[43] 刘宗超．生态文明观与中国可持续发展走向［M］．北京：科学出版社，1997：23.

[44] 姬振海．生态文明论［M］．北京：人民出版社，2007：63-113.

[45] 欧阳国文，陶维兵．生态文明与和谐社会［J］．福州党校学报，2007（2）：19-21.

[46] 黄顺基．生态文明与中国的发展［J］．湘潭师范学院学报（社会科学版），2003，25（3）：55-64.

[47] Freeman R E. Strategic management：A stakeholder approach［M］. Boston：Pitman Publishing，1984.

[48] 赵静．乡村旅游核心利益相关者关系博弈及协调机制研究［D］．西安：西北大学，2019.

[49] 庇古．福利经济学［M］．北京：商务印书馆，2006.

[50] 萨缪尔森，诺德豪斯．经济学［M］．北京：华夏出版社，1999：267.

[51] Porter M E，Van der Linde C. Green and competitive：Ending the stalemate［J］. Harvard Busness Review，1995，73：120-134.

[52] Ayres R. Industrial Ecology: Towards Closing the Materials Cycle [M]. London: Edward Elgar Publishers, 2005: 111-114.

[53] Ernest A. Lower Creating By-Product Resource Exchanges for Eco-Industrial Parks [J]. Journal of Cleaner Production, 2006: 53-56.

[54] 龙如银, 李明. 绿色开采动力不足的原因分析及政策启示 [J]. 生态经济, 2007 (5): 194-197.

[55] Locas R E. On the Mechanics of Economic Development [J]. Journal of Monetary Economics, 1988: 22.

[56] Roatow W W. The Stages of Economic Growth [M]. Cambridge Vniv Press, 1974.

[57] Taylov Davis F. The relationship between firm investments in technological innovation and political action [J]. Southern Economic Journal, 1998 (4): 121-128.

[58] Penrose E T. The theory of the growth of the firm [M]. Oxford: Oxford University Press, 1959.

[59] Wernerfelt B. A resource-based view of tiie firm [J]. Strategic Management Journal, 1984, 5 (2): 171-180.

[60] Barney J B. Firm resources and sustained competitive advantage [J]. Journal of Management, 1991, 17 (1): 99-120.

[61] Porter M E, Van der Linde C. Toward a new conception of the environment-competitiveness relationship [J]. J. Econ. Perspect, 1995, 9 (4): 97-118.

[62] Mason K J, Harris L C. Market orientation emphases: an exploration of macro, meso and micro drivers [J]. Marketing Intelligence & Planning, 2006, 24 (6): 552-571.

[63] Hart S L. A natural-resource-based view of the firm [J]. The Academy of Management Review, 1995, 20 (5): 986-1014.

[64] 约瑟夫·熊彼特. 经济发展理论 [M]. 北京: 商务印书馆, 1991: 145.

[65] Lundvall B. National System of Innovation: Towards a Theory of Innovation and Interactive Learning [M]. London: Printer Publishers, 1992.

[66] Nelson R R. National Innovation System: A Comparative Analysis [M]. Oxford: Oxford University Press, 1993.

[67] Patel P, Pavitt K. National innovation system: Why they are important, and how they might be measured and compared [J]. Economics of Innovation and New Technology, 1994, 3: 77-95.

[68] Patel P, Pavitt K. The nature and economic importance of national innovation system [R].

[69] Edquist C, Johnson B. Intitutions and organizations in systems of innovationg [C] // Edquist C. Systems of Innovation: Technologies, Institutions and Oraganizations. London: Printer Publishers, 1997.

[70] Freeman C. Technology Policy and Economic Performance: Lessons from Japan [M]. Pinter Pub Ltd., 1987.

[71] Cooke P, Uranga M, Etexbarria G. Regional innovation Systems: Institutional and Organizational Dimension [J]. Research Policy, 1997, 26 (5): 475-491.

[72] OECD. Policies to Enhance Sustainable Development [R]. OECD Proceedings—Sustainable Development, 2001: 1-107.

[73] OECD. Manual Guidelines for Colleeting and Interpreting Innovation Data [C] //Organisation for Economic Co-operation and Development: Statistical Office of the European Communities, Paris, 2005.

[74] 官建成，刘顺忠．区域创新系统测度的研究框架和内容化 [J]. 中国科技论坛，2003 (2)：24-26.

[75] 任胜钢，关涛．区域创新系统内涵、研究框架探讨 [J]. 软科学，2006，20 (4)：90-94.

[76] 诸大建．绿色的创新 [M]. 上海：同济出版社，2008.

[77] 任勇．绿色新政：多重危机下的系统创新 [J]. 环境经济，2009，70：18-22.

[78] 许晓燕，赵定涛，洪进．绿色技术创新的影响因素分析——基于中国专利的实证研究 [J]. 中南大学学报（社会科学版），2013 (2)：29-33.

[79] 张钢，张小军．绿色创新研究的几个基本问题 [J]. 中国科技论坛，2013 (4)：12-15.

[80] 彭雪蓉．利益相关者环保导向、生态创新与企业绩效：组织合法性视角 [D]. 杭州：浙江大学，2014.

[81] 王炳成，李洪伟．绿色产品创新影响因素的结构方程模型实证分析 [J]. 中国人口·资源与环境，2009 (5)：168-174.

[82] 张钢，张小军．企业绿色创新战略的驱动因素：多案例比较研究 [J]. 浙江大学学报（人文社会科学版），2014，44 (1)：113-124.

[83] González J, González O. A review of the determinants of environmental proactivity [J]. Business Strategy and the Environment, 2006, 15: 87-102.

[84] 董颖．企业生态创新的机理研究 [D]. 杭州：浙江大学，2011.

[85] 李巧华．生产型企业绿色创新：影响因素及绩效相关 [D]. 成都：西南财经大学，2014.

[86] Brunnermeier S B, Cohen M A. Determinants of environmental innovationin US manufacturing industries [J]. Journal of environmental economics and management, 2003, 45: 278-293.

[87] 钟榴，郑建国．制度同构下的绿色管理驱动力模型与创新路径研究 [J]. 科技进步与对策，2014，31 (12)：12-16.

[88] 胡美琴，骆守俭．企业绿色管理战略选择——基于制度压力与战略反应的视角 [J]. 工业技术经济，2008，27 (2)：11-14.

[89] Delmas M A, Montiel I. The adoption of ISO 14001 within the supply chain: When are customer pressures effective? Institute for Social, Behavioral, and Economic Research [J]. ISBER Publications. 2007: 10.

[90] Drumwright M. Socially responsible organizational buying: environmental concern as a non-economic buying criterion [J]. British journal of marketing, 1994, 58: 1-19.

[91] Horbach J, Rammer C, Rennings K. Determinants of eco-innovations by type of environmental impact—The role of regulatory push/pull, technology push and market pull [J]. Ecological Economics, 2012, 78: 112-122.

[92] 徐强．企业绿色管理决策影响因素研究 [D]. 大连：大连海事大学，2008.

[93] Dai J, Montabon F L, Cantor D E. Linking rival and stakeholder pressure to green supply management: Mediating role of top management support Transportation [J]. Research: Part E,

2014, 71: 173-187.

[94] Delmas M, Toffel M. Stakeholders and environmental management practices: An institutional framework [J]. Business Strategy and the Environment, 2004, 13: 209-222.

[95] 徐大伟，王子彦，曾垂凯．企业间绿色合作影响因素与绿色绩效的实证研究企业间绿色合作影响因素与绿色绩效的实证研究 [J]. 中国人口·资源与环境，2006, 16 (5): 88-92.

[96] 赵立祥，杨海龙．基于结构方程模型的企业节能减排驱动力研究——以北京光机电一体化企业为例 [J]. 华东经济管理，2014, 28 (3): 171-176.

[97] Montalvo C. General wisdom concerning the factors affecting the adoption of cleaner technologies: A survey 1990-2007 [J]. Journal of Cleaner Production, 2008, 16 (S1): S7-S13.

[98] Horbach J. Determinants of environmental innovation—New evidence from German panel data sources [J]. Research Policy, 2008, 37: 163-173.

[99] Demirel P, Kesidou E. Stimulating different types of eco-innovation in the UK: Government policies and firm motivations [J]. Ecological Economics, 2011, 70: 1546-1557.

[100] 董颖，石磊．生态创新的内涵、分类体系与研究进展 [J]. 生态学报，2010, 30 (9): 2465-2474.

[101] 杨燕，邵云飞．生态创新研究进展及展望 [J]. 科学学与科学技术管理，2011, 32 (8): 107-116.

[102] 张钢，张小军．国外绿色创新研究脉络梳理与展望 [J]. 外国经济与管理，2011, 33 (8): 25-32.

[103] Berkhout F. Rationales for adaptation in EU climate change policies [J]. Climate Policy, 2005, 5: 37-391.

[104] 李巧华，唐明凤．企业绿色创新：市场导向抑或政策导向 [J]. 财经科学，2014 (2): 70-78.

[105] Triguero A, Moreno-Mondéjar L, Maria A D. Drivers of different types of eco-innovation in European SMEs [J]. Ecological Economics, 2013, 92: 25-33.

[106] Frondel M, Horbach J, Rennings K. What triggers environmental management and innovation? Empirical evidence for Germany [J]. Ecological Economics, 2008, 66: 153-160.

[107] Kivimaa P. The Determinants of Environmental Innovation: The Impacts of Environmental Policies on the Nordic Pulp [J]. Paper and Packaging Industries European Environment, 2007, 17: 92-105.

[108] Nakano M. Can environmental regulation improve technology and efficiency? An empirical analysis using the malmquist productivity index [J]. Bilbao: Eaere, 2003: 28-30.

[109] 聂爱云，何小钢．企业绿色技术创新发现：环境规制与政策组合 [J]. 改革，2012 (4): 102-108.

[110] 周曙东．企业环境行为影响因素研究 [J]. 统计与决策，2011 (22): 181-183.

[111] 张钢，张小军．基于计划行为理论的绿色创新战略影响因素分析 [J]. 商业经济与管理，2013 (7): 47-56.

[112] 华绵阳．制造业低碳技术创新的动力源探究及其政策涵义 [J]. 科研管理，2011, 32

（6）：42-48.

［113］马富萍，郭晓川，茶娜．环境规制对技术创新绩效影响的研究——基于资源型企业的实证检验［J］．科学学与科学技术管理，2011（8）：87-92.

［114］李怡娜，叶飞．制度压力、绿色环保创新实践与企业绩效关系——基于新制度主义理论和生态现代化理论视角［J］．科学学研究，2011，29（12）：1884-1894.

［115］李婉红，毕克新，曹霞．环境规制工具对制造企业绿色技术创新的影响——以造纸及纸制品企业为例［J］．系统工程，2013，31（10）：112-122.

［116］黄培伦，曾春艳，尚航标．智力资本、动态能力与企业持续竞争优势的关系研究［J］．科技管理研究，2010（15）：108-112.

［117］Teece D，Pisano G. The dynamic capabilities of firms：An introduction［J］. Industrial and Corporate Change，1994（3）：537-556.

［118］Arundel A，Kemp R. Measuring eco-innovation：UNU-MERIT Working Paper Series-017［R］. 2009.

［119］Berry M A，Rondinelli D A. Proactive Environmental Management：A New Industrial Revolution［J］. The Academy of Management Executive，1998（12）：38-50.

［120］Cohen W，Levinthal D. Absorptive capacity：A new perspective on learning and innovation［J］. Administrative science quarterly，1990（35）：128-152.

［121］Cuerva M C，Triguero-Cano Á，Córcoles D. Drivers of green and non-green innovation：empirical evidence in Low-Tech SMEs［J］. Journal of Cleaner Production，2014（68）：104-113.

［122］Eiadat Y，Kelly A，Roche F，et al. Green and competitive? An empirical test of the mediating role of environmental innovation strategy［J］. Journal of World Business，2008（43）：131-145.

［123］Hansen S O，Wakonen J. Innovation，a winning solution?［J］. International Journal of Technology Management，1997，13（4）：345-358.

［124］Lee S Y，Klassen R D. Drivers and enablers that foster environmental management capabilities in small-and medium-sized suppliers in supply chains［J］. Production and Operations Management，2008，17：573-586.

［125］Clausen T H. External knowledge sourcing from innovation cooperation and the role of absorptive capacity：empirical evidence from Norway and Sweden Technology analysis［J］. Strategic Management Journal，2013，25：57-70.

［126］Marchi V D. Environmental innovation and R&D cooperation：Empirical evidence from Spanish manufacturing firms［J］. Research Policy，2012，41：614-623.

［127］Menguc B，Auh S，Ozanne L. The Interactive Effect of Internal and External Factors on a Proactive Environmental Strategy and its Influence on a Firm's Performance［J］. Journal of Business Ethics，2010，94：279-298.

［128］Handfield R，Walton S，Sroufe R，et al. Applying environmental criteria to supplier assessment：A study in the application of the analytical hierarchy process［J］. European Journal of Operational Research，2002，141：70-87.

[129] Frooman J. Stakeholder Influence Strategies [J]. Academy of Management Review, 1999, 24 (2): 191-205.

[130] Laursen K, Salter A. Open for innovation: The role of openness in explaining innovation performance among UK manufacturing firms [J]. Strategic Management Journal, 2006, 27: 131-150.

[131] Li Y, Su Z, Liu Y. Can strategic flexibility help firms profit from product innovation? [J]. Technovation, 2010, 30: 300-309.

[132] Oltra V, Jean M S. Sectoral systems of environmental innovation: an application to the French automotive industry [J]. Technological Forecasting & Social Change, 2009, 76: 567-583.

[133] Sarkis J, Gonzalez-Torre P, Adenso-Diaz B. Stakeholder pressure and the adoption of environmental practices: The mediating effect of training [J]. Journal of Operations Management, 2010, 28: 163-176.

[134] Sohel A, Schroeder R G. The impact of human resource management practices on operational performance: recognizing country and industry differences [J]. Journal of Operations Management, 2003, 21 (1): 19-43.

[135] Tung A, Baird K, Schoch H. The relationship between organisational factors and the effectiveness of environmental management [J]. Journal of Environmental Management, 2014, 144: 186-196.

[136] Zilahy G. Organisational factors determining the implementation of cleaner production measures in the corporate sector [J]. Journal of Cleaner Production, 2004, 12: 311-319.

[137] Zhu Q, Sarkis J. Relationships between operational practices and performance among early adopters of green supply chain management practices in Chinese manufacturing enterprises [J]. Journal of Operations Management, 2004, 22: 265-289.

[138] Colwell S R, Joshi A W. Corporate Ecological Responsiveness: Antecedent Effects of Institutional Pressure and Top Management Commitment and Their Impact on Organizational Performance [J]. Business Strategy and the Environment, 2013, 22: 73-91.

[139] Teitelman Robert. Profits of Science: The American Marriage of Business and Technology [M]. New York: BasicBooks, 1994.

[140] Chen Y S, Chang C H. The determinants of green product development performance: Green dynamic capabilities, green transformational leadership, and green creativity [J]. Journal of Business Ethics, 2013, 116: 107-119.

[141] Baron R M, Kenny D A. The moderator-mediator variable distinction in social psychological research: conceptual, strategic, and statistical considerations [J]. Journal of personality and social psychology, 1986, 51: 1173-1182.

[142] Fraj-Andrés E, Martínez-Salinas E, Matute-Vallejo J. Factors affecting corporate environmental strategy in Spanish industrial firms [J]. Business Strategy and the Environment, 2009, 18: 500-514.

[143] Simpson D, Sampson D. Environmental strategy and low waste operations: Exploring complementarities [J]. Business Strategy and the Environment, 2010, 19: 104-118.

[144] Chatterjee D, Grewal R, Sambamurthy V. Shaping up for E-commerce: Institutional Enablers of the Organizational Assimilation of Web Technologies [J]. MIS Quarterly, 2002, 26 (2): 65-89.

[145] Bansal P. From issues to actions: The importance of individual concerns and organizational values in Responding to Natural Environmental Issues [J]. Organization Sciences, 2003, 14 (5): 510-527.

[146] Brick D C, Mason P A. Upper echelons: the organization as a reflection of its top managers [J]. The Academy of Management Review, 1984, 9: 193-206.

[147] 张钢，张小军．绿色创新战略与企业绩效的关系：以员工参与为中介变量 [J]. 财贸研究，2013 (4): 132-140.

[148] Tatum C. Process of Innovation in Construction Firm [J]. Journal of Construction Engineering and Management, 1987, 1113 (4): 648-663.

[149] Rothenberg S, Zyglidopoulos S C. Determinants of environmental innovation adoption in the Printing industry: The importance of task environment [J]. Business Strategy and the Environment, 2007, 16 (1): 39-49.

[150] Nameroff T, Garant R, Albert M B. Adoption of green chemistry: an analysis based on US patents [J]. Research Policy, 2004, 33 (6-7): 959-974.

[151] Scott J T. Environmental Research and Development [M]. Cheltenham, Northampton: Edward Elgar, 2003.

[152] Rennings K. Redefining innovation: eco-innovation research and the contribution from ecological economics [J]. Ecological Economics, 2000, 32 (2): 319-332.

[153] Florida R, Atlas M, Cline M. What Makes Companies Green? Organizational and Geographic Factors in the Adoption of Environmental practices [J]. Economic Geography, 2001, 77 (3): 209-224.

[154] Taylor M R, Rubin E, Nemet G F. The role of technological innovation in meeting California, 5 greenhouse gas emission targets [R]. Report Prepared for the Energy Foundation and the Hewlett Foundation, 2006.

[155] Rehfeld K, Rennings K, Ziegler A. Integrated product policy and Environmental Product innovations: An empirical analysis [J]. Ecological Economies, 2007, 61 (1): 91-100.

[156] Foxon T, Andersen M M. The Greening of Innovation Systems for Eco-innovation—Towards an Evolutionary Climate Mitigation Folic [C] //DRUID Summer Conference 2009 on Innovation, Strategy and Knowledge, 2009, 6: 18-20.

[157] 丁堃．基于复杂适应系统的绿色创新系统研究 [D]. 大连：大连理工大学，2003.

[158] 彭福扬，刘红玉．实施生态化技术创新 促进社会和谐发展 [J]. 中国软科学，2006 (4): 98-102.

[159] 门虹云，毛荐其，邱萍．技术创新的生态制约与平衡 [J]. 自然辩证法研究，2007, 23 (2): 55-59.

[160] 毕克新，刘刚．论中国制造业绿色创新系统运行机制的协同性 [J]. 学术交流，2015, (3): 126-131.

[161] Boons F, Wagner M. Assessing the relationship between economic and ecological performance: Distinguishing system levels and the role of innovation [J]. Ecological Economies, 2009, 68 (7): 1908-1914.

[162] 韩晶. 中国区域绿色创新效率研究 [J]. 财经问题研究, 2012 (11): 130-137.

[163] 荣诚. 生态技术创新研究初探 [J]. 中国软科学, 2004, (5): 159-160.

[164] Cooper R G, Kleinschmidt E J. Success factors in product innovation [J]. Industrial Marketing Management, 1987, 16 (3): 215-223.

[165] Dosi G, Freeman C, Nelson R R, et al. Technical Change and Economiey Theory [M]. London, NewYork: Francis Pinter Publisher, 1988.

[166] Oltra V, Jean M. Incrementalism of environmental innovations versus paradigmatic change: A comparative study of the automotive and chemical industries [J]. Cahiers du GREThA, 2007 (14): 1-22.

[167] 任耀, 牛冲槐, 牛彤, 等. 绿色创新效率的理论模型与实证研究 [J]. 管理世界, 2014 (7): 176-177.

[168] Jaffe A, Newell R, Stavins R. A tale of two market failures: Technology and environmental policy [J]. Ecological Economies, 2005, 54: 164-174.

[169] Kemp R, Pearson P. Final report MEI Project about measuring eco-innovation [R]. Measuring Eco-innovation project (MEI), 2007: 1-120.

[170] 冯志军. 中国工业企业绿色创新效率研究 [J]. 中国科技论坛, 2013 (2): 82-88.

[171] 毕克新, 杨朝均, 黄平. 中国绿色工艺创新绩效的地区差异及影响因素研究 [J]. 中国工业经济, 2013 (10): 57-69.

[172] 陈劲, 刘景江, 杨发明. 绿色技术创新审计指标测度方法研究 [J]. 科研管理, 2001 (6): 69-75.

[173] 周力. 中国绿色创新的空间计量经济分析 [J]. 资源科学, 2010 (5): 932-939.

[174] 华振. 我国绿色创新能力评价及其影响因素的实证分析——基于DEA-Malmquist生产率指数分析 [J]. 技术经济, 2011 (9): 36-41, 69.

[175] 王郁蓉. 我国各区域企业绿色技术创新绩效比较研究 [J]. 技术经济, 2012 (10): 52-59.

[176] 徐建中, 曲小瑜. 装备制造业环境技术创新效率及其影响因素研究——基于DEA-Malmquist和Tobit的实证分析 [J]. 运筹与管理, 2015 (1): 246-254.

[177] 张逸昕, 林秀梅. 中国省际绿色创新效率与系统协调度双演化研究 [J]. 当代经济研究, 2015 (3): 51-56.

[178] 钱丽, 肖仁桥, 陈忠卫. 我国工业企业绿色技术创新效率及其区域差异研究——基于共同前沿理论和DEA模型 [J]. 经济理论与经济管理, 2015 (1): 26-43.

[179] Yin R. Case Study Research Design and Methods [M]. Sage Publication, 1994.

[180] 孙海法, 刘运国, 方琳. 案例研究的方法论 [J]. 科研管理, 2004 (2): 107-112.

[181] Eisenhardt K M. Building theories from cases study research [J]. The Academy of Management Review, 1989, 14 (4): 532-550.

[182] 胡振鹏．流域综合管理理论与实践——以山江湖工程为例［M］．北京：科学出版社，2010.
[183] 卢永根．中国农业发展的生态合理化方向［J］．世界科技研究与发展，1999（2）：1-5.
[184] 聂建军．生态农业及其在中国的分布［J］．中学地理，2003：33-36.
[185] 宋美娥．生态农业模式的几种主要类型［J］．农业养殖技术，2004，13（3）：25-26.
[186] 贾仁安，等．规模种养生态能源工程反馈动态复杂性分析［M］．北京：科学出版社，2007.
[187] 杨小凯．发展经济学——超边际与边际分析［M］．张定胜，张永生，译．北京：社会科学文献出版社，2003.
[188] 谢识予．经济博弈论［M］．上海：复旦大学出版社，1998.
[189] 张维迎．博弈论与信息经济学［M］．上海：上海人民出版社，2002.
[190] Friedman D. Evolutionary games in economics［J］. Econometrica，1991，59（3）：637-666.
[191] 范丽．相关利益主体视角下的森林生态旅游管理研究［D］．北京：北京林业大学，2010.
[192] 魏权龄．数据包络分析（DEA）［J］．科学通报，2000，45（17）：1793-1808.
[193] 王俊能，许振成，胡习邦．基于 DEA 理论的中国区域环境效率分析［J］．中国环境科学，2010，30（4）：565-570.
[194] Saaty T L. Multi-Criteria Decision Making：The Analytic Hierarchy Process［M］. Pittsburgh：RWS Publications，1988.
[195] Chen S M. Fuzzy group decision making for evaluating the rate of aggregative risk in software development［J］. Fuzzy Sets and Systems，2001，118：75-88.
[196] Mohtadi H. Environment，Growth and Optimal Policy Design［J］. Journal of Public Economics，1996，63（1）：119-140.
[197] Ramanathan R. An Analysis of Energy Consumption and Carbon Dioxide Emissions in Countries of the Middle East and North Africa［J］. Energy，2005，30（15）：2831-2842.
[198] Lu X D，Pan J H，Chen Y. Sustaining Economic Growth in China under Energy and Climate Security Constraints［J］. China and World Economy，2006，14（6）：85-97.
[199] Chung Y H，Fare R S. Grosskopf，Productivity and Undesirable Outputs：A Directional Distance Function Approach［J］. Journal of Environmental Management，1997，51（3）：229-240.
[200] 涂正革．环境、资源与工业增长的协调性［J］．经济研究，2008（2）：93-105.
[201] Arundel A，Kemp R. Measuring eco-innovation：UNU-MERIT Working Paper Series-017［J］. 2009.
[202] Walley N，Whitehead B. It's not easy being green［J］. Harvard Business Review，1994，72（3）：46-52.
[203] Klassen R，McLaughlin C. The impact of environmental management on firm performance［J］. Management Science，1996（42）：1199-1214.
[204] 杨静，施建军，李曼，等．绿色战略如何影响企业绩效——基于转型经济情境的研究

[J]. 科学学与科学技术管理, 2013, 34 (7): 141-149.

[205] Hart S L. A natural-resource-based view of the 5rm [J]. Academy of Management Review, 1995, 20 (4): 986-1014.

[206] Sharma S, Vredenburg H. Proactive corporate environmental strategy and the development of competitively valuable organizational capabilities [J]. Strategic Management Journal, 1998, 19 (8): 729-753.

[207] Teece D J, Pisano G, Schuen A. Dynamic Capabilities and Strategic Management [J]. Strategic Management Journal, 1997, 18: 509~533.

[208] Eisenhardt K M, Martin M. Dynamic Capabilities: What Are They? [J]. Strategic Management Journal, 2000, 21 (10): 1105-1121.

[209] 李先江. 新服务企业绿色创业导向、绿色动态能力与企业成长的关系 [J]. 财经论丛, 2014, 2: 79-84.

[210] Llach J, Perramon J. Joint impact of quality and environmental practices on firm performance in small service businesses: an empirical study of restaurants [J]. J. Clean Prod., 2013, 44: 96-104.

[211] Marchi V D. Environmental innovation and R&D cooperation: Empirical evidence from Spanish manufacturing firms [J]. Res Policy, 2012 (41): 614-623.

[212] 杨德锋, 杨建华. 环境战略, 组织能力与竞争优势——通过积极的环境问题反应来塑造组织能力、创建竞争优势 [J]. 财贸经济, 2009, 9: 120-125.

[213] 张韬. 市场导向、动态能力与组织绩效关系研究——一个新的绩效整合模型 [J]. 华东经济管理, 2010, 24 (4): 88-91.

[214] Fong C M, Chang N J. The impact of green learning orientation on proactive environmental innovation capability and firm performance [J]. African Journal of Business Management, 2012, 6 (3): 727-735.

[215] Sarkis J, Gonzalez-Torre P, Adenso-Diaz B. Stakeholder pressure and the adoption of environmental practices: The mediating effect of training [J]. J. Oper. Manage, 2018, 28: 163-176.

[216] Lin R J, Tan K, Geng Y. Market demand, green product innovation, and firm performance: Evidence from Vietnam motorcycle industry [J]. J. Clean. Prod., 2013, 40: 101-107.

[217] Zhao X, Zhao Y, Zeng S, et al. Corporate behavior and competitiveness: Impact of environmental regulation on Chinese firms [J]. J. Clean. Prod., 2014: 1-12.

[218] Cai W, Zhou X. On the drivers of eco-innovation: Empirical evidence from China [J]. J. Clean. Prod., 2014, 79: 239-248.

[219] Makkonen H, Pohjola M. Dynamic capabilities and firm performance in a financial crisis [J]. Journal of Business Research, 2014, 67: 2707-2719.

[220] 马鸿佳, 董保宝, 葛宝山. 创业能力、动态能力与企业竞争优势的关系研究 [J]. 科学学研究, 2014, 32 (3): 431-440.

[221] Morgan N A, Slotegraaf R J, Vorhies D W. Linking marketing capabilities with profit growth

[J]. International Journal of Research in Marketing, 2009, 26: 284-293.

[222] 焦豪，魏江．企业动态能力构建路径分析：基于创业导向和组织学习的视角［J］．管理世界，2008，4：91-106.

[223] 温忠麟，叶宝娟．中介效应分析：方法和模型发展［J］．心理科学进展，2014，22（5）：731-745.